2020—2021 年中国工业和信息化发展系列蓝皮书

2020—2021 年
中国电子信息产业发展蓝皮书

中国电子信息产业发展研究院 **编 著**

张 立 **主 编**

温晓君 李艺铭 **副主编**

電子工業出版社
Publishing House of Electronics Industry
北京 · BEIJING

内 容 简 介

本书从推动电子信息产业创新发展和高质量发展的目标出发，系统剖析了我国电子信息制造业发展的特点与问题，并根据产业发展情况，对 2020 年产业运行、行业特征、重点领域、区域发展、企业近况、趋势热点进行了全面阐述，在此基础上，结合国内外重点研究机构的预测性观点对产业整体情况进行了展望。

作为一年一度的研究成果，本书展现了中国电子信息产业发展研究院赛迪智库对电子信息产业的跟踪研究进展，为相关行业主管部门和业界人士提供了电子信息产业发展的整体现状、最新动态、趋势研判，为广大读者了解和推动电子信息产业发展提供了窗口。

图书在版编目（CIP）数据

2020—2021 年中国电子信息产业发展蓝皮书 / 中国电子信息产业发展研究院编著；张立主编. —北京：电子工业出版社，2021.11
（2020—2021 年中国工业和信息化发展系列蓝皮书）
ISBN 978-7-121-34233-2

Ⅰ. ①2… Ⅱ. ①中… ②张… Ⅲ. ①电子信息产业－产业发展－研究报告－中国－2020-2021 Ⅳ.①F426.67

中国版本图书馆 CIP 数据核字（2021）第 236751 号

责任编辑：宁浩洛
印　　刷：中煤（北京）印务有限公司
装　　订：中煤（北京）印务有限公司
出版发行：电子工业出版社
　　　　　北京市海淀区万寿路 173 信箱　　邮编：100036
开　　本：720×1 000　1/16　印张：17.25　字数：383 千字　彩插：1
版　　次：2021 年 11 月第 1 版
印　　次：2021 年 11 月第 1 次印刷
定　　价：218.00 元

凡所购买电子工业出版社图书有缺损问题，请向购买书店调换。若书店售缺，请与本社发行部联系，联系及邮购电话：（010）88254888，88258888。

质量投诉请发邮件至 zlts@phei.com.cn，盗版侵权举报请发邮件至 dbqq@phei.com.cn。

本书咨询联系方式：（010）88254465，ninghl@phei.com.cn。

前言

2020年是极不平凡的一年，新冠肺炎疫情突如其来，世界经济深度衰退。电子信息产业具备全球化协作程度高、产业化链条长、产业规模大等特征，对疫情的反应具有全球连锁效应，同时具有较强的稳定性。我国电子信息制造业在新冠肺炎疫情和中美贸易摩擦等重大外部挑战下，率先实现平稳快速增长，主要增速指标均于2020年5月率先由负转正，全年行业收入、利润总额等主要指标较2019年实现较快增长，成为我国工业经济的增长支柱。

一

首先，电子信息产业已经成为全球战略竞争的焦点。新一代信息技术创新加速演进，全球科技革命和产业创新紧密围绕信息技术领域展开，不断涌现新技术、新产业、新业态、新模式。中美两国是全球新一代信息技术最重要的引领者和角逐者，两国的电子信息产业规模大、体系全、创新强，拥有的世界500强信息技术知名企业最多。根据欧盟最新数据，信息技术是全球研发的最大领域（占近1/4），中美两国是信息技术研发的最主要国家，并且以较其他国家更快的增速发展，引领了全球信息技术持续创新。近年来，围绕信息技术领域的大国博弈日趋激烈，主要发达国家加强前沿技术、新兴产业、未来产业布局，尤其中美贸易摩擦不断升级，美国通过精准断供、出口管制、长臂管辖等手段加大对我国高科技产业的打压力度，越来越多的电子信息企业被列入“实体清单”；以拜登为首的美国政府高度重视前沿科技领域的发展和美国领先优势，继续推进高端制造业回迁本土，明确提出对人工智能、量子计算、半导体及5G等新一代信息技术产业的支持计划。可见，未来中美两国在电子信息领域的博弈常态化已成定势。

其次，电子信息产业成为“十四五”时期实现我国经济社会发展的战略目标的关键支撑。“十四五”时期是向此战略目标迈进的关键阶段。现代化经济体系的核心内涵和战略重点是现代化产业体系，只有顺利实现产业升级，建成科技创新、融合发展的现代化产业体系，才能推动我国由发展中国家跃升为现代化国家。当前，电子信息产业在现代化产业体系中的引领作用越发凸显，信息技术赋能已成为实现制造业转型升级的关键路径，经济社会众多领域也迫切需要信息技术的融合渗透来添薪续力。新一代信息技术与实体经济深度融合应用，正在引发产业系统性、革命性、群体性的技术革新和模式变革：一方面，通过发挥新一代信息技术的创新引领作用，促进产业界跨专业、跨领域、跨环节的多维度、深层次合作与联合攻关，以集成创新为引领实现融合领域新技术的系统性突破；另一方面，通过激发数据这一核心驱动要素的潜能，从生产方式、组织管理和商业模式等维度推动产业模式和企业形态根本性转变，加速产业现代化进程。“十四五”期间应更注重信息技术在经济社会各领域的全面渗透融合应用，以电子信息产业高质量发展推动现代化产业体系发展，以此加快实现制造强国和现代化经济体系发展目标。

再次，后疫情时代的重大变化也为信息消费迎来新的发展契机。特别是，在疫情防控中催生的新型消费不断壮大，新的消费业态和模式不断涌现，信息消费继续引领消费结构升级。2020年，全国网上零售额同比增长10.9%，实物商品网上零售额占社会消费品零售总额的比重达到近1/4，以线上消费为代表的非接触式消费逐渐成为主流消费形态。智能家居、超高清视频、智慧健康养老、虚拟现实等新产品、新业态深入消费者视野，产品智能化、生活智慧化态势凸显。

最后，各地新型基础设施建设（以下简称“新基建”）加速布局，为信息技术赋能拓展广度、深度。信息基础设施建设是新基建的重要组成部分。2020 年，在国家新基建的倡导下，各省市积极响应，纷纷出台相关措施。北京、上海、浙江等十余个省市纷纷正式出台新基建专项政策，着重在智能终端、智能信息网、5G、人工智能等信息基础设施领域进行布局，并结合各地经济社会发展需求，打造更加个性化的新型基础设施。目前新基建已成为各地发展的重要工作，已建成的 5G 基站数量接近百万个，智能充电桩由点到面逐步覆盖，物联网设备增量明显，各地已经将新网络、新要素、新生态、新平台、新应用、新安全等内容新基建作为撬动未来产业和经济活力的重大工作，预计随着国家新基建政策的出台，将更快推进全社会基础设施建设部署和升级。

二

首先，全球电子信息产业近年来呈现较快增长态势。2020 年，在全球新冠肺炎疫情蔓延、逆全球化加速、美国大选反复等系列“黑天鹅”事件的影响下，全球电子信息产业仍然保持着平稳增长态势。受疫情带来的全球居家在线办公浪潮驱动，个人计算机和平板电脑市场一扫多年来的低迷态势，转而实现正增长。根据咨询机构互联网数据中心（IDC）的数据，个人计算机领域，全球个人计算机出货量同比增长 13.1%，达 3.03 亿台，也是个人计算机出货量自 2014 年以来的最高水平，预计将进一步呈现正增长态势。平板电脑领域，全年出货量达 1.88 亿台，同比增长 18%，苹果、三星、亚马逊、联想、华为等龙头企业实现 12%～66%的较高速增长，新品发布和在线教育需求双轮驱动有望推动平板电脑出货量继续增长。手机领域，2020 年为 5G 手机元年，处于 4G 手机换机需求下降与 5G 手机换机需求有待开启的夹缝期，全球手机出货量仍为负增长，全年手机出货量达 12.92 亿部，各季度同比增幅分别为−11.7%、−16.0%、−1.3%、4.3%，负增长幅度不断收窄，随着苹果、华为等品牌的 5G 旗舰机问世，第四季度增速转负为正。半导体领域，全球半导体市场保持平稳较快增长，全年半导体销售额总计 4390 亿美元，同比增长 6.5%，其中，美国仍是全球最大市场，占比 47%；中国市场也持续保持较快增长，占比超过 1/3。

其次，我国电子信息制造业将继续为后疫情时代的工业经济发展贡献稳定力量。2020年，受到疫情冲击，我国工业经济面临严峻的发展形势。高技术制造业，特别是电子信息制造业的逆势增长，为我国工业经济的稳定贡献了重要力量。行业增加值、营业收入、利润等主要经济效益指标自2020年5月由负转正以来一直保持稳定增长，行业增加值同比增长7.7%，较同期全国规模以上工业增加值增速（2.8%）高出4.9个百分点，实现了对工业的引领带动作用；规模以上电子信息制造业营业收入同比增速达8.3%，较上年同期增速（4.5%）提升3.8个百分点，行业发展重回5%～10%增长区间；利润额在上年较低基数上实现快速增长，行业利润总额同比增速达17.2%，较上年同期增速（3.1%）迅速提升14.1个百分点，利润增长将进一步推动企业经营扩张和创新加速。

最后，三大整机市场呈现两极分化，集成电路引领基础电子发展。“新冠肺炎疫情”成为贯穿2020年的关键词，4月之前除集成电路外，整机产品都出现了不同程度的负增长，随着疫情防控成效显现，5月以来整机市场增速出现较大分化，计算机产量呈现不断上升的正增长态势，彩电产量在正增长与小幅度负增长之间波动，而手机出现全年产量显著下滑。从季度数据看，手机全年保持显著负增长，各季度产量同比增速分别为-18.8%、-21.4%、-11.7%、-13.8%；彩电产量在-5%～15%增长区间的波动中趋向正增长，各季度同比增速分别为5.2%、-1.7%、15.4%、-3.6%；计算机产量出现近年来难得的较大幅度增长，各季度同比增速分别为3.1%、11.7%、10.8%、29.3%。从月度数据看，集成电路成为全年增长引领力量，12个月保持正增长、6个月实现15%以上的快速增长；计算机设备实现波动式增长，其中5个月增速超过20%；智能手机7个月实现正增长，其中于5—9月连续正增长，6月更实现26%的报复式反弹。总体来看，2020年，我国主要电子信息产品生产情况分化情形突出，集成电路、计算机、彩电、手机全年产量同比增速依次为16.2%、12.7%、3.3%和-9.5%。

三

基于产业发展内外部形势，中国电子信息产业发展研究院赛迪智库电子信息研究所编撰了《2020—2021 年中国电子信息产业发展蓝皮书》。本书从推动“十四五”时期产业发展形势和高质量发展的角度出发，系统剖析了我国电子信息产业发展的特点与问题，并根据产业发展情况，对 2020 年产业运行、行业特征、重点领域、区域发展、企业近况、趋势热点进行了全面阐述，还对 2021 年的产业整体情况进行了展望。全书分为综合篇、行业篇、领域篇、区域篇、企业篇、政策篇、热点篇、展望篇八个部分。

综合篇：从 2020 年全球和我国电子信息制造业基本发展情况、整体发展特点等角度展开分析，并总结了在内外部发展新环境下的产业整体情况。

行业篇：选取计算机、通信设备、消费电子、集成电路、新型显示、电子原材料和元器件等重点行业进行专题分析，对各重点行业在 2020 年的发展情况进行回顾，并总结了各行业发展特征。

领域篇：选取智能手机、虚拟现实、超高清视频、5G 网络及终端、先进计算、汽车电子、锂离子电池、智能传感器、数据中心、电子信息绿色低碳等领域进行深入研究，对各领域 2020 年的发展情况进行分析。

区域篇：根据我国电子信息制造业发展的空间布局，选取长三角、珠三角、环渤海、福厦沿海、中部、西部等国内重点发展区域为研究对象，对各区域的发展状况进行分析。

企业篇：选取计算机、通信设备、消费电子设备、集成电路、新型显示、电子原材料和元器件等行业的重点企业，对企业的经营情况、技术进展、专利情况、国际市场拓展情况等开展研究，获取对我国电子信息龙头企业的整体认知。

政策篇：论述了 2020 年我国电子信息产业的重点政策，选取了补短板和保障供应链安全、集成电路和软件、基础电子元器件、智慧健康养老、智能光伏等领域部分政策，解析 2020 年电子信息领域的最新政策动向。

热点篇：围绕全球疫情蔓延对电子信息产业影响深远、《瓦森纳协定》修订、欧盟《5G 工具箱》发布、博格华纳收购德尔福科技、美国对中国再次扩大“实体清单”、英特尔发布神经拟态系统、立讯精密收购纬创 iPhone 制造业务、苹果开放自研 ARM 架构处理器、国产高动态范围（HDR）标准发布等重点趋势性事件，分析 2020 年各行业领域的新动态。

展望篇：结合我国电子信息制造业发展面临的国际国内形势、发展现状与趋势，以及国内外重点研究机构的预测性观点，对我国电子信息制造业 2021 年整体运行情况做出展望，并展望了重点行业、重点领域的发展走向。

2021 年是我国“十四五”规划的开局之年，也是战胜新冠肺炎疫情后产业发展的全面复苏之年。随着外部政治经济形势的变化，我国电子信息产业高质量发展的要求更为迫切，唯有做好“十四五”谋篇布局，才能抢先布局、强化优势、实现跃升。

目录

综　合　篇

行　业　篇

领　域　篇

区 域 篇

企　业　篇

政　策　篇

热　点　篇

展 望 篇

综　合　篇

第一章

2020 年全球电子信息产业发展状况

第一节　发展情况

一、整体发展情况

2020 年以来，世界经济受新冠肺炎疫情冲击，绝大多数国家国内生产总值负增长、失业率上升、通货膨胀率下降，同时全球贸易显著萎缩、国际直接投资断崖式下降、金融市场大落大起、全球债务水平快速攀升，这对电子信息制造业外部需求和动能形成了一定的抑制作用。受整体负面趋势影响，全球消费电子产品生产乏力，市场需求逐渐萎靡，主要电子产品出货量增速放缓。

根据《世界电子数据年鉴 2020》（*The Yearbook of World Electronics Data 2020*）数据，2020 年世界电子信息产品产销值均出现下降，其中，电子信息产品产值为 19037.58 亿美元，同比下降 2.26%；销售额为 18496 亿美元，同比下降 1.65%。从细分领域产销值来看，主要电子产品产值多数出现下降，并以消费电子产品降幅最大，达到 6.53%，仅有办公设备出现同比 0.56%的正增长。但在销售方面出现分化，医疗和工业设备销售额增势较好，同比增长 1.52%；电子数据处理设备、电信设备也保持正增长，分别同比增长 1.12%和 0.81%。

二、重点行业发展情况

（一）通信设备领域发展情况

根据 IDC 数据，2020 年，全球智能手机市场呈现下行趋势，同比下降 5.9%，全球总出货量为 12.92 亿部。头部厂商在出货量和排名方面均有所变化。其中，三星以全年 2.67 亿部智能手机的出货量继续稳居首位，市场占有率从 2019 年的 21.6%下降至 2020 年的 20.6%。华为全年出货量从 2019 年的 2.41 亿部下降至 2020 年的 1.89 亿部，同比下降 21.5%，市场占有率从 2019 年的 17.5%下降至 2020 年的 14.6%，下降至全球第三。苹果则以全年 2.06 亿部的出货量处于第二名的位置，出货量同比增长 7.9%，市场占有率从 2019 年的 13.9%增长至 2020 年的 15.9%。小米凭借 1.48 亿部的出货量保持全球第四，出货量同比增长 17.6%，市场占有率从 2019 年的 9.2%提升至 2020 年的 11.4%。vivo 跻身全球第五，出货量达到 1.12 亿部，同比增长 1.5%，市场占有率从 2019 年的 8.0%提升至 2020 年的 8.6%。

（二）计算机领域发展情况

根据 IDC 数据，2020 年全球个人计算机总出货量为 3.03 亿台，同比增长 13.1%，呈现强劲增长态势。其中，排名前五的厂商市场占有率达到 77.5%。联想以 7266.9 万台的出货量位居全球第一，出货量较上年同期的 6485.5 万台增长 12.0%，市场占有率为 24.0%；惠普的出货量为 6764.6 万台，占据了 22.4%的市场份额，位居第二；戴尔的出货量为 5029.8 万台，占据了 16.6%的市场份额，位居第三；苹果的出货量为 2310.2 万台，占据了 7.6%的市场份额；宏碁的出货量为 2098.9 万台，占据了 6.9%的市场份额。2020 年，全球个人计算机领域领先者和跟跑者之间的差距进一步加大。

（三）消费电子领域发展情况

根据奥维睿沃（AVC Revo）数据，2020 年，全球彩电出货量达到 2.29 亿台，同比增长 1.1%，出货平均尺寸为 47 英寸，同比增长 1.4 英寸。其中，国内彩电市场出货量总计 4901 万台，同比下降 12.1%，为近五年最大降幅。海外市场出货量实现了全面增长，北美市场出货量达到 5310 万台，同比增长 15.9%，超越中国成为全球最大市场；欧洲市场出货量达到 4730 万台，同比增长 7.65%，位列第三。从品牌格局看，2020 年三星、LG、TCL、海信四家品牌市场占比达 51.3%，头部聚集效应进一步增强。其中，三星出货量位居第一，达到 4850 万台，同比增长 12.8%。LG 全球出货量为 2610 万台，同比下降 1.5%。TCL 全球出货量达到 2430 万台，同比增长 17.0%。海信（1840 万台）、小米（1260 万台）、索尼（880 万台）、创维（850 万台）、飞利浦（770 万台）、VIZIO（720 万台）、夏普（580 万台）分列第四名至第十名。全球采用 OLED 显示面板的彩电出货量达到 370 万台，同比增长 25.4%。在屏幕分辨率方面，8K、4K 设备的出货量也在稳步增长。

（四）集成电路领域发展情况

2020 年，新冠肺炎疫情对终端设备市场产生负面影响，但服务器市场需求保持强劲，居家办公和学习行为的增加也拉动了 CPU、NAND 闪存和 DRAM 的强劲增长。WSTS 统计，2020 年全球半导体市场销售额为 4404 亿美元，同比增长 6.8%。IC Insights 统计，2020 年全球半导体市场销售额为 4415 亿美元，同比增长 7.1%。Gartner 统计，2020 年全球半导体市场销售额为 4498 亿美元，较 2019 年增长 7.3%（见表 1-1）。2020 年，存储器收入占半导体总收入的 44.0%，远高于 2019 年的 25.8%。

表 1-1　全球半导体市场销售额及增长率（各咨询机构统计和预测数据）

咨询机构	2020 年市场销售额（亿美元）	增　长　率	2021 年增长率（E）
WSTS	4404	6.8%	19.7%
IC Insights	4415	7.1%	19.0%
Gartner	4498	7.3%	6.8%

数据来源：赛迪智库整理，2021.03。

（五）新型显示领域发展情况

受数字化快速渗透人们生活、学习和工作的各个场景所带来的个人计算机需求影响，2020 年全球显示器面板市场升级与分化并存，全年显示器面板出货量为 1.62 亿片，同比增长 12.9%，出货面积 22760 万平方米，同比增长 19.7%。从出货量来看，京东方（BOE）以 4280 万片的出货量位列第一，同比增长 23.8%，大幅增加 23.8/27 英寸面板供应，同时快速提升电竞显示屏和高分辨率面板等高端产品渗透率；LG 显示（LGD）出货数量为 3360 万片，同比增长 7.0%，增量来自 23.8/27 英寸和部分超大尺寸面板，其余尺寸面板出货量均出现不同程度的减少；友达光电出货量为 2570 万片，同比持平，尺寸结构更偏中大。

（六）光伏领域发展情况

2020 年，虽受疫情影响，但全球光伏市场整体表现韧性十足，新增装机容量 130GW，同比增长 13.0%（见图 1-1）。其中，中国新增装机容量达 48.2GW，同比增长 60.1%，是全球最大的光伏装机市场，占比增加到 37%，相比 2019 年提升 11 个百分点，其中集中式光伏电站 32.68GW，分布式光伏电站 15.52GW。美国保持全球第二大装机市场地位，全年新增光伏装机容量达到 16.5GW，同比增长 24%；越南跃居全球第三大装机市场，全年新增光伏装机容量达到 9.4GW；印度新增光伏装机容量出现断崖式下滑，全年仅有 3.4GW，较 2019 年的 7.35GW 减少过半。

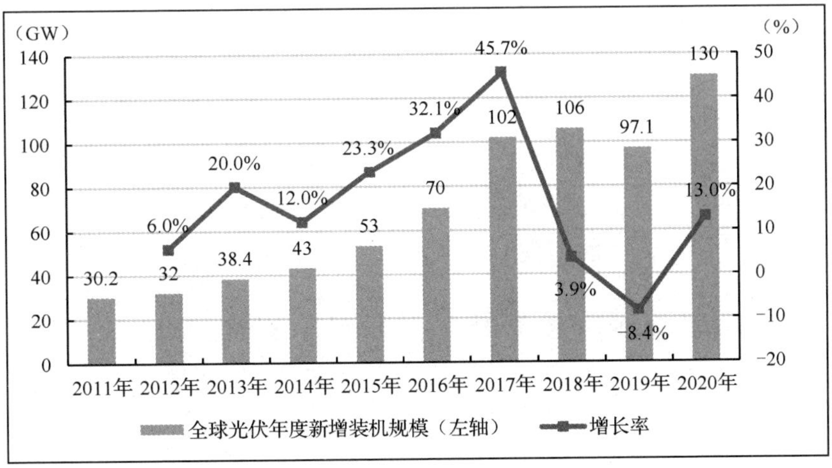

图 1-1　2020 年全球光伏年度新增装机规模

数据来源：CPIA，赛迪智库整理，2021.03

第二节　发展特点

一、各国政策推陈出新，鼓励行业技术创新

2020 年，美国在 5G、人工智能、量子技术、网络安全等领域出台多项科技战略。3 月，特朗普先后签署了《2019 年安全可信通信网络法案》《宽带数据法》《2020 年 5G 安全和超越法案》，保护美国 5G 系统和基础设施的安全，推动美国宽带建设；5 月，推出《无尽前沿法案》，计划在未来 5 年投入 1000 亿美元推进人工智能与机器学习、量子计算和信息系统、先进通信技术等十大关键科学技术的研发，建议投入 100 亿美元建设至少 10 个区域技术中心；10 月，发布《关键与新兴技术国家战略》，确定先进计算、先进传感、人工智能、自主系统、量子科技、通信与网络技术、半导体与微电子技术等 20 个关键与新兴技术领域，力图继续巩固美国在关键与新兴技术领域的竞争优势。德国于 11 月底修订了 2018 年版的国家《人工智能战略》，计划到 2025 年，通过经济刺激和未来一揽子计划，把对人工智能（AI）的资助从 30 亿欧元增加到 50 亿欧元，希望在 AI 等未来技术领域增强欧洲的技术主权。韩国发布 2020 年度工作计划，将在未来 10 年内为人工智能半导体技术研发投资 1 万亿韩元；发布《5G+战略发展现状及未来计划草案》，将投入 6500 亿韩元预算资金培育 5G+战略产业，包括 5G SA 商用、5G 智能工厂、5G-NR-V2X（版本 16）标准化工作等；发布“材料、零部件和设备 2.0 战略”，从针对日本关键电子材料拓宽到与美国、欧洲、中国等相关的供应链管理核心商品，强调在 2022 年前将投资 5 万亿韩元用于研发，以将韩国打造成全球数一数二的材料、零部件与关键设备强国。

二、创新浪潮持续涌现，前沿技术加速突破

新一轮科技革命和产业变革为电子信息产业发展提供了新的技术手段、要素条件和组织方式，全球范围内信息技术创新呈现高效率、多方向、宽前沿、集群式突破的特征。

半导体领域，日本产业技术综合研究所与中国台湾半导体研究中心

（TSRI）等开发出新一代半导体必需的新结构的场效应晶体管（FET），有助于制造 2nm 以下线宽的新一代半导体。

量子科技领域，IBM 发布量子计算路线图，计划在 2023 年推出 1121 量子比特处理器；中国科学技术大学宣布成功构建 76 个光子 100 个模式的量子计算原型机“九章”，求解数学算法“高斯玻色取样”只需 200 秒；谷歌推出开源量子电路模拟器 qsim，能在 111 秒内在一个谷歌云节点中以 14 栅极深度仿真一个 32 量子比特量子电路。

人工智能领域，OpenAI 发布迄今为止全球规模最大的预训练语言模型 GPT-3，其在很多实际任务上的表现大幅接近人类水平；谷歌的 AlphaFold2 人工智能系统把蛋白质结构预测任务做到了基本接近实用的水平。

电子材料领域，美国科学家实现 15℃的室温超导。

电子信息领域，诸多主要技术正在创新中加速孕育突破，当前技术发展处于颠覆性变革的重大机遇期。

三、国际巨头加紧并购，综合竞争力不断提升

2020 年，受全球新冠肺炎疫情影响，电子信息领域并购交易总额有所下降，但科技巨头国际并购步伐进一步加快。

半导体领域，亚德诺半导体以 210 亿美元收购美信，英伟达以 400 亿美元收购全球最大的半导体 IP 供应商 ARM，SK 海力士以 90 亿美元收购英特尔 NAND 闪存业务，AMD 以 350 亿美元收购 FPGA 独立供应商赛灵思，Marvell 以 100 亿美元收购 Inphi，环球晶圆以 45 亿美元收购 Siltronic AG。全球半导体并购交易总额超过 2000 亿美元，创历史新高。

通信领域，Liberty Global 以 76 亿美元收购 Sunrise，日本电报电话公司以 380 亿美元收购 Docomo，扩大光纤宽带和 5G 网络业务的发展机会。

物联网领域，云通信公司 Twilio 收购物联网平台 Electric Imp，工业软件公司 AVEVA 斥资 50 亿美元收购实时工业数据软件服务提供商 OSIsoft，加速行业整合。

云计算领域，神州云计算与 GoPomelo 签署并购协议，加速海外特别是东南亚的云业务发展。

信息服务领域，赛富时以 277 亿美元收购办公软件公司 Slack Technologies，加剧与微软的竞争。全球电子信息领域各大跨国公司纷纷通过并购重组完善产品与服务体系，加速布局人工智能、云计算、物联网、半导体等前沿和高技术领域，企业竞争模式正在向体系化、全向度、生态化方向演进变革。

四、抢滩布局新兴领域，占据产业发展新高地

2020 年，量子计算仍处于全球科技研发的焦点位置，全球主要国家纷纷加紧部署以量子计算为代表的新兴领域。2020 年 2 月，奥地利、保加利亚、丹麦和罗马尼亚四国加入欧盟量子通信基础设施计划（QCI），将与其他欧盟成员国在未来 10 年共同研发和部署欧盟量子通信基础设施。4 月，美国能源部（DOE）宣布将在 3 年内向量子信息科学领域提供高达 1200 万美元的资助。6 月，德国联邦政府宣布出资 20 亿欧元实施量子技术创新计划；以色列宣布建立量子通信技术高科技产学联盟，以降低量子通信成本并改善量子加密技术等；俄罗斯宣布将在其远东地区建立太平洋量子研究中心，至 2023 年预计每年投入 3600 万卢布。8 月，美国宣布将新建 5 个量子信息科学研究中心和 7 个人工智能研究所，并在 5 年内分别投入 9.65 亿美元和 1.4 亿美元。

半导体领域也成为大国博弈的竞争焦点，各国围绕先进制造进行产业政策布局。2020 年 6 月，美国参议院提出《为美国半导体生产创造有效激励措施法案》（*CHIPS for America Act*）和《美国晶圆代工业法案》（*American Foundries Act*），将分别提供 100 亿美元和 250 亿美元用于支持美国半导体制造业发展。12 月，德国、法国、意大利等 13 个欧洲国家宣布将联合增强对半导体技术和处理器的投资，并计划建立电子行业共同标准和认证。

第二章

2020 年中国电子信息产业发展状况

2020 年以来，我国电子信息产业持续推进高质量发展，整体规模稳步扩大，重大项目建设持续推进，重点领域复工复产顺利，创新能力持续增强。展望未来，新一代信息技术正成为科技革命和产业变革的引领力量、传统产业转型升级的引擎、新发展格局构建的支撑底座以及实现国家安全战略的关键支撑。与此同时，电子信息产业发展也存在着国际政治经济不确定性上升和产业基础领域支撑力度不足的内外部隐忧。为破解产业发展难题，提振产业发展内生动力，应夯实产业核心技术底座，构建自主演进的创新生态，提升产业链供应链现代化水平，拓展国际开放合作新空间，优化产业治理水平。

第一节　发展情况

一、产业整体情况

2020 年，面对复杂严峻的国际政治经济形势，我国电子信息产业砥砺前行，加快高质量发展和转型升级步伐，产业收入、利润规模均稳步提升。规模方面，2020 年电子信息制造业实现营业收入 12.1 万亿元，同比增长 8.3%，增速较 2019 年同期提高 3.8 个百分点；软件业收入 81616 亿元，同比增长 13.3%，增速较 2019 年同期降低 2.1 个百分点。利润方面，电子信息制造业利润总额同比增长 17.2%，增速较 2019 年同期提升 14.1 个百分点；软件业利润总额 10676 亿元，同比增长 7.8%，增速较 2019 年同期降低 2.1 个百分点。

在复杂多变的国际形势和持续增大的外部压力下，电子信息制造业出口保持平稳。2020 年，电子信息制造业实现出口交货值同比增长 6.4%，增速较 2019 年同期提高 4.7 个百分点。从重点器件看，集成电路出口一枝独秀，面板出口量有所下降。据海关数据，集成电路出口量约 5425 亿块，同比增长 22.1%，出口额约 1166 亿美元，同比增长 14.8%。从整机产品看，笔记本电脑出口量快速增长，手机出口平稳。笔记本电脑出口量同比增长 20.4%；手机出口量约 9.66 亿部，同比下降 2.8%，出口额约 1254.5 亿美元，同比增长 0.9%。

计算机设备制造业助力高技术制造业成为投资拉动领域。2020 年，电子信息制造业固定资产投资额同比增长 12.5%，增速同比降低 4.3 个百分点，比上半年提高 3.1 个百分点。电子信息产业助力高技术制造业投资快速增长，高技术制造业投资同比增长 11.5%，其中，计算机及办公设备制造业投资增长 22.4%，是高技术制造业投资增长的重要力量。重大项目复工成为投资的重要推动力。在复工复产工作组的积极推进下，长江存储、合肥长鑫、华星光电、京东方等集成电路、新型显示领域企业的重大项目稳步推进。

产品出厂价格出现小幅下跌。2020 年，电子信息制造业生产者出厂价格指数（PPI）同比下跌 1.5%，其中 12 月 PPI 同比下降 2.0%，降幅比 11 月（-1.9%）扩大 0.1 个百分点。电子信息制造业生产恢复良好，市场需求有所改善。主要产品全球出货量出现显著下滑。我国是电子产品生产大国，手机、计算机和彩电产量分别占到全球总产量的 80%、70%和 60%，对市场变化具有高度敏感性。受新冠肺炎疫情影响，2020 年全球市场 PC、智能手机、彩电出货量分别为 3.03 亿台、12.92 亿部和 2.29 亿台，其中 PC 全年出货量同比增长 13.1%，智能手机全年出货量同比下降 5.9%。国内市场智能手机、彩电出货量分别为 3.3 亿部和 4901 万台，同比下降 11.2%和 12.1%。主要整机产品销量的走低对生产环节造成传导效应，从而对国内订单及出口订单产生负面影响。

二、重点产业情况

重点领域复工复产顺利，为产业发展迎来窗口期。2020 年以来，电子信息产业重点领域焕发出较强的内生活力，主动开拓新的市场应用，推动上下游、大中小企业整体配套、协同复工。整机领域，随着复工复产提速和疫情常态化防控措施生效、远程办公与在线教育等场景需求加大、国产化替代提速，下半年出货量有所恢复，华为、小米、OPPO、vivo 等头部企业在全球手机出货量排名中保持稳定，笔记本电脑出货量呈现迅猛增长势头。电子元器件及面板领域，在 5G 商用和内循环提振下爆发出新发展潜力。国内下游厂商主动增加国产元器件备货，为电子元器件厂商带来市场迭代机遇，大量企业处于满产状态，加速建设新生产线扩产；显示面板 2020 年下半年产能与需求逐步恢复、价格回调。

重点产品生产分化，集成电路产量快速增长。计算机产量增势显著。2020 年，微型计算机设备累计生产 3.78 亿台，同比增长 12.7%；其中 12 月生产 4464.5 万台，同比增长 42.3%。手机产量受需求不足所致仍处于负增长。2020 年，移动通信手持设备累计生产 14.71 亿台，同比下降 9.5%，降幅相比 2019 年（-6.0%）扩大 3.5 个百分点；其中 12 月生产 1.65 亿台，同比下降 2.6%。集成电路产量快速增长。2020 年，我国集成电路产量约 2614.7 亿块，同比上升 29.6%，增幅相比于 2019 年同期（7.9%）提升 21.7 个百分点；其中 12 月生产 276 亿块，同比增长 20.8%。

第二节　发展特点

一、新一代信息技术创新持续活跃

新一代信息技术是全球研发投入最集中、创新最活跃、应用最广泛、辐射带动作用最大的领域之一。当前，以新一代信息技术为代表的全球新一轮科技革命正孕育兴起，智能、融合、泛在、互联的发展趋势日益明显，成为推动电子信息产业发展的主引擎。新一代信息技术基础理论、架构加速酝酿突破，以芯片和操作系统为代表的基础软硬件技术自主研发正加速推进，新一代 E 级超算、AI 算法平台等新型计算系统蓄势待发，存算一体、分布式计算、异构计算等新型计算架构多路演进，量子计算、类脑计算等前沿计算理论创新和实践不断取得突破，为电子信息产业发展带来颠覆性变革新机遇。面向应用的系统化、集成化创新密集涌现，5G、云计算、大数据、物联网、虚拟现实、人工智能等发展方兴未艾，单点技术、单一产品、单个环节的技术创新正逐渐向覆盖芯片、计算、显示、软件、网络、内容的体系化创新演变，多元技术融合创新不断加速新业态、新应用、新模式升级迭代。

二、行业基本面呈现触底反弹、强势回暖趋势

2020 年以来，电子信息行业在疫情防控常态化、系列纾困惠企政策的落实和扶持下，整体营收、利润逐步摆脱第一季度的负增长趋势，增速较第一、第二季度有明显边际修复，行业整体呈现触底反弹、强势回暖趋势，营收、利润等主要指标持续改善。一方面，随着全球疫情逐步受控，2020 年被抑制、被冻结的消费需求加速释放；另一方面，随着全球供应链体系逐步恢复，我国扮演的角色和地位得到强化，产能优势、要素协同、产业链韧性得到充分发挥，有机会填补自身在国际供应链体系中的关键空白。随着中央和地方顶层设计、资源配套优化推进，中国电子信息产业有望在“十四五”规划的开局之年迎来开门红。

三、出口面向不同海外市场形成梯度分化格局

随着全球经济在疫情中启动修复、部分海外供给能力恢复等因素的正向驱动，电子信息产业出口保持增长，并面向不同海外市场形成梯度分化格局。新兴市场出口劲增。由于新兴经济体对我国设置的贸易壁垒较低，随着疫情防控下远程办公电子设备产品需求加大，以及海外疫情冲击下的供给缺失，我国以完备的电子信息产业链和快速修复的产能，对“一带一路”国家与其他新兴经济体形成供给替代。北美等市场贸易降温。由于美国、加拿大、澳大利亚等国家频频设置较高贸易壁垒，为我国企业在当地的市场开拓造成专利、成本等阻力，面向上述海外市场的出口大幅放缓。欧盟市场波动因素较多。欧洲国家一方面出于二次疫情、市场开拓、供应链合作等目的希望与我国电子信息产业加强合作，另一方面在美国压力下态度存在摇摆。电子信息产业对欧出口受制于市场、政治、疫情等多重因素影响，将成为我国 2021 年产业出口的主要变量。

四、典型细分行业孕育迸发出新的动能

随着新基建部署加速落地、“双循环”新发展格局加速形成，电子信息产业各领域迎来新的发展机会。

集成电路领域，在国内大循环和系列鼓励政策的扶持下，通用芯片、存储器等短板领域有望加速“破冰”，并在内循环中发挥更为重要的作用。

新型显示领域，液晶面板产能优势持续扩大，OLED 面板生产能力与市场份额不断提升，车载显示应用逐步普及，透明、柔性、量子点、Micro/Mini LED 等新型显示技术加速产业化。

5G 领域，工业 CPE、5G 机器人、车载模块等行业应用终端形态创新不断涌现，持续扩大 5G 终端外延。随着支持 Sub-6GHz 5G 网络基础设施部署和支持毫米波频段设施技术完善推广，支持毫米波通信的终端类型将有所上升，5G 全场景终端生态将进一步完善。

超高清视频领域，产业链各环节整机产品将向高质量、高品质路径加速迈进，8K 相关产品的研发与产业化提速，超高清内容供给短板有望得到明显缓解。

虚拟现实领域，面向普及型消费的头显产品快速迭代，5G 边缘计算推动 VR 云渲染能力大幅提升，“非接触”VR 应用将成为疫情防控常态化下工作、生活的新方式。

汽车电子领域，LTE-V2X 加速向 5G-V2X 过渡升级，带动 C-V2X 芯片、车载模组（OBU）、路侧设备（RSU）、边缘计算设备等市场规模快速提升。

五、产业集群区域化布局和差异化发展趋势越发明显

“十四五”期间，电子信息产业将结合区域发展环境和产业优势，集中力量打造一批梯次共生、差异互补、珠串联动的产业集群。京津冀地区、长三角地区、粤港澳大湾区在原创能力、智力资源、创新平台、资源优化配置、多元要素供给等方面具有显著优势，2021 年将进一步聚焦 5G、集成电路、人工智能、超高清视频、工业软件等领域，打造

世界级产业集群；湖北、安徽、江西、成渝经济圈等中西部地区各自在光通信、集成电路、新型显示、智能终端制造等方面形成产业集聚，2021年将进一步强化细分领域技术创新和高端产品、服务供给，着力打造差异化、专业化、特色化的产业集群。

六、多重战略机遇叠加拉动产业发展

2021年前后相继启动的系列国家战略与重大产业部署将为产业发展带来难得的机遇。《区域全面经济伙伴关系协定》（RCEP）的签署将进一步提升我国与东盟的贸易合作便利性；上海、北京等自贸区将在2021年加速吸引高端要素，推动产业转型升级，形成高附加值产业集聚平台；有望于2021年签署的中欧全面投资协定将为中欧提供高标准的投资保护和高水平的投资自由化便利化措施，“一带一路”建设将在2021年延伸出产业发展新空间。在国家“双循环”新发展格局部署下，产业供给体系的创新性和关联性将全面提升，多类芯片、存储器等制约电子信息产业发展的关键元器件供给问题将得到缓解。信创工程也有望在2021年进一步完善重点区域产品体系布局，推动软硬适配能力持续升级，带动信创市场规模快速跃升。

行　业　篇

第三章

计算机行业

第一节　发展情况

一、产业规模

2020 年，计算机制造业营业收入同比增长 10.1%，利润同比增长 22%。其中，微型电子计算机产量达到 3.78 亿台。2013—2020 年我国微型电子计算机产量如图 3-1 所示。

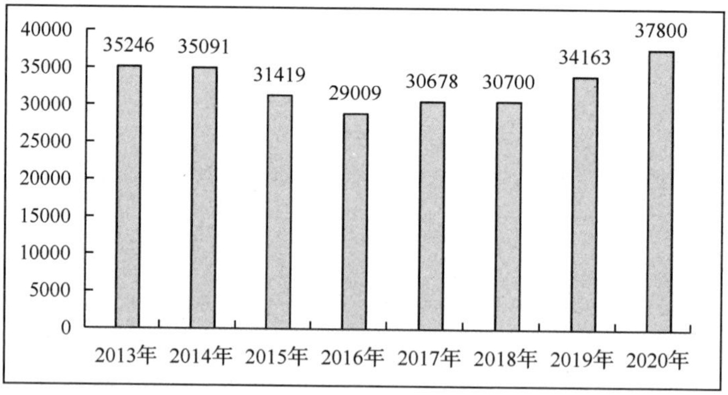

图 3-1　2013—2020 年我国微型电子计算机产量（万台）

数据来源：工业和信息化部，赛迪智库整理，2021.04

二、产业结构

个人计算机（PC）方面。IDC 数据显示，2020 年联想 PC 出货量为

7266.9 万台，较上年同期的 6485.5 万台增长 12.0%；市场占有率为 24.0%，较上年同期的 24.2%有所下降。

服务器方面。服务器市场需求主要取决于算力需求、信息存储需求，以及自身技术进步带来的更新换代需求。2020 年，新冠肺炎疫情对中国服务器市场有正向影响，极大地促进了企业向线上业务转型，整体服务器市场保持良好增长态势，且超出疫情初期的市场预测。IDC 公布的《2020 年第四季度中国服务器市场跟踪报告》显示，2020 年中国服务器市场出货量为 350 万台，同比增长 9.8%；市场规模为 216.49 亿美元，同比增长 19.0%。2019—2020 年各季度中国服务器市场规模及同比增长率如图 3-2 所示。

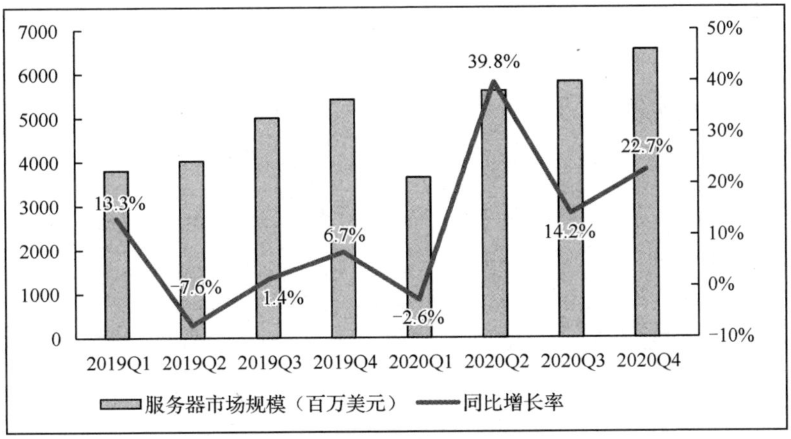

图 3-2　2019—2020 年各季度中国服务器市场规模及同比增长率

数据来源：IDC 中国，赛迪智库整理，2021.04

图 3-3 展示了 2020 年中国服务器市场厂商份额占比，出货量排名前三的厂商依次为浪潮、华为和新华三。IDC 预计，未来五年中国网络市场增速仍将领先全球，更新换代和细分场景需求是未来主要增长点。随着国家对 5G、大数据中心、工业互联网、人工智能等七大领域新型基础设施建设的推进，预计 2020—2024 年中国服务器市场规模的年复合增长率将达到 9.1%。

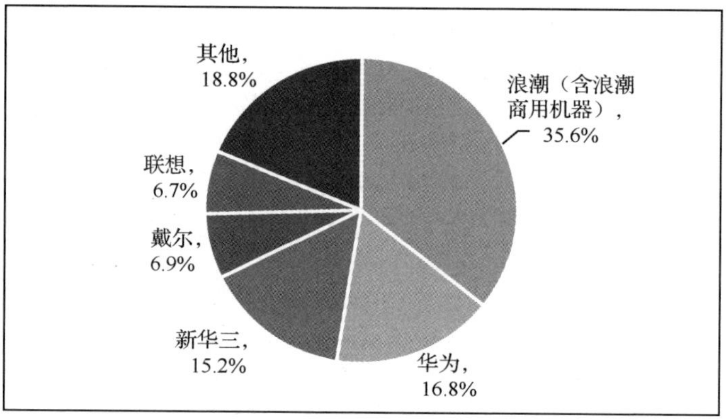

图 3-3　2020 年中国服务器市场厂商份额占比（按厂商销售额）

数据来源：IDC 中国，赛迪智库整理，2021.04

平板电脑方面。IDC 公布的 2020 年第四季度及全年中国平板电脑市场出货数据显示，2020 年中国平板电脑市场复苏，出货量约 2340 万台，同比增长 4.3%。2015—2020 年中国平板电脑市场出货量如图 3-4 所示。

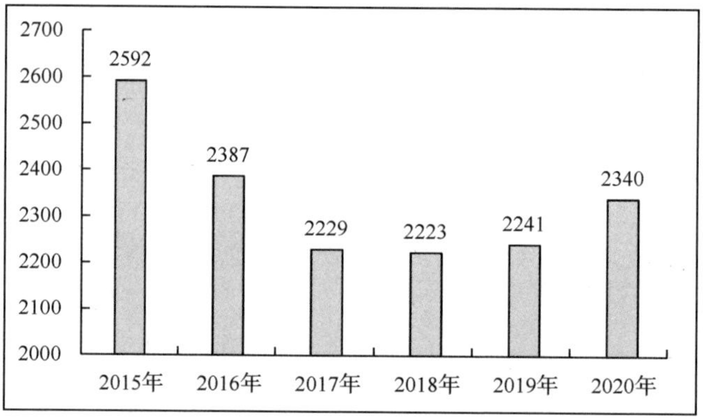

图 3-4　2015—2020 年中国平板电脑市场出货量（万台）

数据来源：IDC 中国，赛迪智库整理，2021.04

从竞争格局来看，苹果凭借 iPad 约 930 万台的出货量位居中国平板电脑市场榜首，同比增长 8.6%，占据 39.8%的市场份额。华为出货量同比提升 11.4%，达到 820 万台，占据 35.1%的市场份额，位居第二。

联想出货量排名第三，约为100万台，同比增长25.3%，市场份额为4.1%。2020年中国平板电脑市场厂商出货量竞争格局如图3-5所示。

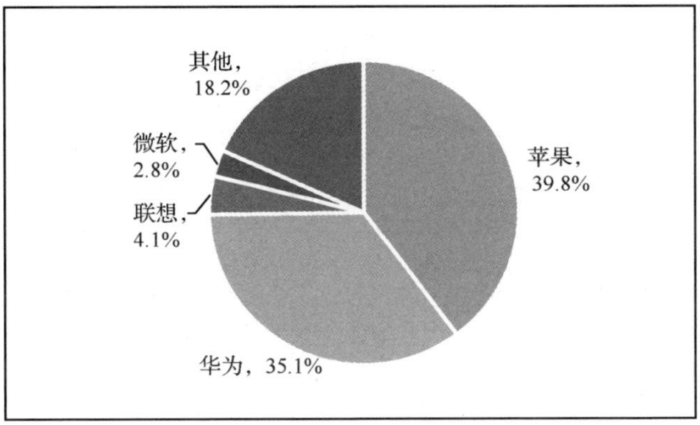

图3-5 2020年中国平板电脑市场厂商出货量竞争格局

数据来源：IDC中国，赛迪智库整理，2021.04

超级计算机方面。全球超级计算机评估组织TOP500.org在2020年11月公布的榜单显示，“中国神威·太湖之光”“天河二号”超级计算机分别位列第四和第六。从数量上来看，中国和美国的科技公司与组织建造了全球最多的TOP500超级计算机，中国拥有212台，美国拥有113台。中国公司联想、浪潮和曙光是全球三大超级计算机供应商，分别交付了180台、66台、51台TOP500超级计算机；美国公司惠普、克雷、Bull等位列其后。

三、产业创新

一是传统计算技术持续创新演进。计算体系日益丰富，X86、ARM、RISC-V等不同计算体系各具优势，快速发展。X86的通用性特点使其在个人计算机、服务器、高性能计算、智能计算方面占据优势；兼具灵活性和开放性的ARM在移动计算和嵌入式计算中优势明显，正加快向高性能计算、超算渗透；RISC-V的开放性正吸引着全行业的目光，在物联网、边缘计算中正加快应用，华为、腾讯、阿里巴巴等多家企业纷纷加速布局。计算结构多元化发展，一方面，异构计算系统正由面向图像处理的CPU+GPU的异构平台向覆盖多类学习算法的CPU与GPU、FPGA、DSP、ASIC等混合的异构计算平台演进；另一方面，以内存为中心的计算模式加快发展步伐。新计算模式加速涌现，由互联网及移动互联网时期以云端计算为主逐步演变为更高效的云边端协同计算模式。以深度学习为代表的“暴力”计算正逐步流行，并成为现阶段人工智能计算的主流。新的边缘计算模式加速涌现，不断深化与端侧、云侧的协同和联动。泛在计算快速发展，驱动数据处理由云侧向边侧、端侧扩散。

二是颠覆性计算技术已在孕育之中。在新材料、新工艺持续演进的带动下，计算技术与前沿研究结合更加紧密，量子计算、类脑计算、光计算、生物计算等颠覆性计算技术逐渐兴起并成为全球竞争焦点。量子计算方面，超导、量子点、光量子、离子阱、量子退火等多条技术路径并进，中科院潘建伟团队成功构建76个光子的量子计算原型机“九章”，这一突破使我国成为全球第二个实现量子优越性的国家。量子计算相关系统软件、工具及算法不断丰富。类脑计算方面，基于模拟神经网络的计算芯片实现量产，并在人工智能、机器视觉、图像识别等领域实现广泛应用，而基于模拟神经元网络的计算芯片及计算机原型机研发取得一定突破。光计算方面，经过多年的努力，基于全光系统的计算芯片取得进展，但尚未实现计算机原型机开发，华为已经拥有光计算芯片、系统及数据处理技术的发明专利。此外，超导计算、生物计算等新兴计算技术也在逐步验证过程中。

第二节　发展特点

一、数字化转型助推云服务市场迅速成长

产业的数字化转型造就“千行百业”入云。得益于相关鼓励性政策持续推进落实，企业上云步伐明显提速，云服务相关支出在整体IT支出中的比例不断提升。部分大型政企的成功转型具有相当强的示范效应，带动了其上下游及同业的用云意愿。随着客户对云的需求从简单的“资源型需求”向“智能型需求”及“业务型需求”进阶，PaaS、SaaS、云原生及各类行业/场景解决方案受到更多关注。国内公有云IaaS赛道

的头部玩家仍由互联网巨头、IT 厂商、电信运营商及海外厂商四类玩家占据，其中阿里云在 2020 财年首次实现盈利。上游云基础设施（IaaS）的成熟预示着下游应用市场（SaaS）将迎来繁荣的拐点，各细分领域百花齐放，取得长足的成长。

二、新基建加速推动信创产业崛起扩张

2020 年是信创产业规模化落地的元年，信创市场正加速从党政向行业推进，尤其是金融、电信、能源等重点行业。中国电信 2020 年服务器集中采购项目国产服务器中标率为 20%，中国建设银行、中国工商银行等大规模采购国产化替代设备，这些信息无一不在预示着信创产业的上行拐点已至。不管是 CPU、OS、数据库、中间件还是 PC 终端、服务器、存储器、外设等，在技术、产品以及市场等相关生态上都呈现出从重构、融合到逐渐成熟发展的进程，产品和技术已从“基本可用”向“好用易用”大跨步迈进。随着运营商示范效果的显现，以金融、能源、工控、电信、交通、医疗、教育为代表的重要行业和关键领域的信创产业将紧随其后加速落实。行业信创推动信创服务器产品进入新一轮采购高潮，将大大加速产品和生态的成熟化、完善化，基于国产 CPU 的服务器需求也将放大。以龙芯、飞腾、海光、鲲鹏、兆芯、申威等为代表的国产 CPU 厂商正在逐步崛起，产品性能逐步提升，应用领域不断扩展。华为生态鲲鹏系服务器受到广大运营商青睐，在互联网、金融等行业也成功实现营销。

三、计算技术实现材料、架构、软件等多路径并行演进

晶体管尺寸与密度已逼近极限，经典计算系统通过工艺制程的微缩提升性能的空间有限。计算技术将从体系结构上进行创新，从材料、架构、软件等方向多路径演进。数据中心算力多样化成为趋势，通用化、专业化计算芯片将并行发展。传统以 CPU 为中心的架构难以满足海量数据处理的要求，系统架构将向以内存为中心演进，存内计算技术已经历分布式缓存、内存数据网格、分布式内存数据库，以及高性能、集成化、分布式内存平台四大发展阶段。基础计算模式围绕多核并行、异构

并行、边缘计算等体系架构创新而演进。新兴计算模式，如云计算、边缘计算、群智协同计算、流式计算、图式计算、安全多方计算等快速涌现，有力地支撑了不同场景下的智能化计算需求。城市计算、服务计算、透明计算等融合型计算领域成为新的探索方向，无处不在的计算环境正在形成。软硬系统垂直整合成为现下主流厂商的布局焦点，通过软硬件的协同，提升系统应用性能。

第四章

通信设备行业

第一节　发展情况

一、产业规模

通信设备制造业增速缓慢。2020 年，我国通信设备制造业营业收入达 38642.2 亿元，同比增长 4.7%，利润总额为 1853.17 亿元，同比增长 1.0%。通信终端设备制造业收入占整个通信设备制造业的 64%以上。国家统计局数据显示，2020 年我国手机产量为 14.71 亿部，同比下降 9.5%。2020 年，国内手机市场出货量为 3.08 亿部，同比下降 20.8%，其中 5G 手机出货量为 1.63 亿部。全年国内手机市场上市新机型 462 款，累计下降 19.4%，其中 5G 手机上市新机型达到 218 款。2020 年，我国移动通信基站设备产量为 893.7 万射频模块，同比下滑 14.3%。

移动通信业务占比下降。2020 年，我国移动通信业务实现收入 8891 亿元，同比下降 0.4%，在电信业务收入中占比下降至 65.5%。2020 年，全国移动通信基站总数达 931 万个，全年净增 90 万个，其中 4G 基站总数达 575 万个，城镇地区实现深度覆盖。5G 网络建设稳步推进，按照适度超前原则，新建 5G 基站超 60 万个，全部已开通 5G 的基站超 71.8 万个，5G 网络已覆盖全国地级以上城市及重点县市。截至 2020 年底，我国蜂窝物联网连接设备达到 11.36 亿户，全年净增 1.08 亿户，蜂窝物联网连接数占移动网络连接总数的比重已达 41.6%，与移动手机用户规模差距不断缩小。

通信设备出口继续回落。海关总署数据显示，2020 年我国手机出口量为 9.66 亿部，同比下降 2.8%，出口额为 1254.5 亿美元，同比增长 0.9%。移动通信基站出口量为 38.3 万台，较 2019 年减少了 23.6 万台，出口金额为 21.1 亿美元。

二、产业结构

手机市场方面，国内品牌出货量呈下降趋势。IDC 数据显示，2020 年我国智能手机市场中，华为以 38.3%的市场份额位居第一，出货量为 1.25 亿部，同比下降 11.2%；vivo、OPPO 以 17.7%和 17.4%的市场份额分列第二位和第三位，出货量分别为 5750 万部和 5670 万部，同比分别下降 13.5%和 9.8%；小米位列第四，市场份额为 12.0%，全年出货量为 3900 万部，同比下降 2.5%；苹果全年出货量为 3610 万部，所占市场份额为 11.1%，同比增长 10.1%。

交换机市场方面，我国交换机市场规模同比增长 12.3%，在互联网、金融、政府、制造和电力行业增长较多。交换机投资仍集中在数据中心，全年增长 24.5%，其中 25Gbps 和 100Gbps 速率产品得到大规模部署，合计占比超过 60%，400Gbps 速率产品也开始有小范围试点应用。园区网受疫情和投资节奏影响较大，全年增长 2.7%。在新基建等政策红利加持下，数据中心交换机投资仍有较快增长。

路由器市场方面，我国路由器市场规模同比增长 3.3%。得益于 5G 基站和智能城域网建设，运营商在回传和承载网上有巨大投入。随着 5G 基站在全国铺开和终端加速普及，5G 应用发展势头强劲，多个 5G 行业应用开始落地实践。各主流厂商对 Wi-Fi 6 加大研发和宣传力度，使其在芯片成本控制、产品丰富度、方案成熟度和用户接受度等方面有更大进展，Wi-Fi 6 市场份额进一步提高。

WLAN 市场方面，我国 WLAN 市场规模同比增长 3.1%，上半年市场表现低迷，在新冠肺炎疫情得到有效控制后，以教育、制造和医疗为主的行业用户带来建设需求，下半年市场有所回暖。教育行业对线上教育、远程教育等的需求迫切，校园的无线网络覆盖和宿舍无线网络改造等项目相对突出，产品构成也多为 Wi-Fi 6 设备。医疗行业主要针对防疫政策和智慧医疗解决方案，在全年都有较好贡献。远程办公、移动终端增加等也对网络承载能力提出新的需求，进而提升了 WLAN 在制造、能源和服务等行业的市场表现。

三、产业创新

（一）固定宽带进入全光纤时代，千兆接入加快普及

截至 2020 年底，我国互联网宽带接入端口数量达到 9.46 亿个，其中光纤接入（FTTH/O）端口达到 8.8 亿个，占比由 2019 年底的 91.3%提升至 93.0%。三家基础电信企业的固定互联网宽带接入用户达 4.84 亿户，其中光纤接入（FTTH/O）用户 4.54 亿户，占比由 2019 年底的 92.9%提升到 93.9%，远高于全球平均的 67.5%。光纤接入速率稳步提升，截至 2020 年底，我国 100Mbps 及以上接入速率的固定互联网宽带接入用户达 4.35 亿户，占固定宽带用户总数的 89.9%，占比较 2019 年底提高 4.5 个百分点。千兆网络覆盖范围不断扩大，1000Mbps 及以上接入速率的用户达 640 万户，比 2019 年底净增 553 万户。

（二）5G 网络建设全球领先，创新应用逐步落地

适度超前部署 5G 网络，以共建共享大力推动 5G 网络建设，形成全国所有地级及重点县区的广泛覆盖。截至 2020 年底，我国新建 5G 基站超过 60 万个，基站总规模在全球遥遥领先。三大运营商均在第四季度开启 5G SA 独立组网规模商用，使我国成为全球 5G SA 商用第一梯队国家。我国 5G 用户规模同步快速扩大，以每月新增千万用户的速度爆发增长，截至 2020 年底，我国 5G 手机终端连接数近 2 亿。5G 行业应用逐步落地商用，“5G+工业互联网”在建项目超 1100 个，分布在矿山、港口、钢铁、汽车等多个行业，致力于研发、生产、视觉检测、精准远程操控等领域，形成一批较为成熟的解决方案。

（三）物联网连接数稳步增加，支撑社会智能化转型

我国拥有全球覆盖最广的移动网络，并依托移动网络建成最大的蜂窝物联网，移动网络连接每年新增超过 1 亿户。截至 2020 年底，全国移动电话用户达 15.94 亿户，普及率为 113.9 部/百人，高于全球平均的

102.4部/百人。我国蜂窝物联网连接设备达到11.36亿户，全年净增1.08亿户，蜂窝物联网连接数占移动网络连接总数的比重已达41.6%，比上年提高2.5个百分点，与移动手机用户规模差距不断缩小。我国蜂窝物联网连接设备中应用于智能制造、智慧交通、智慧公共事业的终端用户占比分别达18.5%、18.3%、22.1%。在政策、技术推动以及疫情的影响下，服务于公共事业的智慧终端（如智能水表、电表、气表等）应用明显加快，增速达19.2%。5G、云计算、人工智能等数字技术加速万物互联进程，未来移动网络连接的重点将从“人”转向“物”。

第二节　发展特点

一、5G新基建带动通信设备企业突围

5G新基建的发展应用，对通信行业的产业链上下游带来强劲驱动力，推动上下游产业的升级和创新。基于先天的市场优势，配合技术标准上的超前布局，我国通信设备厂商在5G的网络架构和空口技术、大规模多入多出技术等方面，已形成了一定的领先优势。IPLytics数据显示，华为、中兴、OPPO、大唐移动、小米、vivo、联想等企业合计占据5G标准必要专利数的38%；在2020年全球通信设备市场中，华为以31%的市场份额位列第一，中兴以10%的市场份额位列第四，我国在通信设备市场引领全球。

二、物联网模组产业链加速向国内转移

疫情加快了物联网模组产业链向国内转移的速度，国内市场集中度继续提升。在海外疫情扩散的影响下，物联网模组产业链由海外向国内迁移的进程正在加快，同时国内市场集中度提升，市场份额逐渐向移远通信、广和通等龙头企业集中。2020年第三季度，移远通信营收占比达41%，同比提升7%；广和通营收占比达17%，同比提升3%。其余公司营收占比均有所下降。国内市场集中度的提升，与头部企业研发投入保持增长态势有直接关系。移远通信研发投入力度最大，截至2020年第三季度末，研发费用达到4.37亿元，同比增长96.55%；第三季度，

研发投入创历史新高，达到 1.75 亿元，同比增长 90.28%，环比增长 20.51%。

三、通信设备有效保障疫情防控通信

华为积极支撑运营商开展火神山医院、雷神山医院等关键区域的通信网络设施和信息化建设，迅速完成了 5G 基站到货、调测开通、优化等工作，仅用 3 天就开通了 5G 服务，并在传输网络、数据通信、核心网及云视讯等方面，提供了全面技术支持。中国信科集团与运营商紧密配合，第一时间成立由服务人员、研发人员、供应人员等组成的专项应急工作组，在捐赠一批 OTN 和 PTN 设备的同时，连夜组织所需通信方案和设备生产，助力保障指定医院传输网络的畅通，维护医疗专线的稳定。中兴在设备生产、配送、现场施工和开通等环节，全力支撑湖北等多个省市疫情防控及定点医院的网络建设和通信保障。新华三先后向火神山医院和雷神山医院捐赠全套的网络与信息安全防护设备和运维管理系统，并完成现场部署、安装、调试等工作。锐捷网络捐赠 500 台网络设备，用于相关医疗机构病房内终端设备的连接组网，保障医院诊疗业务高效运转。

第五章

消费电子行业

2020 年，受新冠肺炎疫情影响，我国消费电子行业喜忧参半，彩电、手机销量下滑态势明显，智能音箱、虚拟现实终端产品销量快速增长。随着 5G、人工智能、虚拟现实、云计算、大数据等信息技术的快速发展，消费电子产品的智能化水平、互联互通水平、交互能力不断提升。

第一节　发展情况

一、产业规模

2020 年，中国彩电市场的销量、销售额均同比下降。根据奥维云网数据，2020 年我国彩电市场零售量达 4450 万台，同比下降 9.1%；零售额为 1209 亿元，同比下降 11.7%。2020 年，北美市场出货量达 5310 万台，超越中国成为全球第一大彩电出货区域。我国彩电出货量达 4901 万台，其中 99.3%为液晶电视，采用新型显示技术的 OLED 电视和激光电视分别占比 0.4%和 0.3%。彩电尺寸方面，55 英寸及以上的大尺寸彩电占比 59%。分辨率方面，4K 彩电占比 69.1%。根据奥维云网数据，2020 年我国彩电市场销量排行榜前十大品牌分别是小米、创维、海信、TCL、海尔、康佳、长虹、索尼、飞利浦、三星。国内彩电销量回落到 5000 万台以下，同比下降 12.1%，为近五年最大降幅，全年出货仅第二季度实现了 3.4%的增长。只有索尼、松下两个品牌的彩电销量在中国市场呈现增长态势，同比分别增长 6.1%和 11.8%。

2020 年，中国智能音箱市场的销量、销售额均保持增长。根据洛图科技数据，2020年中国智能音箱市场销量为3785万台，同比增长3%；销售额为83.7亿元，同比增长14%。天猫精灵、百度小度、小米小爱三足鼎立，三个品牌市场份额占比高达95.6%。根据Strategy Analytics数据，尽管新冠肺炎疫情引发了严峻的市场挑战，但2020年全球智能音箱销量快速增长，突破1.5亿台，2020—2023年年均复合增速预计约为14%。全球智能音箱市场份额主要集中于亚马逊、谷歌、百度、阿里巴巴、小米、苹果六大厂商，占全球超过80%的市场份额。

2020年，虚拟现实/增强现实终端市场迅速扩大，开启虚拟现实产业爆发增长新空间。谷歌、微软、脸书、华为、小米等龙头企业相继发布新品，OPPO、创维、联想、惠普等企业跨界入局虚拟现实终端产业，分别推出AR眼镜、VR一体机、分立式手机VR、VR头显等产品。随着新冠肺炎疫情的持续，居家娱乐、在线教育、远程医疗、远程巡防等行业应用需求增长，虚拟现实终端出货量快速增长。

二、产业创新

2020年，8K电视成为各大厂商主推产品。2020年，我国彩电市场8K电视出货量达到6万台，同比增长264%。主流电视品牌均推出万元级8K电视旗舰产品，三星推出的55英寸8K电视售价13000元，创维的65英寸8K电视售价11999元。小米、长虹更是推出万元以下的8K电视产品，小米82英寸8K电视售价9999元，长虹55英寸、65英寸、75英寸的8K电视售价分别为3999元、5999元、7999元，均大幅低于其他品牌同尺寸售价。创维推出量产8K电视Q91系列，采用8K IPS硬屏，相比软屏，硬屏屏幕不会产生残像或闪烁，画质更稳定，支持亮度自适应、576分区背光精准光控、AI场景自适应、第四代光学防蓝光等技术，同时搭载杜比全景声和杜比视界HDR影像。长虹推出系列8K电视新品，采用集成华为分布式能力的长虹新一代极智屏，使用“Cast+”实现手机与电视的高清图传，使用DV能力实现硬件虚拟化，其中“8K闪电侠”也是长虹首款实现5G通信的8K电视。长虹还利用AIoT技术和多种算法，将目前主流的不同分辨率的视频内容升级至接近8K的画质。

2020年，新型显示技术百花齐放，电视产品迭代加快。量子点、

OLED、激光、QD-OLED、Mini LED、Micro LED、叠屏等技术在彩电上的应用日益成熟。三星、TCL、海信均推出量子点电视。TCL最新推出的C8 QLED TV采用量子点技术，可以达到157%（BT.709）的色域覆盖率，能显示10.7亿种色彩；采用安桥的Hi-Fi级音响，能够实现对于杜比及DTS的双重解码，并通过了IMAX的专业认证，为消费者带来IMAX沉浸式音效及震撼内容。华为推出高端旗舰产品X65智慧屏，829万像素点自发光4K OLED超高清屏幕，98% DCI-P3色域，120Hz刷新率，搭载2400万超广角AI慧眼摄像头，具有智能人像追踪功能。

2020年，彩电产品智能化水平进一步提升。基于AI摄像头的智能电视能实现视频通话、实时交互功能。智能电视还能实现AI健身功能，通过AI摄像头捕捉用户的肢体运动轨迹，与电视上显示的动作进行对比，适时进行纠正指导，让人们在家也能专业地健身。2020年，海信推出A系AI电视，包括75英寸及85英寸A7系列大屏电视，配备H3信芯画质芯片、6路视频通话功能，并支持Wi-Fi 6。TCL推出TCL·XESS旋转智屏，拥有创新性旋转屏幕形态，就像巨屏手机，能与智能手机巧妙联动，并且有视频通话、3D自拍、体感游戏、AI健身等多元娱乐社交功能，创新电视交互形态。OPPO推出智能电视R1，与OPPO旗下IoT产品的联动便捷，例如，OPPO Share随享功能能够让OPPO智能电视R1和手机、手表等产品进行联动。此外，OPPO智能电视R1还能对小天才电话手表进行实时定位，并与其进行视频通话。

2020年，屏幕音箱成为智能音箱的主流发展趋势。智能音箱的市场前景巨大，创新发展速度快，从普通的智能音箱演进到带屏幕的音箱，从简单语音互动到覆盖教育、娱乐、服务等丰富场景，可以成为智慧家庭控制中枢，控制智能家居设备。2020年，阿里巴巴将天猫精灵业务升级为独立事业部，天猫精灵推出首款10英寸大屏智能音箱CC10，屏占比达到77.2%，支持接入人教版教材、咪咕视频、淘宝直播以及数亿台loT智能设备，拥有童脸识别、智能护眼、睡前伴读、家庭看护等功能。京东智联云发布京东首款8英寸大屏智能音箱京鱼座智能屏i8 Pro，涵盖多模态人机交互的人工智能“黑科技”，全面开放京鱼座生态平台的丰富资源、海量视听内容，提供贴心的生活服务功能、个性化的智能家居操控体验。

第二节　发展特点

一、我国消费电子产业规模稳居世界第一

2020 年，我国消费电子市场规模继续保持世界第一，手机、计算机、彩电等主要消费电子产品的产量均位居世界第一。2020 年全年，我国彩电累计产量达到 19626.2 万台，累计增长 4.7%；液晶电视机出口量累计达到 9994 万台，累计增长 6.8%。手机累计产量达到 147193 万部，累计下降 9.5%。TrendForce 数据显示，受疫情冲击，2020 年全球智能手机产量同比下降 11%，仅为 12.5 亿部；预计 2021 年将同比增长 9%，达到 13.6 亿部。

二、智慧家庭市场规模保持快速增长

2020 年，我国智慧家庭行业稳步发展，技术和产品创新迭代加速，8K 智能电视、激光影院、智能音箱、智能门锁等新产品层出不穷。在 AI、物联网、云计算等技术的融合创新驱动下，中国家电产业加速智能化升级，中国智慧家庭市场规模正以每年 20%～30%的速度增长，智慧家庭产业发展空间巨大。我国智慧家庭行业内已形成了三大阵营：第一阵营为互联网巨头，代表企业包括百度、阿里巴巴、腾讯等；第二阵营是家电、消费电子龙头企业，代表企业包括海尔、海信、TCL、长虹、创维、康佳、华为和小米等；第三阵营是提供智能家居设备或解决方案的企业，代表企业包括云丁科技、欧瑞博等。

三、“5G+千兆宽带”智慧家庭业务开始普及

当前，传统电信业务收入增速放缓，三大运营商把握疫情期间在线教育、远程办公、视频娱乐等需求大增的机遇，积极布局智慧家庭业务，使其成为新的业务增长点。三大运营商积极打造智慧家庭体系及家庭信息化解决方案，开展 5G 时代智慧家庭和大视频新生态模式的探索和实践，力推“5G+千兆宽带+云”的智慧家庭应用。2020 年，中国电信以“5G+光宽带+Wi-Fi 6”再度提升家庭千兆宽带接入服务，加快智能家庭

产品服务体系的建设，构建高质量千兆宽带叠加智慧家庭应用的综合竞争力，驱动宽带业务与智能家庭业务融合互促。中国联通推出千兆宽带家庭畅享套餐，不断升级5G时代智慧家庭和大视频新生态模式下的用户体验，聚焦家庭互联网市场，加快沃家固话、沃家神眼、沃家电视、沃家组网等智慧家庭系列产品推广。中国移动深化“全网智连、全屋智能、全家智享”的智慧家庭运营战略，推动“魔百和”、智能组网、家庭安防、智能语音遥控器等智慧家庭业务增长。

第六章

集成电路行业

第一节　发展情况

一、产业规模

2020 年，虽受新冠肺炎疫情及贸易保护主义的影响，但是在远程办公需求增加、数据中心和 5G 网络设施建设加快等因素的驱动下，全球及我国集成电路产业均实现了正增长。自 2014 年 6 月国务院印发《国家集成电路产业发展推进纲要》以来，我国集成电路产业政策及投融资环境不断改善，企业实力显著增强，产业规模不断增长。2010—2020 年我国集成电路产业的销售收入及同比增长率如图 6-1 所示。其中，据中国半导体行业协会统计，2018 年我国集成电路产业销售额为 6532 亿元，同比增长 20.7%；2019 年我国集成电路产业销售额为 7562.3 亿元，同比增长 15.8%；2020 年我国集成电路产业销售额为 8848 亿元，同比增长 17.0%。

二、产业结构

2017—2020 年，我国集成电路设计业、制造业、封装测试业都保持了增长态势，其销售规模及增长率情况如图 6-2 所示。2020 年中国集成电路产业销售额为 8848 亿元，同比增长 17.0%。其中，设计业销售额为 3778.4 亿元，同比增长 23.3%；制造业销售额为 2560.1 亿元，同比增长 19.1%；封装测试业销售额为 2509.5 亿元，同比增长 6.8%。

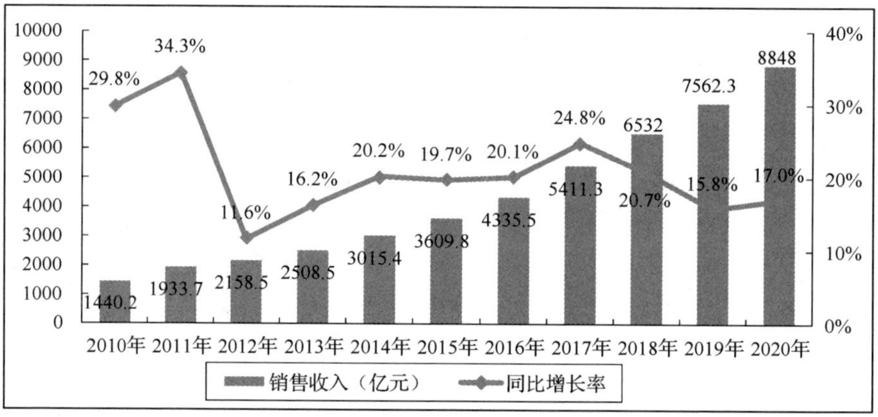

图 6-1　2010—2020 年我国集成电路产业销售收入及同比增长率

数据来源：中国半导体行业协会，2021.03

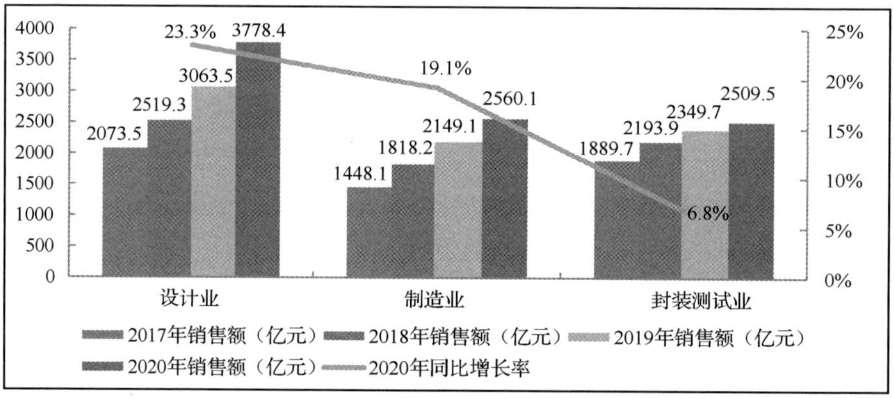

图 6-2　2017—2020 年我国集成电路产业细分市场销售情况

数据来源：中国半导体行业协会，2021.03

2020 年，我国集成电路产业链环节各季度销售情况如表 6-1 所示。整体来看，芯片设计业增速显著。由于芯片设计具有轻资产的特性，结合国外环境造成国产芯片供应链内循环加速形成，国产芯片设计业营收将呈高增长态势。

表 6-1　2020 年我国集成电路产业链环节各季度销售情况

季　度		Q1	Q2	Q3	Q4
设计业	销售额（亿元）	574.4	916.2	1143.6	1144.2
	同比增长	25.20%	22.60%	13.60%	34.50%
制造业	销售额（亿元）	451.4	514.6	594.6	999.5
	同比增长	15.09%	20.29%	18.80%	20.63%
封装测试业	销售额（亿元）	446.9	635.5	628.6	798.5
	同比增长	5.65%	6.08%	7.54%	7.46%
合计销售额（亿元）		1472.7	2066.3	2366.8	2942.2

数据来源：中国半导体行业协会，2021.03。

三、进出口情况

（一）进口情况

2010—2020 年，我国集成电路进口量逐年增长，进口额受产品价格影响呈现出波动增长态势（见图 6-3）。2018 年，集成电路进口量和进口额均实现增长，进口额达到 3120.6 亿美元，同比增长 20.0%。2019 年，我国进口集成电路 4451.3 亿块，同比增长 6.6%；进口额为 3055.5 亿美元，同比下降 2.1%。2020 年，我国进口集成电路 5435.0 亿块，同比增长 22.1%；进口额为 3500.4 亿美元，同比增长 14.6%。

（二）出口情况

2010—2020 年，我国集成电路出口呈现波动式增长的态势（见图 6-4）。2016 年，我国集成电路出口量略有下降，出口额同比下降 10.8%。2017 年以来，随着国内芯片产能的持续增加和国产芯片质量的不断提升，国内芯片出口规模进一步增大，2018 年出口额达到 846.4 亿美元。2019 年，我国出口集成电路 2144 亿块；出口额为 1021.9 亿美元，同比增长20.7%。2020年，我国出口集成电路2598亿块；出口额为1116.0亿美元，同比增长9.2%。

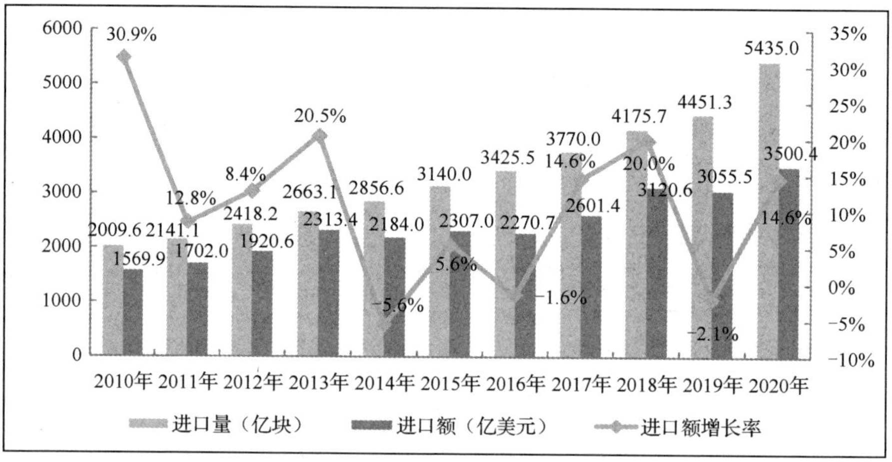

图 6-3　2010—2020年我国集成电路进口情况

数据来源：海关总署，2021.03

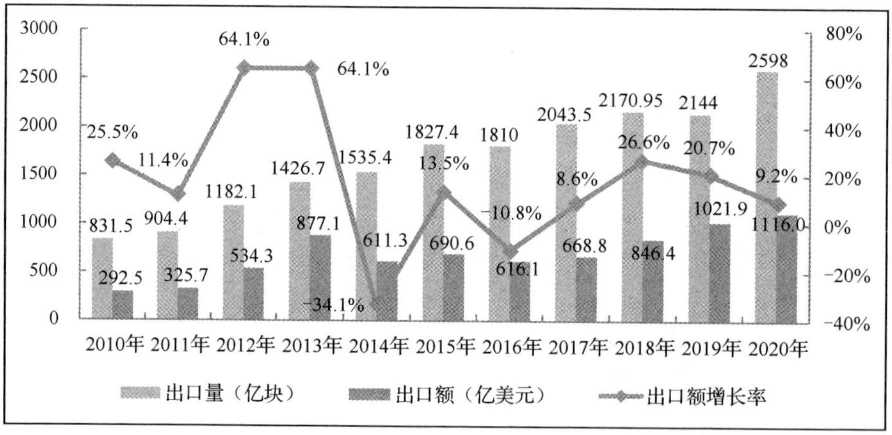

图 6-4　2010—2020年我国集成电路出口情况

数据来源：海关总署，2021.03

四、创新进展

2020年，我国在集成电路设计、制造、封装测试、装备、材料等方面取得了一系列新进展，在技术方面与世界先进水平的差距正逐步缩小。

（一）设计业技术发展情况

目前，我国企业在应用处理器、射频芯片等移动终端芯片市场，数字电视芯片、智能卡芯片、人工智能芯片等专用器件市场，以及 CMOS 图像传感器、MEMS 麦克风传感器、指纹传感器等通用器件市场发展较好，整体技术接近或达到世界先进水平。移动处理器方面，海思发布 5nm 制程的 5G SoC 芯片麒麟 9000，采用 8 核心设计，集成多达 153 亿个晶体管，最高主频可达 3.13GHz，产品性能已达全球领先水平。5G 通信芯片方面，紫光展锐已发布旗下首款 6nm EUV 5G SoC 芯片 T7520，继海思之后，开始向中高端通信芯片领域迈进。人工智能芯片方面，寒武纪、地平线和百度不断发力。其中，寒武纪推出的首颗训练芯片思元 290，采用台积电 7nm 制程工艺，集成 460 亿个晶体管，继续缩小与英伟达的差距。图像传感器方面，韦尔股份（豪威科技）已实现 6400 万像素 0.7μm 的 CMOS 图像传感器的批量出货，应用于中高端智能手机，正在逐步向第一梯队迈进。

（二）制造业技术发展情况

目前，三星和台积电是全球仅有的可以实现 7nm 及以下制程芯片量产的两家企业。我国本土集成电路技术在逻辑工艺方面虽与三星、台积电还存在 3 代的差距，但也取得了快速突破。中芯南方已实现 14nm 制程芯片的量产，正在积极争取 12nm 制程工艺规模量产；上海华力 28nm 全套制程工艺（28LP/28HK/28HKC+）已实现量产，22nm 研发正在快速推进，14nm 研发取得重大进展。我国存储器产业进展迅速，已逐渐从技术突破阶段向产能提升阶段跃迁。长江存储基于 Xtacking 架构的 64 层 TLC 3D NAND 闪存正式量产，128 层 TLC/QLC 两款产品（128 层 QLC 3D NAND 闪存 X2-6070、128 层 512Gb TLC 闪存芯片 X2-9060）已研发成功，两款闪存芯片均可在 1.2V VCCQ 下实现 1.6Gbps（Gigabits/s，千兆位/秒）的数据传输速率，达到业界最高水平；合肥长鑫已量产 19nm 工艺的 DDR4 内存，正在加速 DDR5 内存研发。

（三）封装测试业技术发展情况

由于我国企业进入封装测试行业时间较早、技术研发持续性较好、内资龙头企业对国外优质标的进行收购等因素，我国封装测试技术已整体达到世界先进水平，部分技术工艺达到世界领先水平。配合我国在生产成本方面的优势，封装测试成为全球集成电路产业中最先向我国进行转移的环节，也是我国集成电路产业最有优势的领域。当前，包括中小封装厂在内的我国封测企业已经全面掌握传统封装技术，成本、工艺技术差异化是厂商形成市场竞争力的关键。在芯片小型化、高密度化的发展趋势下，先进封装技术是全球主流封测厂商研发的核心。我国先进封装技术由长电科技、通富微电、华天科技、晶方科技等企业掌握，技术覆盖 WLP、Fan-Out、Flip Chip、2.5/3D 等。

第二节　发展特点

2020 年，新冠肺炎疫情、贸易保护主义和单边主义抬头等因素为全球和我国集成电路产业发展带来较多不确定性。但在远程办公需求增加、数据中心和 5G 网络设施建设加快等有利因素的推动下，我国集成电路产业仍保持高速增长。国内产业环境持续优化，产业升级为芯片发展提供了广阔市场空间。但我国产业发展面临的外部形势依旧严峻，各国竞争日趋激烈，未来发展仍面临较大不确定性。

一、国内产业发展环境持续优化

一是产业发展的政策环境进一步优化。2020 年 8 月，国务院印发《新时期促进集成电路产业和软件产业高质量发展的若干政策》（国发〔2020〕8 号）（以下简称“8 号文件”），从财税、投融资、研究开发、知识产权、市场应用等方面，进一步加大政策支持力度，对集成电路企业所得税、进口关税、进口增值税给予更大力度、更大范围的支持，成为推动集成电路产业高质量发展的重要政策文件。为贯彻落实 8 号文件要求，2020 年 12 月，财政部、国家税务总局、国家发展改革委、工业和信息化部发布《关于促进集成电路产业和软件产业高质量发展企业所得税政策的公告》，明确了各环节企业享受所得税优惠政策的各项要求、与之前政策文件的衔接问题等。2021 年 3 月，财政部、海关总署、国家税务总局发布《关于支持集成电路产业和软件产业发展进口税收政策的通知》（财关税〔2021〕4 号），明确了符合条件的集成电路先进工艺生产企业、集成电路设计企业和软件企业进口部分产品时可免征关税，同时针对进口材料、设备、零配件等的进口关税优惠面和力度明显更大，还对重大项目进口新设备准予分期缴纳进口增值税，税收优惠力度远超原来的保税政策。2021 年 3 月，国家发展改革委发布《关于做好享受税收优惠政策的集成电路企业或项目、软件企业清单制定工作有关要求的通知》（发改高技〔2021〕413 号），对享受税收优惠的企业和项目条件进行了明确规定，并制定了相关工作程序。

二是投融资热度持续高涨。2020 年，全球半导体产业逐步进入以大并购、大重组为特征的新一轮深度调整期，产业并购重组活跃。我国资本市场亦热度不减，发生了韦尔股份以总价 1.2 亿美元收购 Synaptics 亚洲 TDDI 业务、英唐智控收购日本先锋微技术等案例。同时，随着大基金二期成立和进入投资期，我国资本市场仍将保持较高热度。科创板进一步畅通了基金退出渠道，国内企业间并购整合机会增多，并在资本的助力下寻求海外并购机会。科创板成立以来，集成电路企业上市融资活跃。2020 年，共有 8 家芯片设计企业在科创板和主板上市，募集资金高达 98.5 亿元。此外，紫光展锐、上海复旦微电子、苏州国芯、华大九天等企业也在积极筹备上市，相关领域迎来蓬勃发展。

二、产业升级为芯片发展提供广阔市场空间

2020 年，受新冠肺炎疫情影响，全球经济低迷，各国 GDP 普遍出现负增长，全球半导体市场却逆势增长，远程办公与教学、自动化、安防、在线医疗等带动相关基础设施建设和个人需求激活，成为半导体市场增长的重要动力。我国集成电路产业也受益于疫情控制迅速、本土化需求旺盛、产业转型升级等因素，仍然保持旺盛的市场需求。随着疫情带来的生产办公模式的变化，各领域的数字化、电子化、智能化速度加快，叠加手机、汽车等市场的复苏，半导体市场需求持续增长。

随着我国经济发展进入新常态，迎来速度换挡、结构优化、动力转

换的关键节点，一方面，国内 5G、新能源汽车等新基建的市场渗透率将会进一步提升，带动国内半导体产业在通信及射频器件、消费电子、功率半导体、汽车半导体等方面加速发展，新基建中的数据中心、物联网、人工智能等设施建设将为我国芯片市场带来超过 1 万亿元的发展空间，成为产业发展的重要机遇。另一方面，由于受到外部环境和国际形势变化影响，国产替代和供应链安全仍是产业发展主线。国内整机企业都在寻求加快本土供应链建设，提升国内芯片市场应用空间。在不出现大的外部环境变化的情况下，2021 年集成电路产业预计仍能保持两位数增速。

三、产业发展面临的外部环境更加严峻

半导体作为信息产业的基石，一直处于全球战略竞争和博弈的最前沿，在各国经济低迷和中美关系紧张的背景下竞争更加激烈。拜登政府上台后对我国半导体打压的长期态势不会改变，虽然短期内可能会弱化正面冲突，但是不同于特朗普政府的单边主义政策，拜登政府更强调多边主义政策方向，推动美国重返全球性组织、修复同传统盟友的关系等，预计将采取联合日、欧、韩等众多传统盟友的“大联盟”方式，建设“去中供应链”。同时，全球其他各国围绕半导体行业的竞争态势加剧，均加大对本国产业的支持力度，我国产业将面临更加激烈的国际竞争。例如，美国于 2021 年初通过的《国防授权法案》提出加大政府资金投入，促进美国半导体制造业和技术发展，成立多边微电子安全基金，加强半导体前沿技术研发等措施；同时加大对本国产业的资金支持力度，计划投资 370 亿美元支持企业在美国本土建设生产线。为了打破美国技术的限制，欧盟 17 国达成协议，将携手提高欧洲半导体市场地位，加大投资力度，提高欧洲设计和制造下一代可靠的低功耗处理器能力，减少对美国和亚洲的进口依赖。日本限制对韩国半导体材料的出口后，韩国政府加大投资支持力度，推动半导体材料的研发和国内供应链建设。

第七章

新型显示行业

第一节　发展情况

一、产业规模

新冠肺炎疫情之下，显示面板需求保持韧性，未来三年需求将保持个位数增长。2020 年，全球显示面板市场规模为 1155 亿美元，其中 LCD 面板市场规模约为 850 亿美元，占比达到 74%。全球 LCD 面板出货面积从 2019 年的 1.62 亿平方米增长到 2020 年的 1.64 亿平方米，同比微增 1.1%，在 2020 年全球 LCD 面板下游需求中，电视占比 78.16%，是 LCD 面板最大的应用领域，显示器占比 10.48%，笔记本电脑占比 4.77%，智能手机占比 4.46%，平板电脑占比 2.13%。OLED 面板目前平均尺寸相对较小，最大的应用领域是智能手机，占比 69%，其次是可穿戴设备和家用电器及电视，分别占比 10%、8%。疫情之下，2020 年，IT 产品显示面板需求大幅增长，手机显示面板需求下降 10%左右。整体来看，未来三年，全球 LCD 面板需求可能保持微幅增长，增长幅度预计为 1%～3%。

从供给端来看，韩国厂商加速退出已成定局。在韩国厂商产能大幅退出的影响下，虽然京东方、TCL 华星光电多条 10.5 代线以及惠科多条 8.6 代线新产能陆续释放，但行业供给增幅十分有限，面板价格涨幅较大。2020 年 11 月，32 英寸面板价格为 61 美元，已回升至 2018 年 3 月时的水平。三星决定到 2020 年 12 月底终止所有 LCD 产品供应，以加快转向QLED。三星及LG旗下的电视厂商面板采购逐步转向了国内面板厂，其中三星主要转向了京东方和TCL华星光电，LG主要转向了京东方和惠科。LGD为保障LG电视品牌面板供应，部分产能决定延后退出。LGD在韩国的现有TV LCD产能规模占全球总量的3%或更低，延迟退出对行业供需影响较为有限。韩国厂商退出LCD市场虽有反复和迟滞，但在中国企业高世代LCD产能释放的背景下，逐步退出LCD市场已成定局。2020—2021年全球LCD面板重要产能变化如表7-1和表7-2所示。

表7-1 2020—2021年全球LCD面板市场减少的重要产能

企业	生产线	关停时间	关闭产能（千片/季度）	关闭产能面积（万平方米/季度）
LGD	坡州7.5代线（P7）	2020Q1	360	158
	坡州8.5代线（P8）	2020Q2	360	198
三星	汤井7代线（L7-2）	2020Q2	330	136
	汤井8.5代线（L8-1）	2019Q3	450	248
	汤井8.5代线（L8-2）	2021Q2	438	241
松下	8.5代线（Himeji 1）	2021Q2	60	33
合计			1998	1014

数据来源：IHS，赛迪智库整理，2021.04。

表7-2 2020—2021年投产的7代以上LCD面板重要产能（含原生产线扩产）

企业	生产线	投产时间	新增产能（千片/季度）	新增产能面积（万平方米/季度）
京东方	合肥10.5代线（B9）	2020Q2	45	45
	武汉10.5代线（B17）	2020Q3	180	178
TCL华星光电	深圳11代线（T7）	2020Q3	180	178
	深圳11代线（T7）	2021Q3	90	89

续表

企业	生产线	投产时间	新增产能（千片/季度）	新增产能面积（万平方米/季度）
惠科	滁州 8.6 代线（H2）	2020Q2	225	132
	绵阳 8.6 代线（H4）	2020Q2	360	211
	长沙 8.6 代线（H5）	2021Q2	396	232
CEC	咸阳 8.6 代线	2020Q2	36	21
富士康	广州 10.5 代线	2020Q1	90	90
	广州 10.5 代线	2021Q1	135	134
友达光电	台中 7.5 代线	2021Q4	21	9
合计			1758	1319

数据来源：IHS，赛迪智库整理，2021.04。

二、产业结构

显示面板的产业链分为：上游材料、元件和装备制造，产品有玻璃基板、液晶材料、偏光片、背光模组、驱动 IC、电源管理芯片、面板自动化设备等；中游面板生产组装，工序有液晶面板检查、切割、贴片、模组、成盒等；下游终端产品制造，产品有电视、智能手机、笔记本电脑等。

我国上游材料、元件和装备的市场占有率不足，成长空间大。我国显示器件上游材料本地化配套率为 55%，上游装备本地化配套率保持在 15%左右。2020 年，全球显示面板市场规模为 1155 亿美元，其中，我国显示器件（面板）产值的全球占比约为 37%，而上游材料产能的全球占比只有 15%，上游装备产能的全球占比则只有 6%。

中游制造商是显示面板生产的主力军，目前面板生产厂商主要来自中国、日本、韩国。除了传统实力强劲的日韩企业，以及早前兴起的中国台湾企业，中国大陆企业也在迎头赶上。两个行业趋势非常显著：其一，各厂商均在逐步提升大尺寸 TFT-LCD 面板的产能，已然过剩的中小尺寸面板产能逐渐削减；其二，随着 OLED 显示技术在手机和高端电视中的渗透率日益提升，各主要厂商均在积极扩张 OLED 面板产能，其中京东方、TCL 华星光电、深天马、维信诺等中国大陆厂商扩产尤为显著。据 IHS Markit 估计，到 2022 年，韩国面板制造商在全球 AMOLED 产能中贡献的比重将从 2017 年的 93%降至 71%；中国制造商的市场份额则将从 2017 年的 5%增至 26%。

显示面板产业链下游主要是华为、惠普、戴尔、三星、索尼、LG、联想、海信等全球一线消费电子品牌。在下游的众多应用中，LCD 和 OLED 面板的主要应用领域较为不同。除上文所述外，TFT-LCD 面板最大的应用领域是电视，占比 67%；其次是占比 13%的显示器，手机、商用液晶显示器、计算机和车载显示器分别占比 3%、5%、4%、1%。

三、产业创新

OLED 面板渗透率提速。OLED 面板已成为高端电视产品的标配，根据 IHS 统计，在日本 OLED 电视渗透率高达 59%，在北美及欧洲也有约 45%。OLED 电视的平均价格也在下降，相比于 2019 年 2 月，2020 年的价格降幅达到 1000 美元，下降 28.65%；LCD 电视价格反而提高 6.59%。在智能手机面板市场，OLED 面板出货量在第三季度首次超过 LTPS LCD 面板，达到 1.44 亿片。由于 OLED 电视在影像质量方面优于 LCD 电视，在价格差距逐渐缩小的情况下，OLED 将在电视市场加速取代 LCD。

在市场需求和技术创新的双重驱动下，主流技术不断迭代演进，通过渐进式创新提升消费者体验。在性能方面，叠屏、Mini LED 背光等技术更加普及，进而提升液晶显示器的对比度、清晰度、分辨率和刷新率等性能指标，OLED 也通过 LTPO、TDDI、CFOT 等背板技术有效提升刷新率、降低屏幕功耗，拓展应用范围。同时，受全面屏普及和 5G 换机潮的影响，屏下集成成为人们关注的热点，屏下指纹将进一步占领中高端智能机，屏下摄像头解决方案更加成熟，并有相关机型上市。在屏下指纹和屏下摄像头的带动下，屏幕与其他传感器的集成度进一步提升。

第二节　发展特点

一、远程活动增多带来新需求，产业规模进一步增长

2020 年，新冠肺炎疫情的出现改变了人们的生产、生活和消费习

惯，同时却推动远程办公、远程教育和居家娱乐需求大幅提升，需求增长带动显示产业在后疫情时代快速回暖，行业整体呈现逆势上扬的态势。2020 年第三季度，全球电视销量环比上涨 38%，创历史新高。从供给侧来看，三星、LG 等企业在年初相继宣布将于年底中止 LCD 面板供应，转向发展新兴技术。随着疫情带来的产业整体格局变化，韩国企业逐渐放缓退出 LCD 面板生产的速度。在需求增长和供应减少的双重影响下，面板价格在经历了 2017 年以来的低谷后于 2020 年下半年快速回升，55 英寸面板价格从年初的 105 美元涨至 11 月的 166 美元，涨幅达到 58%，这种态势还将继续持续一段时间。

二、创新实力稳步增强，新兴技术量产进程不断加快

2020 年，随着大数据、云计算、物联网等新技术的进一步普及，显示屏作为人机交互和信息传递的重要窗口之一，应用方向更加多元化。在智能手机市场中，屏幕成为企业创新和竞争的重点方向之一，催生出了瀑布屏、透明屏、折叠屏和环绕屏等技术。电视、计算机是新型显示市场权重最高的应用，从现有格局来看，大尺寸、超高清、低成本化是未来发展的重要方向。车载显示、智能显示及虚拟现实等行业的兴起，进一步拓展了新型显示的应用范围，也催生了面板企业和整机企业、智能家居企业的合作，在对显示技术提出了新要求的同时，也给竞争激烈的新型显示产业带来了新机会。

三、企业兼并重组日趋活跃，行业集中度加速提升

2020 年，我国企业间的兼并重组速度明显加快，行业集中度大幅提升。TCL 华星光电斥资 76.22 亿元收购苏州三星，收购完成后，拥有 3 条 8.5 代、2 条 11 代的高世代生产线，全部达成满产后年产能将提升至 5226 万平方米/年。京东方斥资 121 亿元收购中电熊猫，收购完成后，拥有 5 条 8.5 代线、1 条 8.6 代线、2 条 10.5 代线，LCD 面板年产能将提升至 7700 万平方米/年。两家企业产能位居全球前两位，合计占比达到 42.8%。通过兼并重组，我国龙头企业实力有望进一步增强。在配套领域，我国企业在彩色光刻胶、偏光片、靶材和设备方面均有并购案例

发生，相关收购无论是对于企业本身还是对于产业都将产生很大影响。

四、小间距 LED、OLED、叠屏等显示技术多路线演进

当下，TFT-LCD 和 AMOLED 两种技术占据 95%以上的市场份额，各大厂商纷纷布局探索新技术。小间距 LED 在亮度、大尺寸、功耗等多方面具备明显优势，三星、京东方、索尼、TCL 华星光电、雷曼光电等企业持续发力，如雷曼光电已实现基于 COB 先进集成封装技术的 Micro LED 超高清显示产品量产。OLED 在高色域、高续航、高对比度、薄型化方面具备优势。华为、小米、创维、索尼、LG 等各大厂商均在 OLED 产品方面进行了部署，如小米于 2020 年 7 月推出了 65 英寸 4K OLED 电视，其刷新率达到了 120Hz。叠屏技术是在普通 LCD 电视的图像层和背光层之间加入控光层，以较低功耗实现高对比度等性能的技术，京东方、惠科、海信等均有布局，如海信推出了采用京东方 BD Cell 技术的 4K 叠屏电视 X65F。

第八章

电子原材料和元器件行业

2020 年，我国电子原材料和元器件行业受到了新冠肺炎疫情和中美贸易摩擦的双重影响，但受益于 5G、可穿戴装备及汽车电子等下游需求增长，叠加国产替代的红利，行业整体保持了良好的收入和盈利水平。但当前我国电子信息行业仍存在整体大而不强、龙头企业匮乏、创新能力不足等问题。电子原材料和元器件是支撑电子信息产业发展，保障产业链、供应链安全稳定的重要基石，近年来国内电子信息产业面临的挑战越来越大，加快电子原材料和元器件产业发展愈加迫切。

第一节　发展情况

一、整体情况

（一）产业规模逐步扩大

目前，我国已经形成世界上产销规模最大、门类较为齐全、产业链基本完整的电子元器件工业体系，2020 年电子元器件工业产值达到 1.68 万亿元（不包括物理化学电源），占电子工业产值的 20%左右。国内集成电路（IC）产值达到 1.1 万亿元，占电子工业产值的比重由 2000 年的 11.06%上升到 2020 年的 19.40%。

半导体材料方面，受益于下游旺盛需求，半导体材料市场迎来强劲复苏。据 SEMI 预测数据，2021 年世界半导体材料市场将迎来回暖，规模有望突破 560 亿美元，中国大陆地区半导体材料市场将突破 100 亿美元，占全球市场份额超过 1/6，成为第二大半导体材料市场。全球高端电子材料如光刻胶、硅片等主要由日本企业垄断，日本宫城县地震使得部分产能受到一定影响。国内晶圆厂商扩产趋势明显，也为半导体材料国产替代创造良机，半导体材料有望迎来国产化突破。

（二）产业政策不断完善

半导体材料是新一代信息技术创新发展的关键基础，其国产化进程是影响我国电子信息产业实现自主发展的重要因素。为此，我国政府发布了一系列红利政策，加大了半导体材料相关技术水平的支持力度，鼓励半导体材料产业产品研发和技术升级。在已发布的新材料产业政策中，《“十三五”国家战略性新兴产业发展规划》《新材料产业发展指南》等基本政策文件为中国新材料产业发展战略、发展规划和发展任务提供基础性指导。元器件方面，工业和信息化部印发《基础电子元器件产业发展行动计划（2021—2023年）》，从推动创新、发展产业、服务行业等方面提出七项重点工作任务，拟定四项保障措施，涵盖产业统筹协调、政策支持、产业发展环境、国际交流合作。《基础电子元器件产业发展行动计划（2021—2023年）》的印发、集成电路标准化组织的成立等将进一步统筹化推进、支撑、保障电子元器件产业的发展，逐步改变我国电子元器件行业当前大而不强的局面。

二、存在问题

（一）新材料人才匮乏，基础研究和技术创新能力薄弱

过去，由于传统工业材料技术落后和新材料下游应用场景局限，我国以发展传统材料产业为主，新材料研发动力不足，基础研究落后，导致国内新材料产业高端人才匮乏。根据2016年12月教育部、人力资源社会保障部及工业和信息化部联合印发的《制造业人才发展规划指南》，到2020年中国新材料产业人才缺口将达300万人，到2025年中国新材料产业人才缺口将达400万人。加速扩大的新材料产业人才缺口将不利于中国新材料产业技术创新和升级，进一步制约中国新材料产业的健康发展。

（二）新材料研发周期长，产业化速度慢

新材料从概念验证到规模化应用需要专业人员长期的研发和生产投入。新材料开发—小试—客户送样测试—中试—产业化—量产整个过程通常需要 10 年以上时间。较长的研发和生产周期为新材料企业带来较高的摊销费用，同时也造成材料产业化速度缓慢，导致新材料企业难以快速盈利。此外，较长的产业化周期导致较高的新材料投资风险。由于新材料研发和生产周期长，长周期带来的不确定性增加，研发和生产过程中任一环节出现瓶颈都将阻碍新材料产业化进程，对外部投资企业实现投资盈利造成风险。新材料较高的投资成本和风险将影响新材料企业和外部投资者投资意愿，对新材料产业发展造成不利影响。

（三）新材料市场推广应用进程缓慢，生产应用脱节

材料品质是下游用户企业对原材料进行采购的依据。对于半导体、军工、医药等领域而言，材料的一致性和稳定性对下游用户产品的性能有关键影响。因此，企业对新材料的选择和采购持谨慎态度，通常需对新材料进行长期的测试和验证，测试周期需要几个月甚至几年。新材料导入用户供应体系的时间直接影响新材料的市场推广进程，较长的导入时间将延迟新材料的规模化应用。新材料下游用户企业“有材不敢用”这一问题导致新材料的生产和应用脱节，阻碍新材料企业的产品转化。

（四）高端材料缺乏国际竞争力，关键材料对外依存度高

近十年来，中国已形成基本的新材料产业体系，拥有自主知识产权的新材料品种亦显著增加，但在材料性能、品质和产品成熟度等方面，众多本土新材料与国际领先产品仍存在差距。部分高端材料仍处于实验阶段，尚未实现产业化，应用完全依赖进口，如部分超高纯度金属溅射靶材。部分高端材料具备量产能力但性能品质无法完全满足下游高端产品的应用需求，如高端液晶材料等。

（五）电子元器件产业“大而不强”问题仍旧凸显

电子元器件产业具有产品门类多、规模特征明显、标准化程度高、应用量大面广等特点。我国已成为全球电子元器件第一大生产国，企业数量超万家，大部分产品产销量均居全球领先地位，但我国电子元器件行业“大而不强”的问题依然突出，企业整体实力偏弱、自主创新能力不强，骨干企业匮乏。在如此巨量规模之下，无论于技术水平还是体系化、系统化的发展程度来讲，与国外都还存在较大的差距。电子元器件产业基础薄弱、重点市场应用推广不足、人才对内输送困难等问题也急需解决。

第二节　发展特点

一、我国半导体材料销售额增速领先全球

2020 年，全球半导体材料市场总体规模为 553 亿美元，较上年增长 4.9%，中国大陆市场增长 12.0%，是全球增幅最高的市场。SEMI 预计，2021 年全球半导体材料市场规模将达到 565 亿美元；中国大陆市场规模将突破 100 亿美元大关，达到 104 亿美元，居全球第二，并且继续扩大与第三名韩国的优势。

二、缺货潮催生本土晶圆厂投资热潮

2020 年下半年以来，全球芯片行业缺货严重，系新冠肺炎疫情影响叠加 5G、新能源汽车等下游应用兴起所致。2021 年 2 月，得克萨斯州寒潮因素更是影响了三星等巨头在美国的生产状况。随着三星、海力士、英特尔等大厂纷纷在我国建设晶圆厂，未来晶圆生产基地将向我国转移。国内厂商亦积极扩产，中芯国际于 2021 年 3 月 17 日公告投资 23.5 亿美元建设月产 4 万片 12 英寸晶圆项目，2020 年亦投资 500 亿元建设月产 10 万片 12 英寸晶圆项目。此外，随着华虹集团、武汉新芯、粤芯半导体先后扩产，预计 2022 年将迎来产能释放高峰期，届时半导体材料需求有望进一步提高。

三、智能终端市场进一步扩大

2020 年，全球智能手机出货量延续了小幅下降的趋势，但随着 5G 网络建设的加快和 5G 新机的推出，智能手机行业景气度有望逐步回升，同时智能可穿戴装备及汽车电子等市场需求的放量亦有望带动电子元器件行业需求保持增长。近年来，电子元器件细分领域通过产能扩张和兼并重组，行业集中度不断提高，新技术、新工艺对企业研发能力提出更高要求，我国厂商在技术上仍与国际先进水平存在代差，未来具有更强规模优势和技术优势的企业有望在产业链中获得更突出的竞争地位。5G 终端、新型显示、半导体及智能驾驶的快速发展将驱动电子行业景气的快速回暖。我国在新型显示等领域已经具备了领先优势，先进集成及智能驾驶有望在国产化需求旺盛的背景下，以超出全球平均水平的速度成长。

四、日韩贸易摩擦凸显核心材料国产替代的必要性

2019 年 7 月，日本政府宣布对包括光刻胶在内出口韩国的三种半导体原材料加强管制，由于短期内无法找到其他供应商，日韩贸易摩擦对韩国的显示面板、内存产业造成了较大的冲击。随后，韩国投入大量资源，开启了 100 多种科技原材料的日本供应链替代计划，依赖韩国市场的日本科技企业收入剧减。在全球贸易不确定性增大的背景下，供应链自主可控成为重要趋势，光刻胶作为半导体、显示面板制造中至关重要的原材料，国产替代势在必行。

领　域　篇

第九章 智能手机

第一节 发展情况

一、产业规模

2020 年，我国智能手机国内市场整体出货量约 3.3 亿部，同比下降 11.2%。其中，第一季度出货量约 6660 万部，同比下降 20.3%；第四季度出货量约 8640 万部，同比小幅上升 0.3%，我国智能手机市场回暖趋势明显。

二、市场结构

从手机厂商来看，2020 年，我国智能手机市场集中度进一步提升，CR5 超过了 95%，相较于 2019 年增加了 3.7 个百分点。华为、vivo、OPPO、小米、苹果为国内市场出货量排名前五的厂商，排名顺序与 2019 年略有不同（见表 9-1）。2020 年，华为在国内市场的智能手机出货量为 1.249 亿部，以 38.3%的市场份额位居第一，虽然出货量及份额均有所下降，但华为从 2018 年至今一直蝉联出货量冠军。2020 年，vivo 智能手机出货量为 5750 万部，占据 17.7%市场份额，超越 OPPO 位居第二，而 OPPO 以 5670 万的出货量位居第三；小米智能手机出货量为 3900 万部，占据 12.0%的市场份额，位居第四；苹果则以 3610 万部的出货量，占据 11.1%的市场份额，位居第五。此外，2020 年第四季度，受多方面因素影响，华为（包括荣耀）智能手机出货 1880 万部，市场份额从 2020 年第三季度的 41%下降至 22%，虽仍位居第一，但出货量同比萎缩将近五成，且其旗舰产品 Mate 系列在 2020 年第四季度出货不到 400 万部。而苹果在中国推出 iPhone 12 的时机恰逢华为遭断供的时间点，在 iPhone 11 和 iPhone 12 机型的推动下，苹果手机第四季度的出货量甚至达到了苹果自 2015 年第四季度发布 iPhone 6S 以来，在中国市场的最高出货纪录。

表 9-1　2020 年主要智能手机厂商在我国的出货量情况

厂　商	2020 年出货量（百万部）	2020 年市场份额（%）	2019 年出货量（百万部）	2019 年市场份额（%）	同比增幅（%）
华为	124.9	38.3	142	38.5	−13
vivo	57.5	17.7	62.7	17.0	−8
OPPO	56.7	17.4	65.7	17.8	−14
小米	39	12.0	38.8	10.5	1
苹果	36.1	11.1	30.1	7.5	20
其他	11.5	3.5	31.6	8.7	−60
合计	325.7	100	370.9	100	−12

数据来源：IDC，2021 年 1 月。

从手机类型来看，5G 手机规模迅速扩大。2019 年 7 月，5G 手机仅占整体智能手机出货量的 0.2%，而 2020 年全年国内市场 5G 手机累计出货 1.63 亿部，出货占比超过 50%。目前，国内手机市场产品主要以 5G 手机为主，随着未来 5G 技术的进一步发展，5G 手机占比还将继续扩大。5G 手机用户中年轻用户增量明显，24 岁以下用户占比达 23.5%，不仅高于 35～44 岁人群占比，也高于全量用户同一年龄段的占比，年轻一族成为 5G 手机重要的消费人群。2020 年底，5G 手机的主流用户人群依然集中在一二线城市，但三四线城市的人群占比（27.5%）较 2020 年（19.0%）有所提升。随着 5G 网络的全面覆盖，5G 手机在三四线城市的市场逐渐打开。

三、产业创新

2020 年，5G 手机出货量大幅提升，由 2019 年的不足 1%提升至超过 50%。2020 年，我国共有 218 款 5G 手机上市，价格覆盖多个层次，适应不同消费群体。4000 元以上的有华为 Mate 40 Pro、iQOO 5 Pro、小米 10 至尊纪念版、iPhone 12 系列；3000～4000 元的有 vivo iQOO 5、OPPO Reno4 Pro、vivo X50 Pro。

芯片方面，智能手机芯片已经正式进入 5nm 时代。2021 年 12 月 1 日，高通举办年度骁龙技术峰会，正式发布新一代旗舰处理器——骁龙 888。该处理器采用三星的 5nm 制程工艺，是继苹果 A14、麒麟 9000、三星 Exynos1080 后第四款 5G 芯片。骁龙 888 的发布意味着 5G 旗舰手机芯片全面进入 5nm 时代。

屏幕方面，国产 OLED 屏幕得到主流市场认可。经历了 LCD 屏幕大面积国产化，国产 OLED 屏幕的潜能在 2020 年逐步爆发。由于 OLED 屏幕的色准和通透度得到主流市场认可，其逐渐由高端手机向中低端手机下沉，三星一家供应商无法在数量和价格上做到完全满足需求，TCL 华星光电、京东方、维信诺和天马 OLED 屏幕逐步进入市场。

电池方面，超级闪充技术逐步普遍。一方面苹果首次使用了 15W 快充，另一方面 OPPO、vivo 等中国手机厂商的主要机型均搭载了超过 100W 功率的超级闪充技术，最快 13 分钟充满一部手机，成功解决了用户的“电量焦虑症”。

软件方面，个人隐私保护成为各大厂商关注的焦点。iOS 14 让应用和网页的信息调用更透明，Android 11 则表现在对应用权限的进一步细分和收紧，MIUI 和其他定制系统更是加入了针对账号登录、支付等场景的本地化隐私保护措施。一系列动作执行后，用户信息被手机 App 不当获取和滥用的客观情况得到遏制。

第二节　发展特点

一、智能手机集聚电子信息领域最新技术

从硬件方面来看，智能手机处理器代表着半导体行业的技术先进性。以 ARM 架构为核心的终端处理器已成为全球最大的算力输出平台，使用最先进的沉积、刻蚀、检测、封装等制成技术，集成以光刻、蒸镀

为代表的最先进工艺技术。同时，电子信息领域先进元器件齐集于智能手机，柔性显示屏幕、三维声器件、超高清摄像头、触感反馈马达、5G射频器件、无线充电模组等各领域科技结晶均最先在智能手机上展开应用。在封装测试环节，产品精度提升明显，代工厂商制造装备质量快速迭代，促使应用于智能手机的先进封装测试技术随之加速创新。

从软件方面来看，智能手机操作系统更新迭代速度加快，以谷歌、苹果、华为为代表的终端厂商都在操作系统的研发上进行了大量投入；同时智能手机是应用创新最活跃的领域，短视频、游戏、电商、直播等互联网热点应用均围绕智能手机展开，物联网、语音控制、图像识别、边缘计算等最新软件技术也逐渐向智能手机应用渗透，形成云网边一体的技术体系。

二、智能手机“AI化”发展趋势明显

智能手机集合了通信、芯片、先进制造、信息技术、数据安全、人工智能等多项高科技领域的核心技术，是各国重点角逐的领域，也是我国当前着重培育和发展的产业。在国家产业政策的支持下，我国智能手机产业从研发设计到生产制造、品牌运营等全产业链环节均取得了快速发展：芯片等核心元器件自主比例不断提高；国产智能手机品牌全球市场份额不断提升；我国成为全球最大的智能手机制造基地。从2G到5G，移动通信网络升级使得手机信号传输速率和信号稳定性显著提升，由此引发的信息结构变化和容量大幅增长使得智能手机行业得到快速发展。随着人工智能技术的发展，以及智能手机运算能力的提升，主流手机厂商不断加大在人工智能领域的投入，不断推出搭载AI芯片，具有人脸识别、语音识别、自然语言理解、增强现实、AI智慧美颜等功能的人工智能手机。人工智能手机的出货量占比将从2017年的不足10%提升到2022年的80%，“AI化”成为未来智能手机的重要发展趋势。

三、摄像头成为智能手机差异化竞争重要赛道

目前，摄像头已经成为手机第二大成本来源，在一些旗舰机中，摄像头成本甚至占据榜首。据TechInsights数据，iPhone 11 Pro Max成本

占比最高的部分为后置三摄模组，达到 73.5 美元。摄像头成为各大终端厂商的差异化竞争重点，主要从以下三个方面展开。一是多摄配置。2020 年，三摄已成为市场主流，四摄五摄手机相继登场。根据行业数据，2020 年第三季度智能手机出货情况中，双摄占比 28.9%，三摄占比 27%，四摄占比 24%，四摄占比大幅提升。二是像素极值。苹果手机主摄经历了 5M 到 12M 的升级，而 2020 年安卓类旗舰手机主摄基本升级到 48M，小米甚至发布了 64M 和 108M 像素手机，不断刷新手机摄像头像素极值。2020 年，48M 及以上像素的高端摄像头出货占比达到了 11%。三是 3D 人脸识别摄像头。以 TOF 摄像头为代表的 3D 摄像头将塑造前置生物识别和后置虚拟现实的 5G 手机新形态。

第十章

虚拟现实

2020 年以来，新冠肺炎疫情为虚拟现实产业带来硬件成本增加、运营成本增加、员工复工存在不确定性、订单或项目交付普遍推迟、投资紧缩等共性问题。但是，疫情也为虚拟现实产业发展带来了新的机遇，抗疫期间，虚拟现实、增强现实技术在支撑服务疫情防控、加快企业复工复产、强化服务保障、提高抗疫效率中发挥了积极作用。

第一节　发展情况

一、产业规模

随着 5G 商用化和非接触式经济需求的增长，虚拟现实头戴产品的需求大幅上升。远程协作和远程维保的需求在疫情期间大幅度提升，各类 AR 远程协助服务设备在疫情期间的销售量均快速增长。随着疫情长期持续，居家娱乐、在线教育、医疗、远程维保等行业应用需求增长，虚拟现实终端出货量与市场规模稳步增长。从出货量来看，据 IDC 统计，2020 年全球虚拟现实终端出货量约为 630 万台，VR、AR 终端出货量占比分别为 90%、10%。从市场规模来看，2020 年全球虚拟现实市场规模约为 900 亿元，其中 VR 市场规模为 620 亿元，AR 市场规模为 280 亿元。预计 2020—2024 年全球虚拟现实产业规模年均增长率约为 54%，其中 VR 增速约为 45%，AR 增速约为 66%。从市场支出规模来看，根据 IDC 数据，2020 年全球虚拟现实市场支出规模为 120.7 亿美元，较 2019 年同比增长约 43.8%，其中中国市场的虚拟现实技术相关投资将于2020年达到66亿美元，较2019年同比增长72.1%，占全球市场投资的份额超过55%，成为支出规模第一的国家。

二、产业结构

虚拟现实产业整体受终端设备设计制造商新型信息传播方式驱动，上游硬件、软件生产设计主体逐步推进硬件组件参数升级、软件平台模式创新，从而向下游各垂直行业提供包括文娱休闲、教育资料、特殊技能培训课程等在内的虚拟空间信息，提高信息传播效率。

（一）产业链上游

虚拟现实头显设备行业产业链上游硬件供应商主要包括移动芯片制造商、传感器制造商、电子显示屏制造商、光电模块制造商等。

移动芯片是联结视觉运动、头部运动、肢体运动的核心组件，当前我国多数头显设备制造商依靠瑞芯微、高通、三星、英特尔、炬芯等大型国际头部电子产品制造商提供移动芯片。多数芯片厂商针对单一类别头显设备的不同级别市场提供解决方案，如瑞芯微旗下RK3399、RK328芯片针对一体机头显设备中高端市场，英特尔旗下Z8700四核芯片针对计算机、主机端头显设备入门市场及中高端市场。头部电子产品厂商虽具备先发资源储备优势，但虚拟现实设备芯片产品市场竞争格局尚未定型，远期市场空间大，中小企业有机会集成现有技术，为行业提供新一代通用芯片构造方案。

传感器制造商通过传感部件为头显设备实现交互、定位功能，提供包括数据传输、三维定位方案、动作追踪方案等在内的技术基础。其中，数据传输传感器多数由境外厂商提供，国内数据传输传感器市场尚无成型制造商。定位、追踪传感方案提供商有索尼、微芯科技等国外厂商及舜宇光学、曼恒数字等国内厂商。

电子显示屏是虚拟现实头显设备实现近眼显示的核心组件，其分辨率、像素密集度、余晖等参数指标对用户是否能通过头显设备体验自然景深起关键作用。头显设备制造商多数采取OLED类余晖较低的显示屏，少量厂商采用LCD类色彩表现力较低的显示屏。大型电子显示屏制造商有夏普、三星等国外厂商及天马、和辉电光等国内厂商，其制造工艺随终端设备需求升级不断提升。当前，我国多个虚拟现实头显设备品牌已成功应用 4K 分辨率屏幕，大幅降低虚拟空间视觉纱窗效应。

光电模块制造商为虚拟现实头显设备提供高清光学镜头、全景相机镜头等组件。高端光学镜头视场角参数逐步接近人眼视觉水平。国外供应商有大立光等，国内厂商有舜宇光学、联创电子等。

在输入设备方面，上游厂商主要通过提供具备视觉动作捕捉、肢体动作捕捉、动作控制等追踪定位功能的部件，助力下游设计制造商实现头显设备交互功能。追踪定位系统主要分红外线定位系统、激光定位系统、可见光定位系统，其中激光定位系统主要针对企业级用户。

上游软件平台服务供应商为头显设备厂商打造专业信息搭载系统，使操作模式、功能设计等方面贴合用户使用习惯。云计算服务提供商则为下游设计制造商探索建成可接入多平台虚拟空间内容的集成系统，远期有望打通游戏主机平台、电脑端平台、移动端平台，实现虚拟现实信息全面共享，提升终端用户体验。

（二）产业链下游

处于产业链下游的是各类头显设备设计制造商及占据同等核心地位的虚拟现实内容创作企业。不同制造商集中设计生产一种或几种类型的头显设备。新入中小企业多以成本较低的手机盒子头显设备为核心产品，头部制造商则以一体机或电脑端头显设备为核心产品。谷歌、微软、脸书、华为、小米等国内外巨头企业相继发布新品，OPPO、创维、联想、惠普等企业跨界入局虚拟现实终端产业，分别推出 AR 眼镜、VR 一体机、VR 分体机、VR 头显等产品。当前，相关制造厂商在生产核心产品之余，逐步拓展业务至虚拟现实内容开发系统、工业级虚拟现实应用系统等，有望通过软件定制、内容定制等服务拓展盈利空间，成为新一代内容分发核心平台。

三、产业政策

虚拟现实产业的应用价值在新冠肺炎疫情期间得到普遍认可，尤其在守好疫情防线、助力复工复产和开展线上教育等方面支撑作用明显。2020 年，国家和有关部委出台了大量政策，加大对虚拟现实产业的支持力度。一方面，开展虚拟现实产业发展研究和标准化制定，支持中小企业健康发展。另一方面，引导虚拟现实技术精准支撑其他行业发展，推动各行各业与虚拟现实技术融合，催生新模式、新业态；推广普及虚拟现实创新应用，丰富虚拟现实应用场景，加快将新技术、新产品、新服务转化为现实生产力。

各地方政府纷纷出台政策，主抓应用与服务环节。一方面，鼓励虚拟现实技术与医疗健康、工业生产、教育培训、商贸业务和文化娱乐等传统领域融合发展，释放传统行业创新活力。例如，陕西省发布了《持续推进高水平本科教育实施意见》，江苏省发布了《促进文化和旅游消费若干措施》。另一方面，支持综合利用5G、人工智能、超高清视频和云计算等新一代信息技术，推进“新一代信息技术+VR”产业协同发展，催生“5G+VR”“AI+VR”“超高清视频+VR”等特色产业，全面推动社会智能化发展，如成都市发布了《成都市新型基础设施建设行动方案（2020—2022年）》。

第二节　发展特点

一、终端适配场景与功能定位日益清晰

华为VR Glass、Focal等轻量级虚拟现实终端通过强化通信连接能力，以及摄像头提供虚拟助手等功能而成为手机伴侣；微软Hololens 2等高性能一体式AR终端可在一定程度上取代PC，作为新兴生产力平台；Facebook Quest 2等高性能VR终端可作为电视与游戏机等传统文娱平台的产品演进形态；索尼在长期游戏内容制作过程中积累了人机交互经验，基于对人体工程学原理的实践应用，设计出高度贴合用户肢体活动的PS VR，率先占据头显设备在游戏领域的市场空间。形态多样化、功能集成化的终端产品将为虚拟现实应用与内容的发展提供全新基础载体。

二、虚拟现实应用场景上云商业模式逐步形成

虚拟现实上云盈利逻辑已初步形成，并具备降低用户成本、提升终

端效果、提升数据迁徙便捷性、促进版权保护、推动内容生态建设等优点。虚拟现实内容与云平台适配可避免与不同终端适配产生的额外成本，有助于降低开发商成本及终端应用场景费率。与此同时，版权受到云平台保护，可实现持续循环的平台模式、技术模式。虚拟现实上云是虚拟现实产业发展的理想形态，通过云端显示输出、声音输出、实时编解码压缩等功能，云端虚拟现实在商业场景的应用将以更快速度分发到消费者及垂直行业用户。依托实时编辑、实时渲染等功能，云端虚拟现实可以轻量级形式在消费级应用场景普及。

三、全球融资并购金额和数量逆势增长

2020 年，全球虚拟现实产业融资并购规模为 244 亿元，较 2019 年增长了 15%；融资并购事件数量为 220 起，较 2019 年增长了 11%。硬件领域融资并购集中在 AR 眼镜和光学器件领域，AR 眼镜现阶段尚未出现真正意义上的消费级产品，因此资本将持续关注该领域，以期在未来投出一个像苹果或者小米那样的企业。应用领域则以教育培训和医疗健康为主，其中教育培训是当前虚拟现实应用最主要的 B 端落地场景。在 2020 年全球新冠肺炎疫情肆虐的大环境下，虚拟现实行业融资并购金额与数量仍取得了正增长，显示出资本对产业发展前景有非常强的信心，同时也显示出当前全球虚拟现实产业充满了活力与吸引力，未来值得期待。

四、非接触式应用加速普及

新冠肺炎疫情促进了非接触式经济的发展，虚拟现实技术在守好疫情防线、助力复工复产和开展线上教育等方面发挥了积极作用。VR/AR 设备用于非接触式测温系统，能降低人群接触风险，提高一线防控效率；用于远程医疗，能缓解医疗资源分布不均的问题，降低医护人员的接触感染风险；用于远程办公、线上教育，能提高复工复产效率。此外，VR 旅游帮助使用者远程游览全球景点；全景 VR 直播让千万名用户亲身感受雷神山医院热火朝天的施工过程；VR 看房使用户足不出户即可在线看房、选房，简化购房租房流程。

第十一章

超高清视频

2019 年 2 月 28 日，工业和信息化部、国家广播电视总局、中央广播电视总台联合印发《超高清视频产业发展行动计划(2019—2022 年)》，明确了超高清视频产业发展总体要求、发展目标、重点任务和保障措施等。两年来，在政府、企业、行业组织等的大力推进下，超高清视频行业迅猛发展，硕果累累。

第一节　发展情况

一、视频生产

视频采集设备主要包括摄像机、监视器、切换台、5G 背包等。随着 4K 采集的国产化日趋成熟，2020 年，国内厂商推出了一系列的 8K 超高清视频采集产品，从技术和设备方面保障了 8K 超高清视频内容生产供给。

摄像机、摄影机取得突破。研发方面，卓曜推出了国内首台大画幅 8K 数字电影摄影机 MAVO Edge，广州博冠推出了“5G+8K”超高清重载云台监控摄像机。产业化方面，大疆牵头完成了国产自主可控 8K 超高清摄录一体机的小批量试制，扳手科技完成了国产广播级 4K 超高清摄像机的批量化试产。

8K 监视器已实现国产化突破，如京东方、康维讯等均推出了 8K 监视器，创维正在进行 8K 监视器的研发，2021 年也将推出相关产品。

国产 4K 切换台相关产品及替代方案也已推出。如新奥特推出了

T20-Switcher 超高清导播系统，索贝联合华为推出 5G 超高清制播解决方案使用云导播实现多机位画面切换、图文包装、音量调节等。

索贝、中科大洋、新奥特、当虹科技等企业均推出了 8K 编辑产品。

2020 年，国内主要前端设备厂商均推出了 8K 收录产品，如当虹科技的 ArcVideo 收录系统、索贝的 Ingest Matchless 收录系统、中科大洋的揽月 4K/8K 收录系统。但当下产品大多只能支撑 1～2 路 8K 超高清视音频的录制，还有很大的提升空间。

二、网络传输

超高清视频是千兆光网的典型行业应用场景。千兆光网的高带宽、低时延、稳定性好的特性，使超高清视频制播、分发和呈现全流程得以优化。

超高清视频是 5G 商用部署的重要场景和驱动力。5G 移动网络能实现超高清视频信号实时传输，为视听创新业务提供数据分发、智能计算和沉浸交互服务，驱动新业务场景诞生。

内容分发网络（CDN）向 IPTV、PC、移动设备等多种用户终端提供超高清视频内容加速服务。超高清视频 CDN 需要具备极致的服务能力，以满足 8K 超高清视频零卡顿、零花屏、零等待的要求。

三、终端呈现

超高清视频的终端呈现设备主要包括电视、机顶盒、移动智能终端等，涉及的核心元器件主要有芯片及显示面板产品。2020 年，超高清视频的终端呈现设备取得了更多成果。

大尺寸 4K 电视普及，8K 电视出货量保持高速增长。根据奥维云网数据，2020 年，4K 电视机出货量达到 3392 万台，占比为 69.1%；55 英寸以上的 4K 超高清电视渗透率已达 99%。8K 电视机出货量达到 6 万台，同比增长 264%，主流电视品牌均推出 8K 电视旗舰产品。

2K 屏和 4K 拍摄功能成为 5G 手机标配。6～7 英寸的 2K 分辨率 AMOLED 屏成为 5G 旗舰手机主流，少量手机采用 2340 像素×1080 像素、3160 像素×1440 像素等更高分辨率屏幕。拍摄功能方面，5G 手机均支持 4K 视频拍摄，华为 Mate 40 Pro、小米 11 Pro、努比亚红魔、vivo X60 pro+等品牌旗舰机型支持 8K 拍摄。

我国 2K/4K 机顶盒普及，8K 机顶盒已布局。随着智能电视的发展，传统电视厂商海尔、海信、创维，以及阿里巴巴、小米、微鲸、荣耀、泰捷等新入局厂商均推出 4K 智能机顶盒。创维、中兴、当贝均已推出具有 8K 视频解码功能的机顶盒。

四、内容供给

超高清视频内容生态布局边界广，传统的电视台、运营商在超高清领域不断加强布局，互联网 OTT 聚合平台、短视频应用公司、影视制作公司、线下体验店等也持续加入超高清视频产业生态。

“5G+4K/8K”制播技术逐步成熟。支撑服务方面，多家企业均推出了面向冬奥超高清制播相关的拍摄、制作、节目质量控制、播控等技术验证和支撑服务。直播方面，多家企业联合开展了 2020 年中国世界电信日广电网络“5G+8K”直播测试、2020 年新华社“5G+8K+卫星”两会五地联动直播报道、2020 年国家大剧院全球首次舞台艺术 8K 直播暨全球首次面向消费级终端设备的“5G+8K”直播等多项超高清视频示范应用。

各地陆续开播 4K 频道。继央视、广东 4K 频道后，广州、杭州、上海、深圳等地陆续开播 4K 频道，截至 2021 年 3 月底，中央广播电视总台、北京台、上海台、广东台、广州台、深圳台、杭州台各开办 1 个 4K 超高清频道，全国各级播出机构经批准开办的 4K 超高清频道达到 7 个。

IPTV 差异化发展。各省份充分结合本土文化元素和资源，突出差异化内容进行特色创新，如广东 IPTV 用户可以收看广东台的 4K 综艺频道和广州台的南国都市频道，北京 IPTV 用户可以收看北京台的冬奥纪实频道。

五、行业应用

广播电视方面，2020 年 5 月，中央广播电视总台使用“5G+8K”移动直播技术，对 2020 年全国两会实现“5G+8K+卫星”直播，北京、威海、三亚、喀什、漠河五地联动，为屏幕前的用户带来超高清画质体验。中央广播电视总台通过 8K 超高清电视试验频道，对 2021 年春晚进行了 8K 直播，并联合四大电信运营商，将春晚 8K 超高清电视信号传送到北京、上海、深圳、成都等 10 个城市的公共场所。

工业制造方面，超高清视频技术与工业物联网结合，可以实现精细原材料识别、精密定位测量等应用，与机器人巡察、人机协作等交互场景结合，从视觉端协同提升工业自动化和智能化水平。

安防监控方面，安防监控是超高清视频技术的发力点，整个安防监控解决方案中包含的子系统都需要通过前端高清成像才能实现功能的发挥和协同。超高清视频技术使视频监控图像更清晰，细节更丰富，可以更加准确地还原监控场景。

第二节　发展特点

一、我国超高清视频产业发展的最新特点

（一）顶层设计逐步完善，部省协同发展格局形成

2020 年 4 月，工业和信息化部与国家广播电视总局联合发布《部（局）省市共同推动超高清视频产业发展工作方案》，梳理了两部门及 11 个省市重点工作任务，涵盖核心芯片和关键器件开发量产、重点制播设备系统产业化、终端产品普及推广、超高清视频与 5G 协同、4K 频道开办、广播电视等重点行业应用、标准体系建立、创新服务平台建设、国际交流合作等多个方面。

（二）技术短板持续突破，前端国产化率不断提升

在政企产学研多方共同努力下，我国超高清视频产业在视频采集制作和核心元器件方面取得了突破性进展。国产 4K/8K 摄影机、摄像机、8K 采编播系统、8K 非线性编辑系统等前端短板环节不断取得突破，国产化进程加速。超高清镜头、超高清专业监视器、超高清摄像机、8K 编解码芯片等实现了产业化。

（三）关键标准相继出台，行业协同发展有序推进

2020 年 5 月，工业和信息化部与国家广播电视总局联合发布《超高清视频标准体系建设指南（2020 版）》，提出到 2020 年，初步形成超高清视频标准体系，制定急需标准 20 项以上，到 2022 年，进一步完善超高清视频标准体系，制定标准 50 项以上。在工业和信息化部电子司指导下，中国超高清视频产业联盟于 2020 年 9 月发布了 CUVA HDR 标准，解决了 HDR 产业中内容创作与终端适配性的问题，打通了端到端的链路，建立了产业链上下游协作的基础。

（四）各方资源集聚共进，产业支撑能力加速构建

资金渠道方面，国家制造业转型升级基金、广州市政府、社会资本方共同发起，推动设立了规模为 60 亿元的超高清视频产业投资基金。网络建设方面，截至 2020 年底，5G 终端连接数超 2 亿个。100Mbps 及以上接入速率的固定互联网宽带接入用户总数达 4.35 亿户；1000Mbps 及以上接入速率的用户数达 640 万户。产业集聚方面，2020 年 7 月，国家广播电视总局批复的省部共建的全国首个国家级超高清视频创新应用产业基地在成都正式揭牌，确定落户入驻的企业达到 120 余家。

（五）新兴技术不断融合，行业应用加速推进落地

在疫情常态化防控的大背景下，超高清视频与 5G、人工智能、虚拟现实等新一代信息技术结合，适应“非接触经济”的新模式，在远程医疗、远程办公、安防监控等方面发挥了重要作用。在医疗健康领域，5G 的低时延性赋能超高清视频，促进医院利用远程医疗进行诊疗及手术，如“5G+4K”技术助力协和医院完成全球首例远程眼底手术示范。在文化娱乐领域，VR、5G 与超高清视频结合，助力云博物馆、云演唱会、云直播等应用场景落地，丰富了人们的居家娱乐生活，如国庆 70 周年大阅兵“5G+4K/8K”直播。

二、我国超高清视频产业发展存在的问题

（一）端到端的技术链、供应链、利益链亟待打通

超高清视频产业链条长、涉及范围广、行业跨度大，因此解决端到端的技术链、供应链、利益链协同配合问题尤为重要。如涉及超高清视频内容生产、网络传输分发、显示终端呈现的视音频编解码算法、数字版权保护、高速数据传输、HDR、三维声等基础技术尚未建立统一的标准体系，关键技术指标仍存争议；受广电内容监管、传播体系利益分成等因素影响，电视台、内容制作企业与网络运营商尚未建立合作共赢的新模式、新业态。

（二）围绕优质内容消费的盈利模式仍待探索

高质量超高清视频内容，对技术、设备、软件有较高要求，需要产业生态整体升级改造，解决规模效益不足的问题。具体包括制作设备价格昂贵导致的成本高、片源少的问题；超高清视频传播渠道窄，制作方、视频平台、用户积极性欠缺的问题；人文景观、优秀文化、美食、医疗、教育、娱乐等资源版权交易、版权保护的问题。目前，制作超高清视频内容很难吸引专业导演、创作团队、投资方跟进，尚未形成内容生产和用户间的良性闭环。

（三）超高清视频+5G 融合应用的供需结构尚未匹配

超高清视频与 5G、AI、虚拟现实、云计算等技术的融合应用仍以展示型案例为主，尚未形成创新、成熟、可靠的供需关系。支撑超高清视频行业应用的 5G 网络、数据中心边缘云计算平台、人工智能算法等数字化基础设施仍不完善，在技术、产品、市场等方面缺少应用型、互动型、功能型解决方案，尚不能解决垂直行业发展的需求痛点。此外，4K/8K 视频个性化系统集成解决方案偏少，仍面临着设备成本高、集成设计难、利润成效久等问题。

第十二章

5G 网络及终端

第一节　发展情况

一、网络基础设施发展情况

我国已在国家层面确定 5G 发展规划并积极推动技术和产业发展，《国家中长期科学和技术发展规划纲要（2006—2020 年）》《中华人民共和国国民经济和社会发展第十三个五年规划纲要》《国家信息化发展战略纲要》等文件中明确了 5G 的发展方向及要求，同时以国家科技重大专项方式支持 5G 技术研发与产业发展。

频谱分配方面，我国明确 5G 中低频段试验频率使用许可，中国移动获得 2515～2675MHz 及 4800～4900MHz 频段频率资源，中国电信与中国联通分别分得 3500MHz 左右频段。2020 年 2 月，工业和信息化部同意中国电信、中国联通、中国广电在全国范围共同使用 3300～3400MHz 频段频率用于 5G 室内覆盖，通过共建共享提高无线电频率的使用效率和效益。4 月，工业和信息化部发布《关于调整 700MHz 频段频率使用规划的通知》，明确将原用于广播电视业务的 702～798MHz 频段频率使用规划调整用于移动通信系统，向中国广电颁发了频率使用许可证，许可其使用 703～733MHz/758～788MHz 频段分批、分步在全国范围内部署 5G 网络，开放 700MHz 频率使用权。我国 4G（LTE）和 5G 中低频段频率使用情况如表 12-1 所示。

表 12-1　我国 4G（LTE）和 5G 中低频段频率使用情况

电信运营商	4G（LTE）	5G 室内覆盖频段	5G 商用频段	5G 频宽
中国移动	1880～1900MHz 2320～2370MHz 2575～2635MHz	—	2515～2675MHz 4800～4900MHz	260MHz
中国联通	2300～2320MHz 2555～2575MHz	共用 3300～3400MHz	3500～3600MHz	100MHz
中国电信	2370～2390MHz 2635～2655MHz		3400～3500MHz	100MHz
中国广电	—		703～733MHz 758～788MHz	60MHz

数据来源：赛迪智库整理。

网络建设部署方面，我国 5G 网络基础设施建设位列全球第一梯队。工业和信息化部相关数据显示，截至 2020 年底，我国累计建设 5G 基站数量超过 70 万个，2020 年底建设 55 万个基站目标提前完成。目前，5G 终端连接数累计已超过了 2 亿个，5G 网络和终端商用快速发展，超高清视频、云游戏、移动云、VR 等应用场景逐渐丰富，工业、医疗、教育、能源、自动驾驶等垂直行业实践不断深化。

二、5G 终端设备发展情况

2020 年，5G 终端产品百花齐放。5G 终端作为 5G 应用的关键平台和控制中心，给传统终端设备与新兴技术融合落地提供了物理实现基础。打破了 4G 时代手机终端一枝独秀的局面，5G 终端除了智能手机，室内外 CPE、模组、热点、企业/工业路由器、交换机、机器人、电视机、笔记本电脑、平板电脑、自动售货机等终端形态不断涌现。全球移动通信供应商协会（GSA）统计数据显示，截至 2020 年 1 月，5G 终端数量首次超过 200 款，呈现快速增长态势；截至 2020 年底，5G 终端数量已达 559 款，已明确的商用终端数量达到 335 款，商用终端占比不断攀升，如图 12-1 所示。此外，已发布的 5G 终端中 19.3%支持毫米波通信，超 79.2%的终端设备支持 Sub-6GHz。如图 12-2 所示，在已发布的 5G 终端中，5G 手机终端类型占据 49.7%，是 5G 终端厂商布局的重中之重。

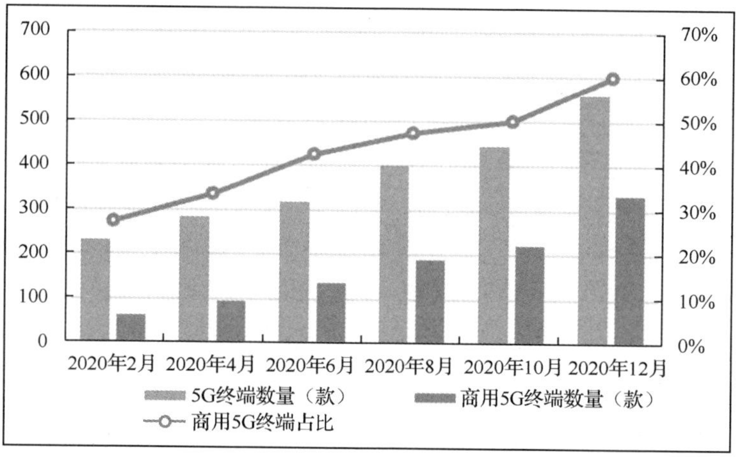

图 12-1　截至 2020 年底全球 5G 终端发布和商用情况

数据来源：GSA，赛迪智库整理

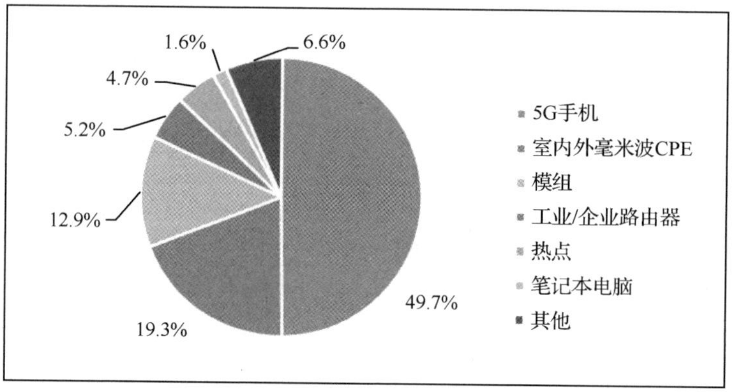

图 12-2　截至 2020 年底全球已发布的 5G 终端类型及数量占比

数据来源：GSA，赛迪智库整理

据相关研究数据统计，2020 年我国智能手机市场总出货量超 3 亿万部，其中 5G 手机出货量超过 1.6 亿部。2019 年 12 月至 2020 年 3 月，受新冠肺炎疫情影响，5G 智能手机市场整体出货量大幅下降，2020 年 2 月的出货量仅为 238 万部。随着我国复工复产有序推进，如图 12-3 所示，2020 年我国 5G 手机出货量占比不断提升，2020 年底占比已超 68%。随着 5G 手机换机潮的进一步到来，在供给侧和需求侧的双轮驱动下，5G 手机市场将呈现持续增长态势。

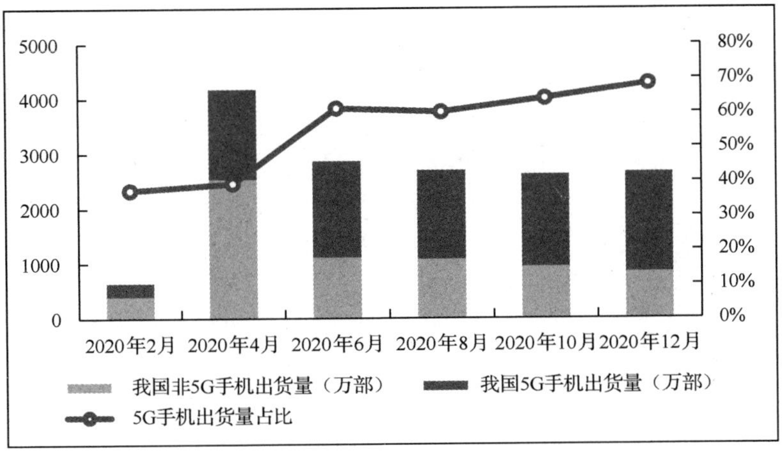

图 12-3 2020 年我国智能手机（非 5G 手机和 5G 手机）出货情况及 5G 手机出货量占比情况

数据来源：赛迪智库整理

三、5G 标准与专利

5G 作为支撑整个经济社会数字化、网络化、智能化转型的关键新型基础设施，其标准和专利技术将对信息通信产业发展产生重大影响，甚至对全球经济乃至战略格局产生重要影响。2020 年，5G 技术标准加速确立。根据 ITU 标准化工作阶段划分，2018 年主要面向 eMBB 应用场景的 5G Rel-15 NSA 和 SA 组网标准冻结。受新冠肺炎疫情影响，Rel-16 标准推迟至 2020 年 7 月冻结，重点面向工业 IoT 和 URLLC 等领域。

据德国 IPlytics 平台数据，截至 2020 年 5 月中旬，全球 5G 标准必要专利族（SEPs）声明量已达到 29586 项，相较于 2019 年 11 月统计的 5G SEPs 数量 21006 项，增加约 40%。图 12-4 中显示全球已声明的 5G SEPs 数量前 15 名的公司，其中我国两大电信设备厂商华为和中兴分别位列第一（5947 项，占比 20.1%）和第四（2606 项，占比 8.8%），另外中国信科、OPPO、vivo 和联想均上榜，声明的 5G SEPs 数量分别为 1108 项、980 项、409 项和 270 项。在已声明的 5G SEPs 数量上（未计算图 12-4 所示公司外的其他公司），我国公司合计占比超过 38%，位列全球第一，韩国、美国、芬兰和日本公司的 5G SEPs 数量占比分别为 20.2%、14.3%、8.3%和 6.1%。

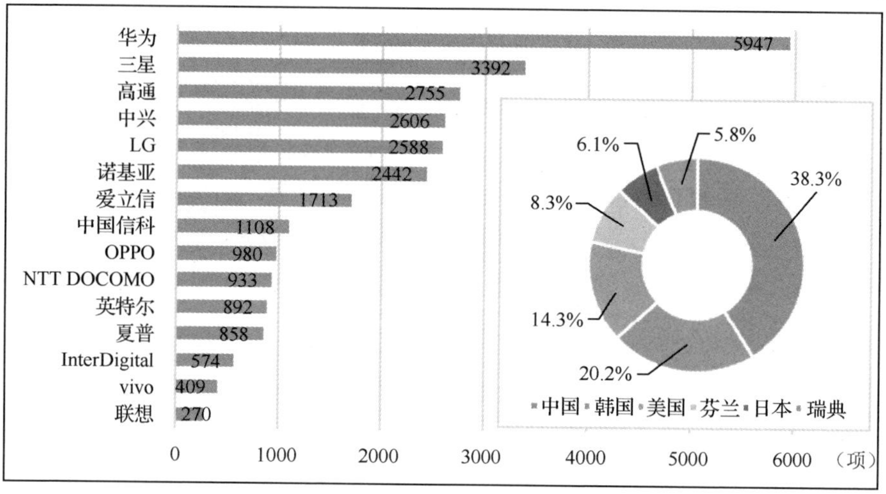

图 12-4 全球 5G 标准必要专利族统计情况（截至 2020 年 5 月中旬）

数据来源：赛迪智库整理

四、5G 产业政策

自 2019 年 6 月工业和信息化部为我国四大基础电信运营商发放 5G 牌照以来，我国 5G 商用步伐不断加快。2019 年 12 月，全国工业和信息化工作会议提出，稳步推进 5G 网络建设，深化共建共享。2020 年是 5G 发展的关键年，中央政治局会议、国务院常务会议、中央政治局常务委员会会议等多次会议中强调“加快 5G 商用步伐”，充分体现出 5G 新基建对于拉动经济增长的重要性和紧迫性。在中央顶层政策文件指导下，截至 2020 年底，我国已有超 30 个省级行政区和超 80 个地级市陆续开展 5G 基础设施建设、产业发展行动及 5G 应用试点布局。

2020 年 3 月，工业和信息化部印发《关于推动 5G 加快发展的通知》，提出推进 5G 网络建设、应用推广、技术发展和安全保障四大任务。5G 网络建设方面，主要从加快 5G 网络建设进度、加大基站站址资源支持、加强电力和频率保障以及推进网络共享和异网漫游四个方面着力推进 5G 网络建设部署。应用推广方面，主要从培育新型消费模式、推动“5G+医疗健康”“5G+工业互联网”“5G+车联网”协同发展、构建 5G 应用生态系统三个方面丰富技术应用场景。技术发展方面，主要从技术标准、测试验证、创新支撑三个方面推进 5G 技术研发。安全保障方面，主要从基础设施安全、网络数据安全及产业生态安全三个方面着手加大 5G 安全保障。

此外，2020 年 3 月，国家发展改革委同工业和信息化部在《关于组织实施 2020 年新型基础设施建设工程（宽带网络和 5G 领域）的通知》中提出，面向重大公共卫生突发事件的 5G 智慧医疗系统建设、面向“互联网+”协同制造的 5G 虚拟企业专网建设、面向智能电网的 5G 新技术规模化应用、基于 5G 的车路协同车联网大规模验证与应用、5G+智慧教育应用示范、5G 智慧港口应用系统建设、5G+4K/8K 超高清制播系统基础设施建设七大 5G 创新提升工程及指标要求。

第二节　发展特点

一、5G 新基建部署面临能耗、安全等严峻问题

2020 年，我国新建 5G 基站数量超过 60 万个，在中央顶层政策红利驱动下，各地 5G 新基建工作加速开始，但是也面临三大问题。一是 5G 网络运维成熟尚需时日。5G SA 组网模式逐渐展开，全面基于 SDN、NFV、网络切片的大规模组网技术尚未得到实际场景使用验证。截至 2020 年，我国 5G 正式商用亮点仍主要以高速宽带移动接入场景为主，5G 网络与运维尚未经受大流量、大连接、高可靠、低时延等场景特性的充分考验，5G 网络运维模式仍需要创新。二是基站能源消耗巨大。运营商数据显示，5G 单站功耗是 4G 单站的 2.5～3.5 倍，现网电源、配套设备压力迅速增大。三是 5G 网络重构安全新需求，对传统依赖物理边界防护的安全保障机制、控制系统等发起安全挑战。5G 网络切片间也需要有效的安全隔离机制，以免某个低防护能力的网络切片被攻击以后成为跳板，波及其他切片，而引发信令风暴，影响时延。

二、我国 5G 终端自主产业体系逐步破除垄断坚冰

我国在核心芯片、操作系统等终端产业关键环节国产化水平不断提升。华为麒麟 990 采用 7nm+EUV 工艺，制程工艺的进步可以显著提升相关电子产品的续航能力与性能。联发科推出天玑 700/800/1000 等系列

芯片，覆盖差异化5G市场需求，市场占有率迅速提高，2020年第四季度市场占有率份额排至首位。2020年3月，南京宇都通信推出5G微基站射频芯片YD9601，有效解决了商用楼宇和家庭室内的信号补盲问题。5月，紫光展锐首款5G SoC虎贲T7510批量生产，2020年的出货量超2300万块。8月，中科晶上发布工业级5G终端基带芯片动芯DX-T501，该芯片可根据工业应用进行个性化定制，面向工业制造、工农生产、交通物流、生活服务、远洋采矿等领域提供工业级5G解决方案。9月，华为发布分布式微内核的鸿蒙2.0系统，有效实现硬件互助、资源共享，有望借助5G终端更新迭代契机打破安卓、iOS垄断局面。

三、疫情加速推进5G应用场景落地

受新冠肺炎疫情影响，在线教育、远程办公等非接触式经济成为经济发展新业态。加速推进5G技术落地，超可靠、低延时、超大带宽等5G网络特性为疫情防控、远程医疗、视频直播等提供助力。2020年1月，基于我国电信5G双千兆网络，四川省卫生健康委组织四川大学华西医院与成都市公共卫生临床医疗中心成功完成两例新冠肺炎急重症患者的远程会诊，这也是全国首次针对该疾病的5G远程会诊。2020年两会期间，中央广播电视总台成功进行“5G+8K”实时传输与快速剪辑整合制作的两会直播。2020年两会期间，总台基于5G直播联机，将8K实时影片同步至各新媒体平台和全国各大城市40多万个超高画质大屏幕。5G加速新一代信息技术融合应用创新，2021年春节联欢晚会采用“5G+4K/8K+AI”技术，实现对120路超高清视频的裁切、合成和同步安全播放。

第十三章 先进计算

第一节 发展情况

一、产业规模

先进计算是面向从量变到质变的信息需求，在计算方式、位置、算法或机理等方面产生进步和革新的新兴计算技术及产业的统称，其内涵可由算力、算据、算法三大要素来表征。先进计算对于促进信息产业能级跃升、提高经济社会发展质量和效益具有至关重要的意义。当前，我国已具备发展先进计算的市场条件和产业基础。我国已基于 X86 架构自主研发 CPU 核、IP 核、整机等系列产品，基于 ARM 架构的应用和生态呈“军团式”兴起态势，先进计算产业正蓄势待发。

从产业规模看，先进计算产业增长潜力巨大。据测算，到 2025 年，我国先进计算产业将形成 16.6 万亿元的整体市场规模，其中包括直接产业规模与辐射带动规模。先进计算直接产业规模包括算力、算据、算法三大维度，细分领域囊括电子信息制造业中的计算机制造和电子器件制造，软件和信息服务业中的软件产品、信息技术服务、嵌入式系统软件、信息安全，以及互联网相关服务等。据测算，2019 年，先进计算直接产业规模为 5.9 万亿元，到 2025 年将达到 8.1 万亿元。先进计算辐射带动规模选取对计算依赖程度较高的重点行业，包括智慧城市、工业制造、自动驾驶、智慧医疗、金融科技。2019 年，辐射带动规模为 3.9 万亿元，预计到 2025 年达到 8.5 万亿元，实现翻倍增长。若扩大到更多行业，将产生更大的辐射规模。随着先进计算产业在政府决策、技术研发及各个行业的应用渐趋深化，其辐射带动规模将持续扩大，为社会经济发展注入全新动能。

二、产业结构

从主流架构看，当前国内计算市场上主要的芯片架构有X86、ARM、RISC-V和MIPS等，并将在市场条件成熟前提下，形成适度收敛。X86架构在技术性能和应用生态上具有显著优势，基于X86的处理器市场份额已达96%，其台式机、笔记本电脑、服务器市场份额分别为82%、84%、96%。ARM架构在移动端和低功耗领域性能突出，IP授权模式已经趋于完善，市场应用规模持续壮大。当前我国基于ARM架构的主流生态包括鲲鹏和PK生态，并形成了系列区域性面向诸多行业领域的服务器、PC整机品牌，应用推广密集落地。RISC-V架构具有模块化的特点和强大的扩展能力，能够根据应用需求选择合适的功能指令集，主要应用于智能穿戴设备。国内中科院计算所、阿里平头哥、君正、大鱼半导体等企业已经针对RISC-V进行战略布局，有望推动RISC-V产业生态快速发展。

从重点领域看，我国近年来在人工智能、高性能计算、量子计算等方面，先后取得了一批原创成果，相关领域方向跻身世界先进行列。人工智能方面，据胡润研究院数据，我国在计算机视觉、自然语言处理、机器学习等人工智能的主要领域专利申请总量均居世界第一。高性能计算方面，其在国家科研体系中居于基础性的地位，我国在高性能计算机研制方面也取得了长足进展，性能指标达到世界领先，2020年6月公布的高性能计算机百强中，“神威·太湖之光”和“天河二号”高性能计算系统位列全球高性能计算机500强的第四和第五。量子计算方面，我国科学家做出了一系列开创性工作，中科大潘建伟团队成功研制62量子比特的超导量子系统，十年期目标为研制100万量子比特的量子计算机，与国际一流水平保持一致。

三、创新进展

当前，晶体管尺寸与密度已逼近极限，经典计算系统通过工艺制程的微缩提升性能的空间有限。未来，先进计算将从体系结构上进行创新，从材料、架构、软件等方向多路径演进。数据中心算力多样化成为趋势，通用化、专业化计算芯片将并行发展。

具体而言，器件方面，随着数据量的激增和计算模型的复杂化，计算密度与储能密度升级将成为算力器件部署重点。拥有高算力密度的计算系统将提升峰值算力及存量算力利用率；创新存储架构、强化国产生态适配，成为抬升存储灵活度和生态可靠度的有效路径。架构方面，传统以 CPU 为中心的架构现已难以满足海量数据处理的要求，系统架构将向以内存为中心演进。存内计算技术已经历分布式缓存、内存数据网格、分布式内存数据库和高性能、集成化、分布式内存平台四大发展阶段，并将持续迭代升级。基础计算模式将围绕多核并行、异构并行、边缘计算等体系架构创新而演进。软件布局方面，软硬系统垂直整合将成为未来主流厂商布局焦点，通过软件硬件的协同，提升系统应用性能。

各国科技巨头持续加大以算力、算据、算法为核心的先进计算领域研发投入与前瞻布局。先进计算产业以应用为导向，边缘计算等高通量计算技术方兴未艾。科技巨头、设备制造商等纷纷推出边缘计算解决方案，英特尔宣称将加大布局从云、网络到边缘的智能技术；BlackBerry 和 AWS 联手创建边缘到云平台，将重点布局自动驾驶汽车领域的边缘计算功能。同时，科技巨头通过制程迭代、AI 加速技术助推算力崛起。英特尔推出 Tiger Lake-H 处理器支撑高性能计算需求；AMD 推出新一代基于 RDNA 的高端手机 GPU，拥有更高的带宽内存设计和计算能力，产业化布局进展迅速。

第二节　发展特点

一、开源芯片存在“碎片化”和回报模式欠缺等发展障碍

一是碎片化问题。目前，先进计算市场产品种类繁多，各有优势，企业竞争优势不愿开发共享，互相之间标准不一，难以实现兼容和互操作，开源生态将难以体系化发展。二是开源回报模式不清晰。国外成熟

的开源模式，大多是将开源社区和商业版本、咨询服务相结合，同时成立各类开源基金会组织，引导市场形成开源规范。目前，国内开源软件不能收费，也不能反馈给投入者，市场主体对开源的积极性得不到激发。三是开源社区维护面临后续难以为继的风险。开源可持续性层面，目前华为欧拉社区以开放源代码的形式提供深度应用支持，麒麟、普华、中标等操作系统领军企业和研究机构进行商业发行版开发，但免费开源模式能否长期延续目前存疑，且华为能否逐步将欧拉代码的优化、涉及权限释放给下游合作伙伴等问题还未有解答。出口管制风险层面，由于欧拉 OS 操作系统是基于 Linux 系统内核开发的，但 Linux 源代码托管平台尚在国外，构成开源的巨大潜在隐患，针对此问题，鲲鹏已就源代码托管服务器放置地问题与我国包括原子基金会在内的机构进行磋商，但磋商结果尚未明确。

二、行业方法论与计算技术亟须紧密结合以推动应用落地

先进计算产业技术落地面临五大问题。一是行业机制屏障，计算技术与应用场景结合过程中需要一定的行业或业务经验，这一方面对于程序开发者来说属于知识空白领域。二是行业经验转化能力不强，如何将行业场景和行业经验转化为数学模型，涉及大量的专业与计算领域的综合知识。三是数据匮乏，部分行业数据量有限，且存在数据源正确性和数据准确性的问题。四是计算模型泛化，针对不同场景在模型选型和算法采用上大多依靠经验决定。五是企业缺乏认知与信任，企业对计算技术认知不足导致对技术缺乏信任。计算技术与行业场景的深度融合，亟须从方法论的学习和实际场景的实践两个方面并行推进。

三、新型计算架构尚待弥补基础软件、工具软件和应用软件短板

相较 Wintel 联盟强大软件生态，ARM、RISC-V 和 MIPS 等新型计算架构生态无论是在工具软件还是在应用软件方面均相去甚远。基础软件方面，相对于操作系统领域的 Windows、Linux、NetWare、Unix 等

支持其他架构的操作系统，在研发人员数量、资金实力、长期迭代下形成的产品族群方面，差距较大。例如，仅 Oracle 一家公司的基础软件投入，就已超过中国所有的基础软件投入。工具软件方面，其他计算架构生态必备的代码迁移工具、性能优化工具、编译器、JDK 等工具链缺失，加速库不完善，不能高效支撑开发者进行代码迁移和系统性能优化。应用软件方面，大量应用软件在向新型计算架构平台迁移时要将服务进行某种形式的"重构"，需耗费大量时间、人力、物力资源和成本，且此额外成本支出与所带来的市场收入不成比例，造成诸多软件厂商进入市场、参与生态建设迟疑。

四、有待形成以核心路径为主导、国内软硬件适配的生态体系

一是先进计算产业生态分散。我国先进计算产业亟须聚焦主流生态，当前产业面临发展路径过多，容易导致资源分散、浪费的问题，难以形成合力，事倍功半。二是生态均衡性差。大型企业在技术研发、应用推广方面的话语权强势，牢牢掌握生态进入门槛和技术认证权，中小企业基本沦为附属，或缺乏对产业生态目标的理解和支撑能力，或受到华为等龙头企业技术路线限制，最终可能导致诸多中小企业潜在利益受损的风险。三是规划布局同质化严重。以鲲鹏生态为例，当前鲲鹏生态中地方性整机厂商已达数十家，发展战略雷同和战略跟风的现象已开始呈现。与此同时，鲲鹏未来市场份额达到 30%的目标仅停留在愿景阶段，在相对有限的市场空间中聚集大量整机品牌，必然导致产能过剩和同质化、低附加值竞争的问题。四是缺乏政产学研资协同模式。当前，各省市先进计算基础设施建设和日常运营尚未形成有效的政产学研资一体化运转机制，缺乏清晰的投资回报模式，以及互利共赢、补位协同的发展路径；地方政府对于先进计算对当地电子信息产业本身，以及对传统主导型产业辐射、提质、带动的作用和意义仍存在疑惑。

五、供应链断供风险可能长期伴随先进计算产业发展

当前，美国对华为等国内企业的封锁围堵持续升级，高端芯片研发

设计制造、智能手机、PC 等领域的技术管制大面积收紧。以鲲鹏生态为例，鲲鹏生态以服务器产品为战略重点的主要原因是 PC 芯片的储备有限，但即使是服务器的物料储备，如背板和光模块等核心元器件的库存，也难以长期维持鲲鹏、昇腾系列产品供给，在相关物料消耗殆尽后，生态建设仍将面临夭折风险。当前，美国大选落定，后续政策变化存在较大变数，但对中国的科技制裁仍会长期存在。

第十四章

汽车电子

第一节 发展情况

一、外部形势危中有机

疫情影响下的世界经济持续低迷，国际贸易摩擦加剧，在变局中寻对策、找机遇、开辟高质量发展新路径将成为 2021 年汽车电子产业发展主旋律。当今世界正经历百年未有之大变局，新一轮科技革命和产业变革方兴未艾，智能汽车电动化、智能化、网联化、共享化已成为全球汽车产业发展的战略方向。汽车电子作为电子信息技术与传统汽车产业跨界融合的焦点，成为汽车“新四化”发展的核心引擎。展望 2021 年，一方面，产业巨变之中蕴含无限机遇，汽车“新四化”拉动汽车电子产业全新增长空间；另一方面，在复杂的大环境下，从规模增长到提质增效、从结构调整到加速转型，下行和波动风险仍在。2020 年，受新冠肺炎疫情影响，我国汽车市场自 2 月起开始萎缩，体现在汽车电子领域，部分汽车电子产品进口受阻、出口受限，供应链一度中断。自 2020 年第三季度开始，受益于全球汽车产业逐步恢复，我国汽车电子产业率先开始全面恢复，产值已接近 2019 年同期水平，预计 2021 年将实现典型的 V 形反弹，也将为全球汽车产业和全球经济复苏注入提振剂。

二、整体市场缓慢回暖

汽车电子作为汽车产业中最重要的基础支撑，在政策驱动、5G 网络建设的共同作用下，率先开始复苏。2020 年，我国汽车电子市场规模达 6600 亿元，2021 年有望突破 7000 亿元，至 2025 年将向 9000 亿元逼近。一是多重刺激性政策措施保障汽车电子产业稳定发展。受新冠肺炎疫情、经济下行周期及汽车市场需求不振等不利因素影响，2020 年国内汽车电子市场压力巨大。作为疫情背景下经济恢复的重要抓手，国家先后出台《智能汽车创新发展战略》《国家车联网产业标准体系建设指南》《新能源汽车产业发展规划（2021—2035 年）》等多项政策措施，刺激产业恢复活力。预计 2021 年，多项利好政策有望持续拉动车载传感器、存储器、计算芯片、功率器件等汽车电子产品市场需求，汽车电子产业将迎来诸多战略优势叠加的发展机遇期。二是 5G 网络建设的规模效应和带动作用逐渐显现。2020 年，5G 基站网络建设迎来爆发式增长；2021 年，预计以 5G 为核心的网络基础设施建设将为 LTE-V2X 向 5G-V2X 过渡升级提供关键通信网络支撑，加速智能网联汽车由单车智能向车—路—网—云全面协同转化，并驱动 C-V2X 芯片、车载模组（OBU）、路侧设备（RSU）、边缘计算设备等汽车电子产品实现万亿级市场规模。HIS Markit 预测，至 2025 年，我国搭载车联网功能的新车渗透率将超过 75%，高于全球 60%的装配率水平（见图 14-1）。

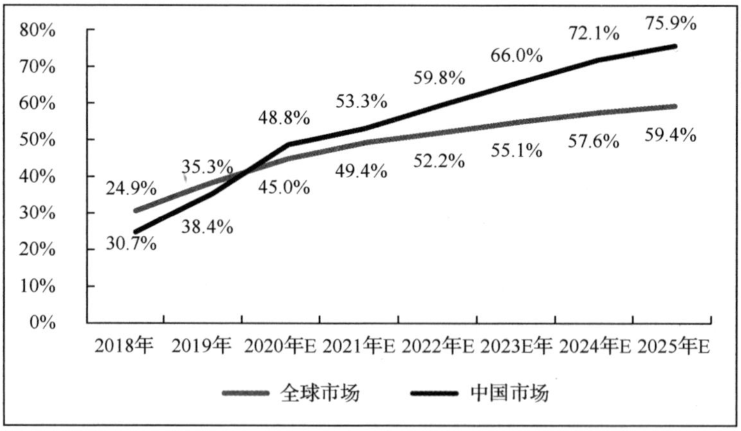

图 14-1　2018—2025 年智能网联汽车渗透率趋势

数据来源：HIS Markit，赛迪智库整理

三、新基建激发细分领域新机遇

2021 年，新基建的实施将持续围绕车路协同等一系列融合创新应用场景展开。以车路协同基础设施为切入点，促进汽车电子技术产品研发，对夯实产业基础、在后疫情时代找准投资拉动经济增长新的提振点具有重要意义。一是进一步推动车规级传感器产业发展。汽车智能化程度与传感器数量成正比，超声波雷达等关键传感器数目需达到 32 个以上才可以真正实现 L5 级自动驾驶。基于 5G 的车路协同车联网新基建更加注重智能感知处理、智能交互等人工智能技术的应用，将进一步推动技术创新融合，为感知技术创新提供核心驱动力。对于提升感知精度、推动车规级传感器国产化、降低企业研发成本、打赢激光雷达价格战具有重要意义。二是推动实现高效实时的车载智能计算。集感知、计算、决策、通信、控制为一体的汽车智能计算平台是智能网联汽车的“大脑”，成为决定汽车智能化、网联化发展水平的战略性要素。基于 5G 的车路协同车联网新基建围绕汽车智能计算平台，构建高性能决策控制计算和高可信软件产品族及产业生态，将加速自主软硬件计算平台的研发进程，填补中国智能网联汽车计算平台的空白。

第二节　发展特点

一、车规级芯片技术亟待突破

我国企业在车规级芯片领域的关键技术及制造水平与日本、美国、德国等优势国家仍存在较大差距。汽车“新四化”趋势带动感知、控制、计算、通信、存储、安全、功率等车规级芯片成为未来汽车电子的增量驱动主力。HIS Markit 数据显示，2020 年，全球汽车芯片市场规模超 380 亿美元，2021 年将呈现强劲增长态势，到 2026 年，全球汽车芯片市场规模将达到 676 亿美元（见图 14-2）。但我国自主车规级芯片产业规模全球占比不足 5%，进口替代提升空间巨大。具体来看，一是我国自主产品多集中于中低端。目前，先进传感器及车联网系统、新能源三电系统、底盘控制系统、ADAS（高级驾驶辅助系统）、自动驾驶系统等关键系统芯片全部被国外垄断，我国自主车规级芯片多用于车身电子等简单系统，产品附加值相对较低，企业规模较小，创新能力缺乏。二是行业壁垒难以打破。车规级芯片行业进入门槛较高，产品认证周期长，行业壁垒高，欧洲、美国、日本目前已形成稳定且紧密的供应链格局。我国企业起步相对较晚，目前虽然已经拥有一批车规级芯片设计企业，但作为产业后来者面临较大的切入压力，很难真正进入车企的供应链体系中。随着全球经济合作大环境日益复杂，在车规级芯片等关键领域过分依赖进口不利于我国汽车产业长远发展。

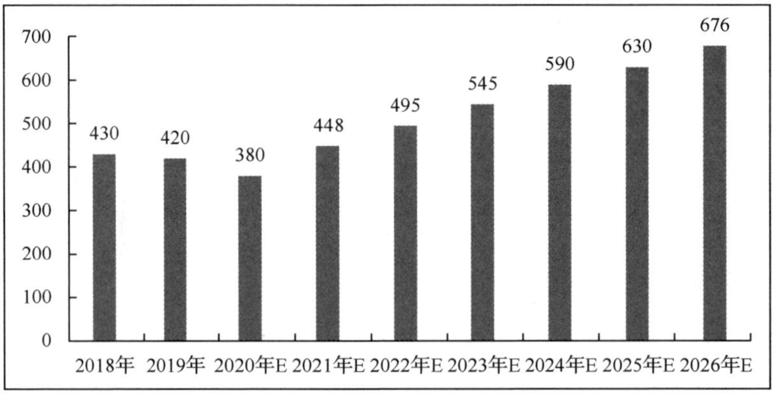

图 14-2　2018—2026 年全球车规级芯片市场规模（亿美元）

数据来源：HIS Markit，赛迪智库

二、汽车智能计算平台持续演进

汽车智能计算平台作为汽车智能化变革的基础，技术产品持续迭代，将成为汽车电子产业发展的核心驱动力。从演进趋势来看，随着汽车电子电气架构和车用芯片的不断迭代升级，车载智能计算平台发展正加速从功能集成、板级集成向芯片集成平滑演进。未来，集成多种复杂技术的智能计算平台，将通过软硬件解耦的技术架构设计，实现感知、计算与应用的分层。通过提供开放的、资源充足的硬件平台，保持上层应用软件可持续迭代升级，使得软件开发更便捷、更高效。从具体产品来看，感知层面，随自动驾驶级别提升，驾驶辅助功能逐步增加，超声波雷达、毫米波雷达、激光雷达、摄像头等感知领域硬件需求明显增加。中国汽车工业协会数据显示，2020 年我国 ADAS 产品渗透率有望达到

50%，市场规模达 844 亿元（见图 14-3）。计算层面，国外巨头提前入局，国内公司紧随其后，加速芯片量产以抢占市场。英伟达、Mobileye 等国外厂商在算力与功能实现方面处于领先地位，整体产品规划比国内提前 1～2 年。我国华为、黑芝麻、地平线公司等加速追赶，借助高能效比、高系统开放度等优势与下游厂商展开合作，有望通过差异化竞争与本土化优势获得长足发展。

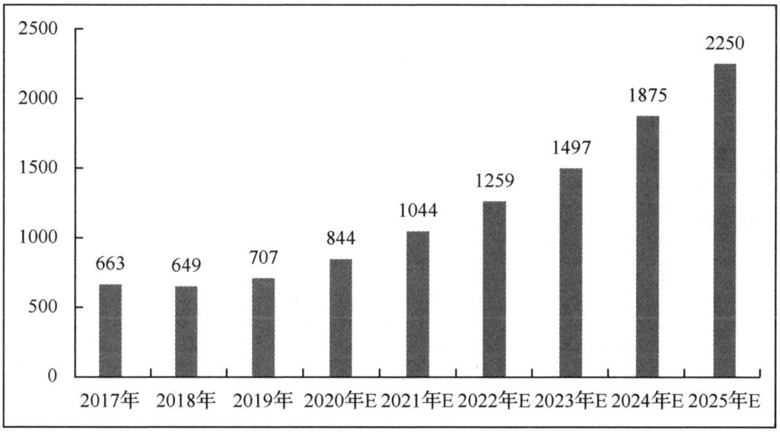

图 14-3　2017—2025 年我国 ADAS 产品市场规模（亿元）

数据来源：中国汽车工业协会，赛迪智库整理

三、智能座舱率先落地

智能网联汽车商业化落地仍需时日，短期内搭载智能座舱产品的智能化汽车将实现率先应用。由于传统汽车单屏座舱功能区域碎片化，同时信息过载带来人机交互障碍，使得人机交互体验效果较差。随着 5G 时代的到来，用户对安全和娱乐功能需求升级，智能座舱产品在整车中的渗透率有望持续提升。现阶段，座舱电子的发展以中控平台为基础，逐渐延伸到液晶仪表、抬头显示器及后座娱乐系统。中短期内，中控屏、液晶仪表、抬头显示器、流媒体后视镜等智能座舱产品将率先落地，逐渐成为汽车标配。未来，深层次的人机交互是汽车座舱电子发展的核心。随着汽车电子化程度的提高，集成了中控屏、液晶仪表、抬头显示器和后座娱乐系统的多屏融合智能座舱打破不同系统之间的技术壁垒，实现

了产品融合、多屏互动及信息交互，展现了数字化、集成化、人性化的交互体验。从更长远的角度来看，一芯多屏、多屏融合、智能控制（语音、触摸、手势）、智能驾驶成为大势所趋。2017—2025年智能座舱主要产品市场规模、渗透率如表14-1、表14-2所示。

表14-1　2017—2025年智能座舱主要产品市场规模

单位：亿元

年　　份	2017	2018	2019	2020	2021E	2022E	2023E	2024E	2025E
车载信息娱乐系统	300.8	324.2	319.6	364.4	390.4	419.1	440.9	458.8	477.4
驾驶信息显示系统	43.8	42.8	86.5	153.3	193.3	232.3	278.3	315.3	354.3
抬头显示器	21.9	21.8	22.4	26.2	32.6	42.1	56.1	77.3	100.8
流媒体后视镜	10.2	1.3	5.1	12.6	16.8	23.7	31.4	39.5	48.1
行车记录仪	2.3	6.8	5.9	7.6	10.4	14.8	19.2	24.6	31.0
后排液晶显示器	4.2	0.0	1.5	2.6	4.8	7.2	10.0	14.1	18.5

表14-2　2017—2025年智能座舱主要产品渗透率

年　　份	2017	2018	2019	2020	2021E	2022E	2023E	2024E	2025E
车载信息娱乐系统	71.3%	78.7%	83.1%	90.2%	92.0%	94.0%	96.0%	97.0%	98.0%
驾驶信息显示系统	5.9%	6.4%	15.0%	27.2%	35.0%	43.0%	50.0%	55.0%	60.0%
抬头显示器	5.9%	6.4%	7.5%	8.7%	10.7%	13.7%	17.7%	23.7%	30.0%
流媒体后视镜	5.1%	0.7%	3.1%	7.6%	10.0%	14.0%	18.0%	22.0%	26.0%
行车记录仪	3.7%	11.3%	10.6%	13.0%	17.0%	23.0%	29.0%	36.0%	44.0%
后排液晶显示器	3.7%	11.3%	10.6%	13.0%	17.0%	23.0%	29.0%	36.0%	44.0%

第十五章

锂离子电池

2020 年，我国锂离子电池行业克服新冠肺炎疫情不利影响，在下游市场需求的带动下逆势增长，产业结构不断优化，全球领先地位得到巩固，为“十三五”规划收好官。

第一节　发展情况

一、产业规模

2020 年，为克服疫情影响，我国积极出台刺激消费政策，内需市场稳步增长，锂离子电池市场需求快速提升。其中，新能源汽车市场恢复增卡势头，消费电子、电动自行车产销量较快增长，真无线立体声（TWS）耳机、电动船舶等新兴市场开拓现成效。在此带动下，2020 年我国锂离子电池产量呈现加速增长态势。国家统计局数据显示，2020 年我国锂离子电池累计产量为 188.5 亿只，继续创新历史新高，同比增长 19.9%，增速较 2019 年提升 7.5 个百分点，扭转了自 2016 年以来增速持续下降的局面（见图 15-1）。

中国汽车动力电池产业创新联盟发布的数据显示，2020 年我国锂离子电池产量为 148.0GWh，同比增长 19.2%。其中，动力电池产量为 83.4GWh，同比下降 2.3%，动力电池产量中三元电池产量累计 48.5GWh，同比下降 12.0%；磷酸铁锂电池产量累计 34.6GWh，同比增长 24.7%。消费型电池产量为 56.2GWh，同比增长 15.4%。

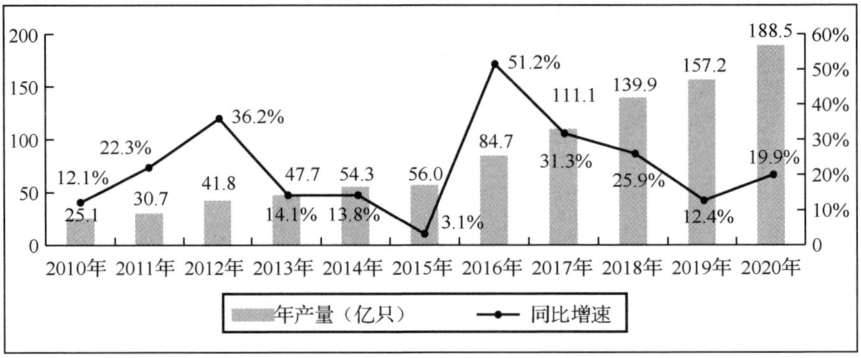

图 15-1　2010—2020 年我国锂离子电池产量和同比增速

数据来源：国家统计局，2021.04

尽管 2020 年我国锂离子电池价格继续下滑，但降幅收窄，再加上产量增速明显提升，2020 年我国锂离子电池产业规模达到 1980 亿元，同比增长 13%（见图 15-2），增速较上年提高 12 个百分点，回暖态势明显。

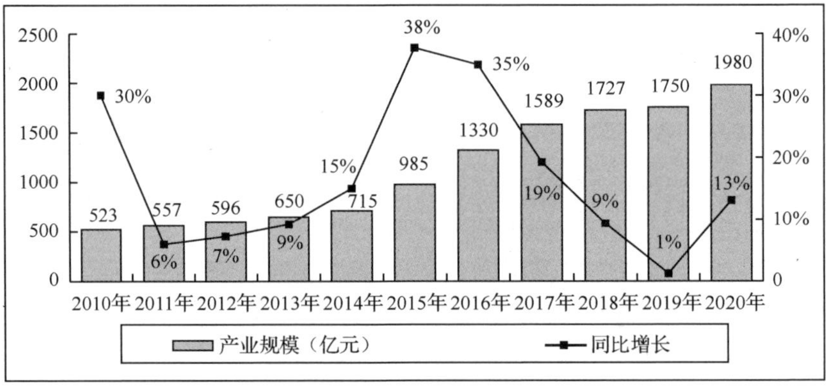

图 15-2　2010—2020 年我国锂离子电池产业规模和同比增速

数据整理：赛迪智库，2021.04

锂离子电池进出口进一步分化，贸易顺差持续高速增长，如图 15-3 所示。出口方面，出口数量和出口金额实现双增长。海关总署数据显示，2020 年我国锂离子电池出口 22.2 亿只，同比增长 6.2%，增速稳中有落，保持较快增长势头；出口金额达 159.4 亿美元，同比增长 22.3%，呈现加速增长态势，增速较 2019 年提高 2.0 个百分点；出口平均单价稳步提升，2020 年我国锂离子电池出口平均单价达到 7.2 美元/只，较 2019 年的 6.2 美元/只提高了 16.1%。进口方面，进口数量和进口金额延续下滑态势。2020 年我国锂离子电池进口 14.2 亿只，同比下降 1.4%，降幅较 2019 年收窄 11.3 个百分点；进口金额为 35.4 亿美元，同比下降 5.1%，连续两年出现下滑，降幅较 2019 年扩大 1.0 个百分点；进口平均单价略有下降，2020 年我国锂离子电池平均进口单价为 2.5 美元/只，较 2019 年的 2.6 美元/只下降 3.8%。2020 年我国锂离子电池实现贸易顺差进一步扩大，至 124.0 亿美元，较 2019 年的 92.0 亿美元增长 34.8%，增速继续保持高位，增幅较 2019 年提高 0.8 个百分点。

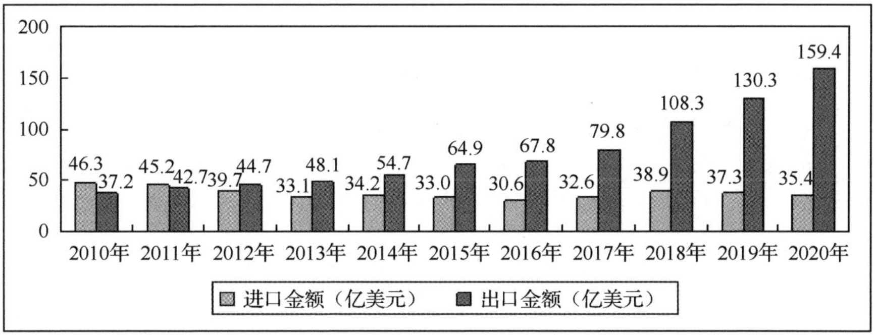

图 15-3　2010—2020 年我国锂离子电池进出口情况

数据来源：海关总署，2021.04

二、产业结构

2020 年，我国锂离子电池应用市场继续发生变动。得益于锂离子电池在电动自行车、电动工具市场渗透率的快速提升，加上我国新能源汽车市场明显回温，动力型锂离子电池市场规模加速增长。尽管无线吸尘器、TWS 耳机、无人机、可穿戴设备等产品产量增长明显，便携式电脑产量增速有所恢复，但手机产量明显回落，消费型锂离子电池市场规模增速放缓。5G 基站建设如火如荼，电网调频调峰及分布式储能系统逐步规模应用，我国储能市场用锂离子电池规模保持持续高速增长。

从各应用领域需求量看，2020 年我国锂离子电池总出货量达到 158.5GWh，同比增长 20.4%，增速较 2019 年提高 5.0 个百分点。其中，主要应用于新能源汽车、电动自行车、电动工具三大市场的动力型锂离子电池出货量达到 94.1GWh，同比增长 22.7%，占我国锂离子电池总出货量的比重为 59.4%，较 2019 年提升 1.1 个百分点；消费型锂离子电池出货量为 51.0GWh，同比增长 10.2%，占比为 32.2%，较 2019 年下降 3.0 个百分点；储能型锂离子电池出货量为 13.4GWh，较上年增长 55.8%，占比提升至 8.4%，较 2019 年提高 1.9 个百分点，逐年上一个台阶。2020 年动力型锂离子电池对全行业增长的贡献率达到了 65%，较 2019 年其对全行业增长的贡献率 41%提高了 24 个百分点。2013—2019 年我国锂离子电池市场结构变化情况如图 15-4 所示。

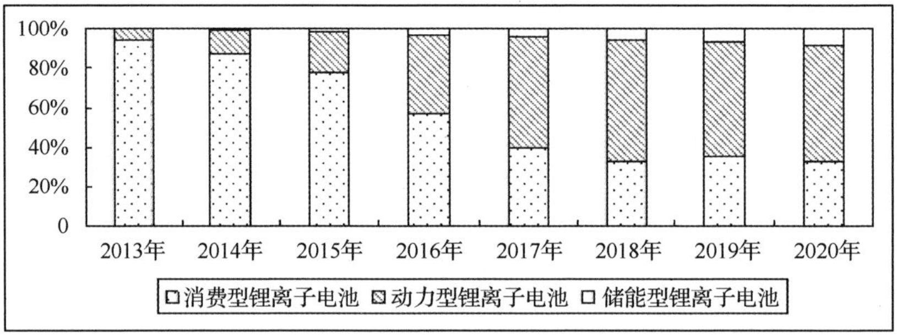

图 15-4　2013—2020 年我国锂离子电池市场结构变化情况

数据整理：赛迪智库，2021.04

第二节　发展特点

一、主要市场稳中有升，新兴市场持续开拓

新能源汽车市场逐步企稳。自 2019 年 7 月开始，我国新能源汽车月产量就步入下行轨道，2019 年全年我国新能源汽车累计产量为 124.2 万辆，同比下降 2.3%，近 10 年的连续增长势头被遏制。进入 2020 年后，受疫情影响，第一季度我国新能源汽车市场持续低迷，1—3 月产量仅为 10.5 万辆，同比下降 60.2%。随后，财政部、工业和信息化部、科技部、国家发展改革委联合发布《关于进一步完善新能源汽车推广应用财政补贴政策的通知》将新能源汽车推广应用财政补贴政策实施期限

延长至2022年底，财政部会同工业和信息化部等部门在核拨前几年新能源汽车补贴的基础上提前预拨2021年补贴资金，中央及多个省市先后推出多种新能源汽车消费刺激政策，我国新能源汽车产量开始回暖，市场逐步企稳，7月产量增速由负转正，第四季度增速保持高位。整体看，2020年新能源汽车产量为145.6万辆，比上年增长17.3%，一举扭转了上年的下降态势。

电动自行车渗透率稳步提升。电动自行车市场主要被铅酸电池占据，随着锂离子电池成本逐步下降，锂离子电池在电动自行车市场的渗透率稳步提升。2019年4月15日，《电动自行车安全技术规范》正式实施，要求电动自行车的车架重量要控制在39kg以下，加速推动锂离子电池向电动自行车市场渗透。与此同时，国内锂离子电池骨干企业加快电动自行车市场布局，例如，比亚迪旗下弗迪生产的滴滴青桔电池正式下线，哈啰出行、宁德时代和蚂蚁金服合资推出哈啰换电服务，国轩高科与滴滴、天津力神与新日等先后达成战略合作。2020年我国电动自行车产量为2966.1万辆，同比增长29.7%，其中，搭载锂离子电池的电动自行车产量约为900万辆，渗透率接近30%，这一数值较2019年有明显提升。

TWS耳机、电动船舶等新兴市场开拓现成效。得益于成本不断降低和技术突破，锂离子电池正在更广阔的应用层面实现应用及替代，电动轻型车、5G基站、TWS耳机、电动船舶、AGV、工程机械、飞机等新兴市场吸引大批锂离子电池企业入场布局。龙头企业宁德时代多点开花，先后与跃薪智能合资涉足电动无人矿用卡车、与国网综合能源合资成立国网系储能公司。国轩高科、鹏辉能源等企业锂离子电池产品获中国船级社型式认可证书，多条大型电动游船相继投入使用，船舶市场成为锂离子电池新蓝海。TWS耳机市场持续快速增长，2020年全年出货量超过2亿部。

二、外资企业实现破局，宁德时代继续一家独大

跨国巨头打破既有格局。在特斯拉（上海）量产交付带动下，锂离子电池行业跨国巨头加快进入我国动力电池市场，我国动力电池市场既有格局就此被打破。中国化学与物理电源行业协会发布的数据显

示，2020 年我国动力电池装机量达到 63.3GWh，同比仅增长 1.8%，位列 TOP10 的企业分别是（按装机量高低排列）：宁德时代、比亚迪、LG 化学、中航锂电、国轩高科、时代上汽、亿纬锂能、天津力神、瑞浦能源、孚能科技，如表 15-1 所示。其中，LG 化学强势进入前三，松下位居第十四。受外资企业冲击，国内企业除中航锂电、瑞浦能源装机量和市场占比明显提升之外，包括宁德时代、比亚迪、国轩高科等在内的其他七家企业装机量和市场占比均出现下滑，深圳比克、欣旺达更是被挤出前十。

表 15-1　2018—2020 年我国动力电池市场装机量 TOP10 企业

单位：GWh

序号	企业名称	2018 年装机量	企业名称	2019 年装机量	企业名称	2020 年装机量
1	宁德时代	23.5	宁德时代	31.5	宁德时代	30.4
2	比亚迪	11.4	比亚迪	10.8	比亚迪	9.4
3	国轩高科	3.1	国轩高科	3.4	LG 化学	6.4
4	天津力神	2.1	天津力神	2.0	中航锂电	3.4
5	孚能科技	1.9	亿纬锂能	1.6	国轩高科	3.2
6	深圳比克	1.7	中航锂电	1.5	时代上汽	1.4
7	亿纬锂能	1.3	时代上汽	1.4	亿纬锂能	1.1
8	国能电池	0.8	孚能科技	1.2	天津力神	0.9
9	中航锂电	0.7	深圳比克	0.7	瑞浦能源	0.8
10	卡耐	0.6	欣旺达	0.6	孚能科技	0.7

数据整理：赛迪智库，2021.04。

宁德时代保持领先优势。2020 年宁德时代在国内市场实现动力电池装机量 30.4GWh，占我国动力电池装机量的比重为 48.1%，稳居国内动力电池装机量第一名，如表 15-2 所示。尽管较 2019 年 50.6%的市场占比明显下滑，但其一家独大的局面延续，领先优势保持稳定。2020 年宁德时代市场占比领先第二名 33.2 个百分点，领先优势与 2019 年一致。这得益于宁德时代进入了国内众多新能源汽车供应链。

表 15-2　2019—2020 年我国动力电池市场装机量 TOP10 企业市场占比

序号	企业名称	2019 年装机量占比	企业名称	2020 年装机量占比
1	宁德时代	50.6%	宁德时代	48.1%
2	比亚迪	17.4%	比亚迪	14.9%
3	国轩高科	5.5%	LG 化学	10.2%
4	天津力神	3.2%	中航锂电	5.3%
5	亿纬锂能	2.6%	国轩高科	5.0%
6	中航锂电	2.4%	时代上汽	2.1%
7	时代上汽	2.3%	亿纬锂能	1.8%
8	孚能科技	1.9%	天津力神	1.5%
9	深圳比克	1.1%	瑞浦能源	1.3%
10	欣旺达	1.0%	孚能科技	1.1%

数据整理：赛迪智库整理，2021.04。

行业集中度继续提升。2020 年，我国共有 72 家动力电池企业实现装机配套，较 2019 年减少 3 家，延续缩减局面；我国动力电池市场 CR2、CR5 和 CR10 企业装机量分别为 39.8GWh、52.8GWh 和 57.7GWh，占动力电池总装机量的比重分别为 62.9%、83.4%和 91.1%，分别较 2019 年提高了-5.0 个、4.3 个和 3.2 个百分点（见图 15-5）。除受宁德时代和比亚迪市场占比下滑影响 CR2 下降较多外，CR5 和 CR10 持续提升，这也进一步加剧了整个行业的竞争态势，绝大多数中小企业生存日益艰难。

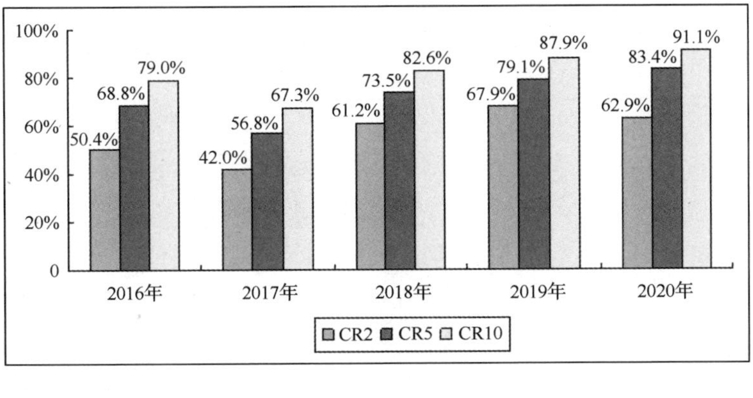

图 15-5　2016—2020 年我国动力电池市场集中度

数据整理：赛迪智库，2021.04

三、项目投资更加理性，注重挖掘细分市场

锂离子电池投资规模明显收窄。受新冠肺炎疫情和新能源汽车市场疲软影响，在动力电池市场竞争日趋激烈的形势下，2020 年我国锂离子电池行业投资扩产项目数量减少，投资规模大幅收窄，投资更加理性。据不完全统计（根据上市公司公告及公开报道整理），2020 年锂离子电池产业链投资扩产项目数量仅为 80 余个，与前两年均超过 100 个相比明显减少，项目总投资金额约为 2000 亿元，较 2019 年缩减超过 800 亿元。其中，有 30 家企业投资在 10 亿元以上，较 2019 年增加 3 家，但投资总额不到 1500 亿元，较 2019 年减少近 30%。

项目投资出现新动向。在投资收窄平稳的同时，项目投资新出现的动向也需要关注。一方面，以新能源汽车为主要市场的动力电池项目明显减少，主要由宁德时代、欣旺达、中航锂电、国轩高科等少数头部企业实施，这与日韩电池企业以及欧美本土电池企业和主机厂加快在欧洲、美国投建动力电池项目步伐形成了鲜明对比。另一方面，瞄准电动工具、电动自行车、储能、5G 基站、3C 数码、TWS 耳机等细分市场的锂离子电池项目明显增多，大批中小型锂离子电池企业正在加大布局力度，深耕细分市场，其中就包括亿纬锂能、长虹新能源、南都电池、理士国际等企业。其中，亿纬锂能为募投项目“荆门亿纬创能储能动力锂离子电池项目”调出募集资金 9 亿元，用于建设面向电动工具和电动自行车市场的全自动化圆柱三元电池生产线。

四、上市融资再现热潮，外资入股动力电池企业

科创板引领锂离子电池行业上市风潮。2020 年以来，在科创板开闸引领下，资本市场对锂离子电池产业链更加开放，众多行业企业密集寻求 IPO 机会。2020 年，科创板股票上市委员会审查通过了 218 家企业，其中奥特维、联赢激光、孚能科技、海目星、天能电池、上海派能、明冠新材料、湖南长远锂科、厦钨新能源等多家锂离子电池企业位列其中。除此之外，创业板、新三板等既有融资渠道继续通畅，一批企业成功通过审查实现创业板上市融资；创业板注册制实施后，不少新三板企业转战创业板。锂离子电池行业之所以出现上市风潮，既是在补贴退坡、

产能过剩、市场竞争加剧等多重压力之下，大多锂离子电池产业链上下游企业面临较大的资金压力进而采取的应对手段之一；也是锂离子电池企业发展壮大的必然选择。

国外车企积极入股我国动力电池企业。为了进一步掌握动力电池优质资源，避免出现动力电池供给不足的局面，国外车企积极入股我国动力电池头部企业，提升在动力电池市场的话语权。2020 年 5 月底，大众和国轩高科同时宣布，大众将投资 11 亿欧元获得国轩高科 26.47%的股份，成为国轩高科第一大股东，大众也成为首家直接投资中国动力电池制造商的外资车企。7 月初，另一家德国汽车制造商戴姆勒宣布，赛德斯-奔驰与孚能科技建立战略合作伙伴关系，戴姆勒大中华区投资有限公司将投资约 9 亿元获得孚能科技 3%的股份。随后，宁德时代与本田（本田技研工业株式会社）签署战略合作协议，本田参与宁德时代非公开发行股票的认购，认购数量约占总股本的 1%。

骨干企业市值普遍高涨。在市场需求的带动下，动力电池市场景气度不断上行，也使得产业链上骨干公司受到投资者热捧，股价一路上行。Wind 数据显示，2020 年动力电池指数累计涨幅达到 123.9%，绝大多数上市企业股价上涨，部分企业增长突出、市值猛涨。如宁德时代股价于 2020 年累计上涨 230.5%，总市值达到 8179 亿元，稳居创业板市值第一；亿纬锂能股价于 2020 年累计上涨 209.6%；国轩高科股价于 2020 年累计上涨 168.9%；孚能科技于 2020 年 7 月 17 日登陆科创板，截至 2020 年 12 月 31 日股价累计涨幅达 187.7%。动力电池头部企业产能的扩增，也给上游锂电材料、设备企业带来了巨额订单，拉动了企业市值高涨，如当升科技 2020 年市值整体涨幅高达 137.5%；德方纳米 2020 年市值增幅达 164.3%；天赐股份 2020 年市值增加了 4 倍，新宙邦 2020 年市值增幅也高达 180.7%。

五、磷酸铁锂电池市场明显回暖，软包电池市场延续低迷

磷酸铁锂电池再受青睐。2020 年，我国新能源汽车补贴政策从延长补贴期限、优化技术指标等多维度全方面优化调整，行业开始由政策驱动向市场驱动转变，企业降本压力增大。磷酸铁锂电池凭借价格低和安全性相对较好的优势，在新能源汽车市场打了一个翻身仗，多款明星

车型搭载磷酸铁锂电池，例如，特斯拉 Model 3 搭载宁德时代的磷酸铁锂电池，比亚迪“汉”首次搭载磷酸铁锂刀片电池，搭载磷酸铁锂电池的五菱宏光 MINIEV 连续 4 个月蝉联中国新能源汽车销量冠军。在其他类型动力电池产量和装机量普遍下滑的形势下，磷酸铁锂电池产量和装机量快速增长，市场占比明显提升。从产量看，2020 年动力电池产量为 83.4GWh，同比下降 2.3%，其中磷酸铁锂电池产量累计为 34.6GWh，同比上升 24.7%，占比达到 41.5%，较 2019 年提高 7.4 个百分点。从装机量看，2020 年我国动力电池装机量为 63.6GWh，同比增长 2.3%，其中磷酸铁锂电池装机量为 24.4GWh，同比增长 20.6%，占总装机量的 38.3%（见图 15-6），是动力电池装机量实现同比增长的最大驱动力。

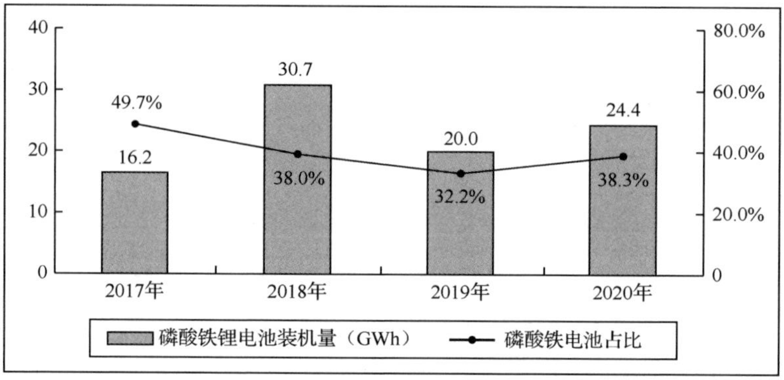

图 15-6　2017—2020 年我国磷酸铁锂电池装机量及占比

数据来源：赛迪智库，2021.04

软包电池装机量持续下滑。2020 年，软包电池在国际市场受到关注，大众、戴姆勒、现代等车企纷纷采用软包电池，LG 新能源、SKI、远景 AESC 等动力电池企业加大软包电池出货量。但在国内市场，主力应用车型销售疲软，软包电池表现持续低迷，装机量及市场占比大幅下降，2020 年软包电池装机量仅为 3.5GWh，同比下降 36%，降幅较 2019 年扩大 8 个百分点，呈现加速下滑态势；软包电池在动力电池总装机量的占比降至 5.5%，较 2019 年下降了 3.3 个百分点，创 2015 年以来的新低。软包电池头部企业出现洗牌，2020 年软包电池装机量 TOP10 企业中，亿纬锂能和衡远新能源首次入选，2019 年位列其中的卡耐和河南锂动出局。

第十六章

智能传感器

传感器是一种检测装置，能感受到被测量的信息，并将检测感受到的信息，按一定规律转换成电信号或其他所需形式的信息输出，以满足信息的传输、处理、计量、存储等要求，传感器在工业 4.0 时代扮演着十分重要的角色。智能传感器以及综合监测、检测系统是物联网感知层的核心环节，行业长期受益于工业互联网和智能制造等新一代信息技术与垂直行业深度融合的大趋势。智能传感器能将检测到的各种物理量储存起来，并按照指令处理这些数据，从而创造出新数据。智能传感器之间能进行信息交流，并能自我决定应该传送的数据，舍弃异常数据，完成分析和统计计算等。智能传感器系统是一门现代综合技术，是当今世界正在迅速发展的高科技新技术。

第一节　发展情况

一、产业规模

全球物联网市场规模正呈现快速增长的趋势，中国市场增速明显高于全球。中国物联网市场规模在 2017 年首次突破万亿元，成为全球最活跃的物联网应用市场。2019 年，全球物联网市场规模超 6 万亿元，增速为 19.9%；当年中国市场规模已超 1.7 万亿元，增速为 21.7%。在物联网快速发展的大背景下，2020 年中国传感器市场依然保持增长，整体市场规模达到 2188.8 亿元，同比增长 12.7%。未来，随着工业互联网、智能制造、人工智能等相关战略的深入实施，加上各级政府将加速推动智慧城市建设及智能制造、智慧医疗发展，传感器市场及企业将迎来更好的发展机遇，企业也正逐步向创新化、智能化、规模化的方向快速发展。预计2021年中国传感器市场规模将达2951.8亿元。

二、区域布局

目前，我国智能传感器产业已初步形成长三角、珠三角、京津冀以及中西部地区重点城市集聚发展的产业空间格局，产业园区也主要集中于这些核心城市。从区域上看，华东地区为主要聚集区域，企业数量最多，大约占据全国企业资源的56.86%。此外，在中南、华北等地区占比也比较突出，分别为23.09%和8.36%。长三角地区产业规模居首位，是硬件传感器、软件开发及系统集成企业的主要聚集地和应用推广地，是MEMS（微机电系统）产业研发设计和制造中心；京津冀地区以高校和重点实验室的研发设计为主导；珠三角地区重在制造，以产品带动应用；中西部地区重点城市结合自身优势，发展标准化试点应用。在企业层面，长三角地区传感器企业资源占比较高，主要分布于江苏、浙江、上海等地。总体来说，这一区域的智能传感器科研机构量少质优。

长三角地区以上海为核心，辐射无锡、苏州、杭州、昆山等地，已经形成技术研发、芯片制造方面的产业优势。近几年，杭州集聚了一批智能传感器初创企业，并形成了产业集聚效应。

京津冀地区以北京为核心，汇聚了国内研究智能传感器的高校，如北京大学、清华大学等。其中，北京大学的4英寸生产线是国内最早提供MEMS代工的生产线之一。同时，京津冀地区还拥有一批重点科研机构，目前以北京为核心已经形成了MEMS技术研发、芯片制造方面的产业优势，其MEMS的产业化位居全国前列。

珠三角地区的智能传感器产业以深圳为中心城市，由附近中小城市的外资企业组成以热敏传感器、磁敏传感器、超声波雷达等为主要产品的传感器产业体系，以及更多属于智能传感器产业链中的应用和销售环节。

三、市场结构

MEMS传感器是目前智能化程度最高的传感器，也是智能传感器发展的主流方向。微机电系统（Micro-Electro Mechanical System，MEMS）是集微型传感器、执行器、机械结构、电源能源、信号处理、控制电路、高性能电子集成器件、接口、通信等于一体的微米或纳米级器件或系统。具有微型化、智能化、低成本、低能耗、易于集成和高可靠性等特性，目前广泛应用于医疗、汽车、通信、国防、物联网、智能设备、航天航空等高新技术产业。从产业链来看，与其他半导体产品制造流程相近，MEMS 制造业可以分为芯片设计、晶圆制造和封装测试三个主要环节，其中芯片设计企业主要进行相关产品的电路及结构设计。晶圆制造厂利用相关设备制造出设计好的产品。封装测试环节主要是将各类微型零部件、元器件和微系统集成为一个具备功能性的成品，经过测试后向终端产品厂商供货。常见的 MEMS 传感器主要包括惯性传感器、压力传感器、声学传感器、环境传感器及光学传感器等。目前 MEMS 传感器的市场占比约为 70%，占市场主要地位。中国是全球最大的 MEMS 传感器市场，并且近年增速要显著高于全球平均水平。根据赛迪智库的统计，2020 年中国市场规模约为 600 亿元，占全球市场的比重约为 52%。

四、平台建设

在工业和信息化部的指导下，国家智能传感器创新中心于 2018 年 6 月成立，致力于先进传感器技术创新，以关键共性技术的研发和中试为目标，联合传感器上下游及产业链龙头企业开展共性技术研发，专注传感器设计集成技术、先进制造及封测工艺，布局传感器新材料、新工艺、新器件和物联网应用方案等领域，形成产学研用协同创新机制，打造世界级智能传感器创新中心。国家智能传感器创新中心组建并运营的中国传感器与物联网产业联盟，已聚集近 1000 家产业链各领域的代表企业，发挥产学研资源优势，加速我国物联网核心技术的发展，推动智能传感、大数据、人工智能的生态体系建设。

创新中心已建成智能传感器公共服务平台，测试服务能力主要覆盖 MEMS 加速度传感器、MEMS 陀螺仪、压力和红外等传感器的测试标定、可靠性测试、ESD 测试、产品失效分析、器件工艺分析等多个方面。其中，测试标定服务以面向消费级和汽车级芯片为主，已引进设备包括加速度传感器/陀螺仪和压力传感器测试标定系统、高低温环境类试验箱、示波器、分析仪、信号发生器等检测设备。

创新中心联合产业链上下游企业共同组建了智能传感器联合实验室，研发传感器关键共性技术与行业应用传感器融合系统解决方案，为传感器的技术创新和标准化提供高效研发实验环境和产业合作环境。联合实验室已完成在智能驾驶、工业物联网、环境安全监测、智慧家居、智慧农业、智慧医疗等领域的系统级解决方案展示及验证。

第二节 发展特点

一、多传感器信息融合是传感器发展的必由之路

不同类型的传感器优劣势明显，单一的传感器难以满足复杂的应用场景，多传感器信息融合（MSF）已成为行业共识。多传感器信息融合是利用计算机技术，对多传感器或多源的信息和数据进行多层次、多空间的组合处理，最终做出判断和决策的过程。在这一过程中，不同传感器优势互补，在不同使用场景下发挥各自功能，有效地提高系统的冗余度和容错性，增强了系统决策的准确度和智能化程度。根据信息处理方式的不同，多传感器信息融合的体系结构可分为集中式、分布式和混合式。混合式综合了集中式和分布式的优点，在实际场合中应用广泛。

二、智能传感器产业载体不断成熟

上海正在嘉定打造“智能传感器及物联网”千亿级产业，依托上海智能传感器产业园和国家智能传感器创新中心，强化产业链招商，进一步补链、扩链、强链，助力上海集成电路产业进一步发展。上海正加快形成“一体两翼”的集成电路产业发展格局，主体重点集聚设计业、制造业。一翼瞄准综合性产业创新基地，一翼重点集聚人工智能芯片、物联网芯片、智能传感器等产业。位于嘉定的上海智能传感器产业园属于两翼中的“北”翼，是上海首批特色产业园之一，总规划面积为 3 平方千米。

三、自动驾驶催生智能传感器市场规模进一步扩大

智能传感器是自动驾驶系统的核心。目前用于自动驾驶环境感知的传感器主要包括毫米波雷达、超声波雷达、激光雷达和车载摄像头等。摄像头是传统视觉解决方案的基础，价格较低，而且可以根据不同功能的要求安装在不同位置上。毫米波雷达是指工作在毫米波波段探测的雷达，波长 1～10mm，介于微波和厘米波之间，兼具微波制导和光电制导的优点。超声波雷达利用超声波从发射到反射接收的时间差来计算其与障碍物之间的距离，常用在泊车系统中。激光雷达主要通过发射激光束来探测目标的位置、速度等特征量。据国家知识产权局数据，全球自动驾驶传感器专利数量占比前三名的传感器为视觉传感器、毫米波雷达和激光雷达，占比依次为 30%、22%和 20%。

四、我国智能传感器产业发展存在四大问题

一是核心制造技术严重滞后于国外。虽然我国的传感器所涉足的研究开发领域基本与国外相差无几，但在某些核心制造工艺技术上还严重滞后于国外，在深度和广度上差异较大。二是工艺装备落后，产品质量差。虽然经过多年开发，研制出一批产品，但批产工艺的稳定性、可靠性问题没有得到根本解决，限制了其应用领域和产业的发展。三是人才资源匮乏，产业发展不足。传感器及其产业的特点之一是技术密集，进而也自然要求人才密集，从目前国内的情况看，能够适应当今传感器技术发展需求的具有高水平的科研队伍及中青年科技专家、技术骨干、学术带头人相对缺乏，产业发展后劲不足。四是统筹规划不足，投资力度不够。目前产业存在的问题有建设重复分散、统筹规划不足，科研投资强度偏低，科研设备落后，科研和生产脱节，影响了科研成果的转化。

第十七章

数据中心

第一节 发展情况

一、产业情况

未来，随着物联网、智能穿戴等产业的不断深入发展，受益于 5G 技术的日益成熟与普及，以及互联网行业的持续高速发展等，数据中心（IDC）的市场需求将持续增长。2019 年，我国 IDC 业务的总体营收已经达到 1132.4 亿元，同比增长 32%；2020 年，受新冠肺炎疫情影响，科技防疫、远程办公、远程教育、电商等下游应用领域快速发展，带动 IDC 行业高速发展，预计 2020 年我国数据中心市场规模将达到 1494.2 亿元，未来将继续保持高速增长趋势。2015—2020 年我国数据中心市场规模如图 17-1 所示。

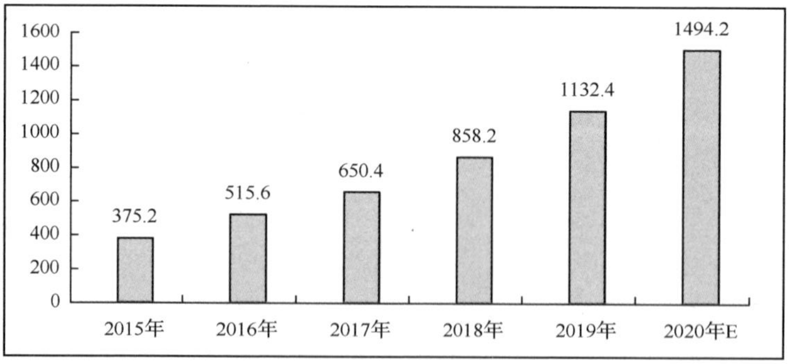

图 17-1 2015—2020 年我国数据中心市场规模（亿元）

数据整理：赛迪智库，2021.04

截至 2018 年底，我国在用数据中心机架数达到 226.2 万架，规划在建数据中心机架的规模超过 180 万架（见表 17-1）。国内 29 个省（自治区、直辖市）均建有大型或超大型数据中心。2019 年测算在用数据中心机架数 288.6 万架。

表 17-1　截至 2018 年底我国数据中心情况概览

规模分类		在用	规划在建
标准机架规模（万架）	超大型	83.3	139.2
	大型	84.1	40.1
	中小型	58.8	7.9
	总数	226.2	187.2
上架率（%）	超大型	28.2	—
	大型	54.3	
	中小型	59.8	
	总数	47.4	
直连骨干网比例（%）	平均	54.3	75.8
平均能效水平	超大型	1.4	1.3
	大型	1.5	1.4
用电价格（元/千瓦时）	超大型	0.7	—
	大型	0.8	
	中小型	0.9	

数据来源：《全国数据中心应用发展指引（2019）》，赛迪智库整理，2021.05。

二、市场结构

我国 IDC 行业竞争格局由三大阵营组成：中国电信、中国联通、中国移动组成第一阵营；第二阵营是鹏博士、世纪互联等上市民营公司；其他中小型民营 IDC 企业则组成第三阵营。第一阵营的垄断地位短期内不会改变，中国电信、中国联通和中国移动拥有覆盖全国的通信骨干网络和独立的国际通信信道出口，中国移动进入 IDC 市场比中国电信和中国联通要晚，但依靠资金量和巨大的客户群，市场份额逐年递增。其他阵营的 IDC 服务商靠着精专的服务及多变的销售策略在中高端企业市场占有重要的一席之地。

三、相关政策

（一）政策梳理

数据中心作为支撑数字经济发展的底座被纳入新基建，相关政策强调布局优化和绿色节能。截至 2021 年 5 月，国内数据中心相关政策梳理见表 17-2。

表 17-2　国内数据中心相关政策梳理

	时间	发布部门	政策名称
数据中心被作为发展数字经济的新型基础设施	2015.01	国务院	《关于促进云计算创新发展培育信息产业新业态的意见》
	2015.08	国务院	《促进大数据发展行动纲要》
	2016.07	国务院	《国家信息化发展战略纲要》
	2016.12	国务院	《“十三五”国家信息化规划》
	2017.04	工业和信息化部	《云计算发展三年行动计划（2017—2019年）》
	2020.05	国家发展改革委	《关于2019年国民经济和社会发展计划执行情况与 2020 年国民经济和社会发展计划草案的报告》
引导数据中心向规模化、集中化、绿色化、布局合理化发展	2015.03	工业和信息化部、国管局、国家能源局	《关于国家绿色数据中心试点工作方案》
	2016.06	工业和信息化部	《国家绿色数据中心试点工作方案》
	2016.06	国管局、国家发展改革委	《公共机构节约能源资源“十三五”规划》
	2016.07	工业和信息化部	《工业绿色发展规划（2016—2020年）》
	2017.01	国务院	《“十三五”节能减排综合工作方案》
	2017.04	工业和信息化部	《关于加强“十三五”信息通信业节能减排工作的指导意见》
	2017.05	住房和城乡建设部	《数据中心设计规范》
	2017.08	工业和信息化部	《关于组织申报2017年度国家新型工业化产业示范基地的通知》

续表

引导数据中心向规模化、集中化、绿色化、布局合理化发展	时间	发布部门	政策名称
	2019.02	工业和信息化部、国管局、国家能源局	《关于加强绿色数据中心建设的指导意见》
	2020.05	工业和信息化部	《2020年工业通信业标准化工作要点》
	2021.02	国务院	《关于加快建立健全绿色低碳循环发展经济体系的指导意见》

资料整理：赛迪智库，2021.05。

（二）政策解读

数据中心被写入新基建，将有更多国家队上场。投资、外贸和内需是促进经济发展的三大因素。不管是移动互联网的迅速发展，还是在抗疫中对云和数据的应用，国家已享受到早期新基建的红利，客观上促进了政府对新基建的高度重视。2020 年 4 月，官方明确给出了新基建的范围，其中就包括数据中心。随着新基建的推进及云计算服务部署提速，数据中心扩容步伐会相应加快，相关设备及服务需求随之增加。国内第三方 IDC 企业逐步进入自建、并购双轮驱动的扩张期。此举对数据中心的发展起推动作用，但也带动了阿里巴巴、腾讯等大型互联网公司，以及更多国企的高举高打，原有小型且低端的 IDC 企业将会被加速淘汰出局，强者恒强的局势愈加显著。

2020 年 4 月，证监会与国家发展改革委联合发布了《关于推进基础设施领域不动产投资信托基金（REITs）试点相关工作的通知》，标志着境内基础设施领域公募 REITs 试点正式起步。REITs（Real Estate Investment Trusts，不动产投资信托基金）是一种金融工具，是不动产证券化的重要手段。不动产证券化是把流动性较低的、非证券形态的不动产投资，直接转化为资本市场上的证券资产的金融交易过程。国外头部数据中心运营商 Equinix、Digital Reality 等均以 REITs 形式发行。从美国 REITs 市值占比看，数据中心排位靠前，因中国的 REITs 试点聚焦于基础设施领域，占比或将更高。REITs 有助于盘活现有资源，降低企业杠杆率和融资难度；有助于数据中心整体发展，但同时将加剧业内的马太效应。

第二节 发展特点

一、整体需求旺盛，但仍需明确定位

数据中心是否已过剩，是诸多资本方、大型国企和地方政府关心的问题。长期来看，数据中心机房面积与数据流量相关，而数据流量又与人口数量和经济发展相关。对比中国、美国人均机房面积，中国仍有相当大的差距。从整体来看，用户量和用户时长稳步增长，数据量快速增长。

C 端的主要数据流量来自（娱乐性）长视频和短视频、游戏和电子商务，在后疫情时代，协同办公和在线教育也有较大幅度的增长。未来，超高清视频、云游戏、云 VR 都将进一步促使流量快速增长。

B 端数据蓄势待发。5G 网络的峰值速率、流量密度、连接密度等显著优于 4G，且原生标准支持网络切片以便企业独立组网。IPv6 使得每个元器件都可以拥有独立的 IP 地址，两者使得工业互联网和物联网得以落地，未来 B 端的生产性数据占比将会大幅提升。

在客户层面，互联网企业仍为主要客户，不同行业需求各不相同。数据中心主要终端客户有互联网行业、金融行业、制造行业企业及云厂商政府机构等。目前，互联网企业仍为主要客户群体，占 60%以上的份额。互联网企业数据量多，终端用户规模庞大，对机房规模、设备等级、选址集中度、时延值等各方面指标要求均较高。大型金融企业一般拥有自己的数据中心，外采仅作为“两地三中心”的备用机房；中小型金融企业一般采用长期合作的、有丰富运维与运营经验的 IDC 服务商，以及 T3 及以上级别的机房。政府机构、制造行业企业的数据中心特点为数量多、规模小，且政务类一般有默认的“数据不出省、不出市”规则，数据中心在当地建设。

二、绿色化成为数据中心发展的指南针

2020 年 12 月，中央经济工作会议提出 2021 年要做好碳达峰、碳中和工作，重申我国二氧化碳的排放力争在 2030 年前达到峰值，力争在 2060 年前实现碳中和。2021 年 2 月，国务院印发《关于加快建立健

全绿色低碳循环发展经济体系的指导意见》(以下简称《意见》)。《意见》指出，建立健全绿色低碳循环发展经济体系，促进经济社会发展全面绿色转型，是解决我国资源环境生态问题的基础之策；要健全绿色低碳循环发展的生产体系；要提升产业园区和产业集群循环化水平。对于数据中心产业来说，低碳、零碳将成为未来 IDC 企业攻坚克难的主要方向，也必将成为 IDC 企业抢占市场份额的重要抓手，众多 IDC 企业早已在绿色化领域有所布局。2018 年，微软启动了 Project Natick 项目，首次尝试将数据中心放在水下。2020 年 8 月，海兰信宣布正式启动海底数据中心项目（Project UDC）并签约，成为国内首家研发海底数据中心的企业。2021 年 1 月，海兰信向业内展示其海底数据中心阶段性测试成果、发展规划等，测试样机单舱 PUE 值达到 1.076。阿里云在 2015 年就开始了液冷相关技术的研究，进行了不同冷却架构对比，并于 2020 年投产了全浸没式液冷数据中心，并应用于阿里巴巴浙江云计算仁和数据中心。除此之外，美的、中科曙光、隆基、青云等众多 IDC 产业上下游企业都纷纷投入绿色技术研究中，为打造更绿色、高效的数据中心而努力。随着更多绿色化发展的指导意见和政策的实施落地，以及绿色技术的研发应用，双管齐下，低碳甚至零碳的数据中心指日可待。

三、一线城市及周边仍是重要聚集区，西部发展迅速

大规模数据中心的分布与地区信息化发展水平有着较为明显的相关性。信息化发展水平较高的地区有足够的信息需求度和资源就绪度，能够满足建设大规模数据中心的基本条件。整体上，我国 IDC 产业呈现出明显的东热西冷格局。东部地区信息化发展程度较高、IDC 需求旺盛，IDC 资源一直处于相对饱和状态，而西部地区受地理位置偏远、网络资源较差及人才缺乏等因素的影响，IDC 实际投产率较低。但是受地方政策的引导，新建大规模数据中心在信息化发展水平较低的区域加速落地。新建数据中心，尤其是大型、超大型数据中心逐渐向中西部以及北京、上海、广州、深圳周边的城市转移。截至 2018 年底，北京、上海、广东三个数据中心聚集区在用机架数的全国占比降到 31%，中西部地区的数据中心在用机架数的全国占比接近 39%。2019 年，北京数据

中心市场规模为 225 亿元，全国排名第一；上海数据中心市场规模为 122.4 亿元；深圳数据中心市场规模为 53.1 亿元；广州数据中心市场规模为 46.6 亿元。虽然中西部地区的信息化发展水平低于经济发达地区，但是通过招商引资、政策激励、人才引进等措施，数据中心的发展速度已得到明显提升。内蒙古、贵州等受到政策重点扶持的地区，数据中心规模已得到快速提升，我国数据中心的布局渐进完善。

第十八章

电子信息绿色低碳

第一节　发展情况

一、从全球来看，控制温室气体排放已成为国际社会的广泛共识

气候变化是当今人类社会面临的重大问题，全球温室气体排放空间已成为稀缺资源，各主要国家加紧制定和实施绿色低碳发展战略，加快在新能源、新材料、新技术等领域的前瞻布局，力图抢占未来产业发展的战略制高点。其中，美国等发达国家的电子信息制造业已经度过粗放型发展阶段，更加侧重耗能低、耗材少、附加价值高的知识技术密集型环节，掌控品牌、营销、产品设计等价值链高端环节，通过价值链低端环节的国际转移，实现单位电子信息制造业产值能耗降低。

二、从国内来看，绿色低碳发展已成为我国经济社会发展的重要战略方向

我国“十四五”规划中明确提出：加快绿色低碳发展，降低碳排放强度，支持有条件的地方率先达到碳排放峰值，制定 2030 年前碳排放达峰行动方案。电子信息制造业既是能源消费者，也是用能产品生产者，立足国家 2030 年碳达峰、2060 年碳中和的目标节点，制定电子信息制造业碳达峰路线图既是应对气候变化的必然要求，也是电子信息制造业高质量发展的必然选择。

我国作为全球最大的电子产品生产和消费国之一，计算机、电视等电子产品持有量的迅速增长带来了巨大的能源消耗，同时也增加了温室气体的排放。研究表明，有效提高电子产品能效水平与消费者节能意识，在 2020 年，可节约用电 277.5TWh，相当于 2020 年中国城乡居民生活总用电量的 56%，约折合 1.29 亿吨标准煤。

三、从产业自身来看，我国电子信息制造业将处于能耗增长率由正转负的攻坚阶段

我国电子信息制造业能耗虽不及全国能耗的 1%，但正呈缓慢增长趋势。这主要是由于我国电子信息制造业迈入高速发展阶段，必然带动能耗随之增长。《中国能源统计年鉴 2019》数据显示（见图 18-1、图 18-2），2000 年以来，我国电子信息制造业能耗先以明显趋势上升，在经历了

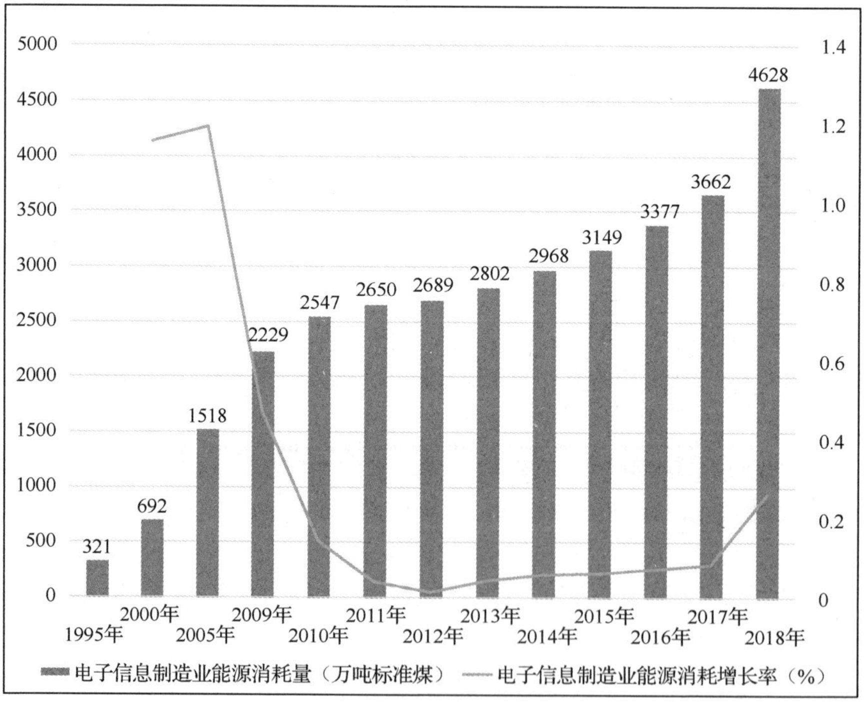

图 18-1　1995—2018 年我国电子信息制造业能源消耗情况

数据来源：《中国能源统计年鉴 2019》，2021.04

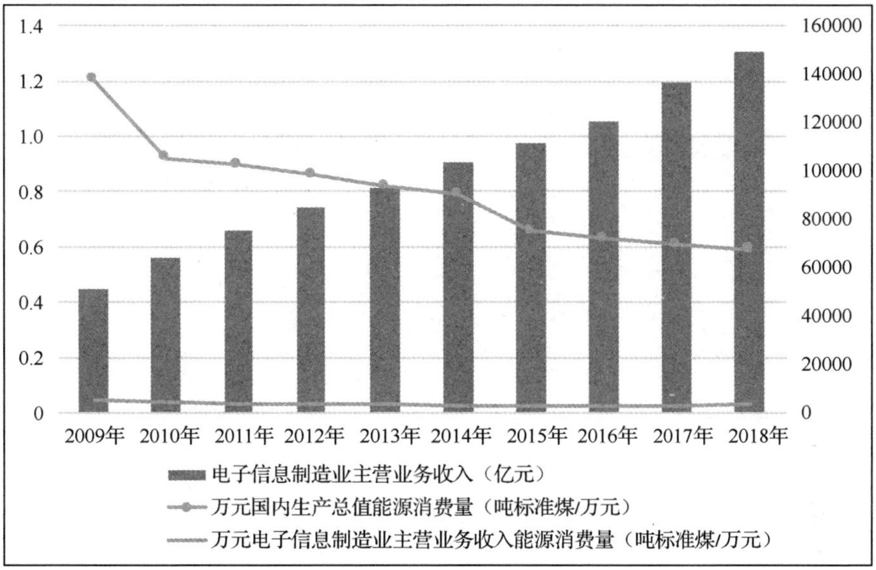

图 18-2　2009—2018 年我国万元电子信息制造业主营业务收入能源消耗情况

数据来源：工业和信息化部，《中国能源统计年鉴 2019》，2021.04

经验积累和技术进步后，生产效率不断提高，每万元电子信息制造业主营业务收入的能耗持续下降，但该趋势并不是无限的，最终将趋于缓和。推动我国电子信息制造业由高速发展向高质量发展转型，是促进我国电子信息制造业能耗拐点加速到来的关键。

第二节　发展特点

一、工艺相对落后与高质量发展的质量变革不匹配

我国电子信息制造业总体上处于全球产业价值链中低端，产品资源能源消耗相对较高、附加值相对较低，万元电子信息制造业主营业务收入能源消耗较发达国家仍存在差距。电子材料、电子元器件、各类设备、整机等产品制造是我国电子信息制造业耗能的主要部分。其中，硅的提纯、单晶生长、多晶硅锭制备、光纤生产、电子玻璃以及数据中心的 IT 设备与制冷系统生产等细分领域耗能均高于行业平均水平。因此，我国电子信息制造业亟须优化低碳生产工艺，并通过调整国际分工定位，推

动产业向附加值高、能耗水平较低的环节延伸，促进电子信息制造业能耗的进一步下降。

二、智能化改造效益迟滞与高质量发展的效率变革不匹配

一方面，我国电子信息制造业中小企业数量占比较高，部分中小企业智能化改造不足，生产技术或工艺较为落后，高耗能设备数量较多、能源利用率较低，影响能耗水平降低；另一方面，由于智能化改造需要消耗能源，智能化改造初期，被改造的行业本身能耗降低量需要用来中和改造过程中的碳排放，因此具有一定的回收期，导致智能化改造的能耗效益尚未凸显。

三、粗放型发展模式与高质量发展的动力变革不匹配

我国电子信息制造业起步晚、底子薄、基础弱，发展初期不得不选择一条引进外资、承接制造业转移、以加工出口为主的外向型发展路径，较发达国家更依赖物质资源和能源的大量投入，二氧化碳排放增长较快，支撑发展付出的资源、环境代价较大。过去求规模、求数量、求产值的粗放型发展模式与我国当前电子信息制造业注重节能减排、绿色低碳的高质量发展之路背道而驰，难以为继。

区　域　篇

第十九章

长江三角洲地区电子信息产业发展状况

第一节　整体发展情况

长江三角洲地区（以下简称“长三角地区”）涵盖上海市、江苏省、浙江省、安徽省三省一市，是我国最具经济活力、开放程度最高、创新能力最强、吸纳外来人口最多的地区之一，是“一带一路”与长江经济带的重要交汇地带，也是我国电子信息制造业发展的最重要聚集区之一。

一、产业规模

2020 年，长三角地区电子信息制造业保持平稳增长，创新实力持续增强，产品转型升级步伐加速。

2020 年，上海市实现电子信息制造业产值 6466.23 亿元，同比增长 5.3%，高于全市工业总产值增长率 3.7 个百分点，占全市规模以上工业总产值的 17.5%，占上海市 6 个重点工业行业总产值的 27.6%，依旧是全市的战略性、支柱性产业。高端电子信息产品新产量实现高速增长，笔记本电脑产量达到 1437.2 万台，比上年增长 76.1%，集成电路产量同比增长 21.7%，服务器产量同比增长 25.4%，智能电视产量比上年增长 14.3%。

2020 年，江苏省电子信息制造业增加值同比增长 9.4%，高于全省规模以上工业增加值增速 3.1 个百分点，高于全国规模以上电子信息制造业增加值增速 1.7 个百分点。从重点产品来看，集成电路全年产量同比增长 22.3%，太阳能电池产量增长 16.5%，光缆产品产量增长 7.1%，智能手机产量增长 5.7%，而彩电、电子计算机等产品产量同比出现下滑。

2020 年，浙江省电子信息制造业增加值同比增长 21.7%，分别高出全省规模以上工业和 2019 年同期增加值增速 16.3 个百分点和 6.6 个百分点，也高出全国规模以上电子信息制造业增加值增速 14.0 个百分点；全年出口交货值实现同比增长 46.3%。光缆、锂离子电池、太阳能电池、集成电路、光电子器件和电子元件等产品产量分别增长 50.8%、48.3%、39.3%、21.2%、9.0%和 3.5%。

2020 年，安徽省电子信息制造业增加值同比增长 22.4%，高于全国规模以上同行业增加值增速 14.7 个百分点，高于全省规模以上工业增加值增速 16.4 个百分点，对全省工业经济增长的贡献率继续居各行业首位。电子产品新产量较快增长，全年电子计算机生产 3097.1 万台，与上年相比增长 37.4%，移动通信手持机产量同比增长 4.7%。电子信息制造业成为全省实施创新驱动、制造强省和转型升级发展的重要引擎。

二、产业结构

长三角地区电子信息制造业产业链较为完善，建立了从上游原材料到下游应用的完整产业链。

上海市形成了集成电路产业“一核多极”和新材料产业“3+X”的布局，并计划构建以上海化工区为主体，金山、奉贤分区协同发展的“一体两翼”格局，促进光刻胶及配套材料、电子特气、湿电子化学品等电子化学品的生产。此外，上海市在金山区形成以和辉光电为龙头的新型显示产业集群，已聚集奥来德、升翕、光驰、玟昕、九山电子等上下游配套企业。

江苏省已形成涵盖 EDA、设计、制造、封装、设备、材料等较为完整的集成电路产业链，汇集了众多知名集成电路企业，形成了以无锡、苏州和南京等市为中心的集成电路产业带。此外，江苏省 5G 产业链加速发展，在苏州已形成芯片、光通信、光电缆等优势环节的产学研用协作体系。

浙江省已形成稀土永磁材料、含氟新材料、高性能纤维、光伏材料等特色产业链和全国最大的产业基地，并加速在第三代半导体领域布局。在新兴领域，浙江省积极培育人工智能、云计算、大数据、5G、区块链、超高清视频发展，已制定实施数字安防、集成电路、网络通信、智能计算等产业链提升工程。

安徽省新型显示产业实现全产业链布局，合肥新型显示产业基地已成为国内显示面板领域产能最大、产业链最完善、技术水平最先进的产业集群。全省集成电路企业超过300家，形成从设计、制造、封装测试，到材料、装备、创新研发平台和人才培养等较完整的产业链条。智能终端实现快速增长，全省微型计算机、彩电、智能手表/手环等产品出货量位居全国前列。

第二节　产业发展特点

一、区域协作增强

长三角地区逐渐联合，发挥各自优势，逐步深化在电子信息领域的协同发展。2020年6月，上海市经信委、江苏省工信厅、浙江省经信厅和安徽省经信厅签署《共同推进长三角数字经济一体化发展战略合作协议》，推动集成电路等产业的关键技术创新攻关。同月，三省一市的科大国盾量子技术股份有限公司与中国电信股份有限公司上海分公司、浙江东方金融控股集团股份有限公司、江苏省通信服务有限公司等16家企业签署合作框架协议，共建长三角量子通信干线网络，在长三角地区率先构筑可持续发展的量子通信产业生态系统。11月，三省一市在合肥签署协议，将在长三角区域合作办公室指导下，牵头构建长三角一体化新型显示产业高质量发展体系，促进长三角区域新型显示产业融合创新和迭代升级，共同推进长三角地区新型显示产业一体化高质量发展。

二、产业聚集加速

上海市集成电路产业高度集聚，以张江高科技园区的集成电路设计产业园为核心，发挥上海芯片制造产业集群和产业链齐备的优势，着力打造国内领先的集成电路平台，目前已集聚了中芯国际、华虹宏力、华力微电子、中微公司、紫光展锐、上海微电子、盛美半导体等国内领先的半导体企业。2020年，上海张江集成电路产业营收规模达到1027.88亿元，同比增速达到22.5%。

江苏省出台《关于加快培育先进制造业集群的指导意见》，重点培育13个先进制造业集群，其中物联网、前沿新材料、集成电路、新型显示等领域都与电子信息制造业息息相关。目前，江苏省集成电路产业主要布局在无锡市、苏州市、南京市、南通市等地。

浙江省集成电路产业基地主要布局在杭州市、绍兴市、衢州市、嘉兴市、宁波市（北仑区、鄞州区）等重点城市，全省85%以上的集成电路设计企业和95%以上的集成电路设计业务收入都集中在杭州市。2020年8月，浙江省出台《浙江省实施制造业产业基础再造和产业链提升工程行动方案（2020—2025年）》，计划在集成电路领域突破第三代半导体芯片、专用设计软件（电子设计自动化工具等）、专用设备与材料等技术，前瞻布局毫米波芯片、太赫兹芯片、云端一体芯片，打造国内重要的集成电路产业基地。

安徽省构建合肥新站高新区、合肥高新区、合肥经开区等集成电路三大集聚区，助力合肥形成更完善的集成电路产业链。新型显示产业也主要集聚在合肥，目前合肥已成为国内产业链条最完整、技术水平最先进的新型显示产业集聚地。

三、重大项目持续推进

2020年，上海市加速集成电路领域项目布局。在上海市发展改革委公布的2020年上海市重大建设项目清单中，涉及集成电路领域的有上海集成电路产业研发与转化功能型平台、华力微电子12英寸先进生产线建设、中芯国际12英寸芯片SN1项目、积塔半导体特色工艺生产线项目、超硅半导体300mm集成电路硅片全自动智能化生产线等。8月，中国第一座12英寸车规级功率半导体自动化晶圆制造中心项目正式签约落户上海自贸区临港新片区，项目总投资120亿元，预计达产后年产能达36万片。

2020年，江苏省加大集成电路领域重大项目推进工作。《江苏省2020年重大项目投资计划》安排的240个重大项目中涉及集成电路领域的有26个，包括无锡华虹集成电路、南京台积电集成电路、无锡SK

海力士半导体二工厂、长电科技集成电路封装测试、通富微电集成电路封装测试等。在新型显示领域，6月，杉杉股份与LG合资的LCD偏光片项目落地张家港经济技术开发区。8月，上海尚钏科技与南通苏锡通科技产业园区签署投资协议，将投资60亿元建设年产5000万片柔性折叠屏玻璃基板项目。10月，利晶无锡Micro LED量产基地正式投产。

2020年，浙江省积极布局集成电路产业链，落地项目涉及电子材料、触控、AI、5G、射频、通信、传感器、激光、功率半导体、化合物半导体等领域。1月，甬矽电子二期500亩项目正式签约，项目总投资约100亿元。4月，嘉兴产城半导体产业园项目签约落地，计划总投资106亿元。在第三代半导体碳化硅领域，浙江省2020年集中签约8个项目，涉及企业包括瞻芯电子、中芯国际、中电科、露笑科技、博蓝特、晶越、东尼电子等，合计投资金额超过了129亿元。

2020年，安徽省电子信息领域全年投资450亿元，占全省投资总量的28.8%，拉动作用明显，一批集成电路、新型显示领域重大产业项目开工建设。11月，露笑科技第三代功率半导体（碳化硅）产业园项目在合肥市长丰县开工，项目总投资100亿元，主要进行碳化硅晶体生长、衬底制作、外延生长等的研发生产，一期投资21亿元，达产后可形成年产24万片导电型碳化硅衬底片和5万片外延片的生产能力。12月，维信诺（合肥）G6全柔AMOLED生产线点亮，这是安徽省首条全柔AMOLED生产线。

第三节　主要行业发展情况

近年来，长三角地区电子信息产业加快协同发展，产业集聚效应进一步增强，在集成电路、新型显示等领域形成了较强的产业集聚发展优势。

一、集成电路

长三角地区是我国集成电路产业的重要集聚区，基本形成了上海的全产业链、江苏的封装测试、安徽的制造、浙江的设计，各有侧重的发展模式。根据国家统计局数据，2020年全国集成电路产量为2612.6亿块，其中长三角地区总产量为1306.8亿块，占全国产量的比重达到50%。

上海市是我国重要的集成电路设计和制造地区。2020 年，上海市集成电路产量达到 288.67 亿块，同比增长 39.1%；实现销售收入 2071.33 亿元，同比增长 21.4%，相比上年提升 3.7 个百分点。其中，集成电路设计业实现销售收入 954.15 亿元，同比增长 33.4%；制造业实现销售收入 467.18 亿元，同比增长 19.9%；封装测试业实现销售收入 430.9 亿元，同比增长 12.6%；设备材料业实现销售收入 219.1 亿元，与 2019 年基本持平。在产业布局上，上海市正在形成“一核多极”的布局，其中，“一核”为浦东新区的张江高科技园区，“多极”为徐汇区、杨浦区、浦东新区的临港地区、松江区、嘉定区、青浦区、金山区。

江苏省是我国最重要的集成电路产业聚集区之一，涵盖设计、制造、封装、设备、材料等环节，形成较为完整的集成电路产业链。华润矽科、无锡友达、华虹半导体、SK 海力士、台积电等知名企业分布在无锡市、苏州市、南京市、南通市等沿江城市，形成蔚为壮观的沿江“硅走廊”。2020 年，江苏省集成电路产量达到 834.87 亿块，同比增长 61.7%，占当年全国总产量的 31.95%，相比 2019 年上升 6.37 个百分点；实现销售收入 2820.69 亿元，同比增长 28.65%，其中设计业、制造业、封装测试业销售收入分别增长 79.59%、13.66%、30.43%。

浙江省集成电路设计行业发展良好，涌现出士兰微、中天微、国芯科技、中科微等一批明星企业。2020 年，浙江省集成电路产量达到 174.1 亿块，同比增长 21.4%；全省集成电路及相关产业业务收入为 1168 亿元，其中设计业实现销售收入 297 亿元，制造业和封装测试业实现销售收入 150 亿元，设备材料业实现销售收入 420 亿元，功率和分立器件业实现销售收入 98 亿元，光电子行业实现销售收入 203 亿元。

安徽省是集成电路行业的后发追赶者，但 2020 年集成电路产量仅有 9.18 亿块，相比 2019 年降幅较大。2020 年，全省半导体产业链产值超过 400 亿元，集成电路制造业规模以上工业增加值增长 28.4%。从产业布局看，合肥市积极推进存储芯片、面板驱动芯片、家电核心芯片、汽车电子芯片国产化，打造芯片设计、晶圆制造、封装测试、专用装备、核心零部件及关键材料全产业链，已形成从设计、制造、封装测试、材料到平台等的较为完整的集成电路垂直产业链。

二、新型显示

长三角地区在发展新型显示产业上具有天然的优势，这里科研机构众多，有着深厚的研发基础。上海大学、东南大学、浙江大学、合肥工业大学、中国电子科技集团公司第五十五研究所、中国科学院上海光学精密机械研究所等在新型显示领域具有国家和省部级科研平台的机构皆汇集于此。此外，长三角地区在新型显示产业上也具有集群优势，形成了上海金山、南京、合肥、宁波等技术互补、产业协同的新型显示产业集聚区。其中，上海的 AMOLED 及其产业链领域、江苏的氧化物 TFT-LCD 和 OLED 领域、安徽的高世代 TFT-LCD 领域、浙江的激光显示及其产业链领域都处于全国领先地位。长三角地区还在国内率先实现了 AMOLED 产业突破、大尺寸 TFT-LCD 高清电视量产，以及各类新兴显示技术如立体显示、硅基微型显示、量子点显示等的战略布局。长三角地区新型显示应用基础、产业技术科技创新能力和人才培养综合优势全国领先，有新型显示技术及应用集成教育部重点实验室（上海大学）、信息显示与可视化国际合作联合实验室（东南大学），以及国家工程实验室和国家工程技术研究中心等科研平台基地。

第四节　重点省市发展情况

一、上海市

上海市在集成电路领域持续发力。上海市加快集成电路特色产业园区建设，加快提升集成电路供应链保障能力，积极引进世界一流集成电路企业，力争打造世界级先进水平的集成电路专业园区。2020 年 12 月，上海市举办 2020 中国（上海）集成电路创新峰会，以“自立自强，在危机中育新机”为主题，促进政产学研资协同，助力集成电路产业发展。

在新型显示领域，平台和展会成为上海市发展的重要支柱。2020 年 7 月，上海市举办 2020 中国（上海）国际显示技术及应用创新展览会（DIC EXPO），促进面板企业及上游显示原材料和装备企业实现供应链对接和产品技术交流。

二、江苏省

江苏省在集成电路领域优势明显，2020 年展会活动丰富。8 月，2020 世界半导体大会在南京市举办，以“开放合作、世界同芯”为主题，探讨了应用热点、市场机遇、技术趋势和产业投资等相关问题，强调了产业创新与全球合作的重要性。10 月，南京集成电路大学成立，成为国内首家“芯片大学”。此外，2020 中国（苏州）电子信息博览会、2020 中国（无锡）国际芯片产业博览会等展会相继举办，进一步提升了江苏省各市在集成电路领域的知名度。

在新型显示领域，江苏省立足产业基础，加强新型显示与产业链上下游合作。2020 年 9 月，2020 海峡两岸新型显示产业高峰论坛在南京举办，强调了产业链的创新与安全，支持形成全产业链竞争能力。

三、浙江省

浙江省在集成电路领域呈现出多城并进的趋势。2020 年 10 月，2020 第十五届“中国芯”集成电路产业促进大会在杭州市开幕，围绕“芯之所向，业之所至”的主题，探讨了集成电路行业需求和产业生态建设。11 月，2020 中国（绍兴）第三届集成电路产业峰会在绍兴市成功举办，会上还举行了国家级集成电路产业创新中心暨绍芯集成电路实验室创建启动仪式。

四、安徽省

安徽省加快集成电路、新型显示产业发展，以合肥市为中心加快产业集聚发展。2020 年 7 月，2020 中国半导体材料创新发展大会在合肥市举行，强调积极应对全球技术和市场变化，加强产业链协同，密切供应链合作，提升企业实力。

在新型显示领域，安徽省立足产业优势，加快产业“走出去”。2020 年 11 月，2020 世界显示产业大会在合肥市举办，会上中国光学光电子行业协会液晶分会、韩国显示行业协会（KDIA）、日本半导体制造装置协会、中国台湾显示器产业联合总会、国际信息显示学会（SID）全球五大行业协会发起了《新型显示行业加强全球合作倡议》，进一步加强全球交流合作、推动新型显示行业持续健康发展。

第二十章

珠江三角洲地区电子信息产业发展状况

第一节　整体发展情况

珠江三角洲地区（以下简称“珠三角地区”）具有完善的制造业体系，深圳更有“世界工厂”之称。珠三角地区是我国最重要的电子信息制造业集聚区之一，具有强大的制造优势。东莞、珠海、佛山等地加大承接广州、深圳电子信息产业的省内转移，广东省内电子信息产业区域一体化协同效应持续显现。

一、产业规模

2020 年，广东省电子信息产业保持平稳增长。广东省高技术制造业增加值比上年增长 1.1%，占规模以上工业增加值的比重为 31.1%，比上年回落 0.9 个百分点。其中，电子及通信设备制造业增长 0.3%，计算机及办公设备制造业下降 3.7%。先进制造业增加值比上年增长 3.4%，占规模以上工业增加值的比重为 56.1%，比上年回落 0.2 个百分点。其中，高端电子信息制造业增长 0.7%。装备制造业增加值比上年增长 1.8%，占规模以上工业增加值的比重为 46.0%，与上年持平。其中，计算机、通信和其他电子设备制造业下降 0.1%。信息传输、软件和信息技术服务业营业收入增长 10.5%，其中，互联网和相关服务业增长 18.2%，软件和信息技术服务业增长 8.5%。

二、产业结构

珠三角地区电子信息产品规模和技术水平在全国处于引领地位，主要优势领域是通信设备、计算机、家用电器、视听产品和元器件等。珠三角地区在智能终端和新型显示等重点领域处于全国领先地位。智能终端方面，华为、vivo、OPPO、小米、苹果为2020年国内智能手机市场出货量前五名。其中，华为国内市场共出货1.25亿部智能手机，排名第一。5G方面，华为持续领跑国内5G手机市场，以45.5%的市场占有率大幅领先；vivo和OPPO分别以15.6%和11.0%的市场占有率排名第二和第三；荣耀（HONOR）于2020年4月正式独立后，以9.7%的市场占有率排名第四。新型显示方面，珠三角地区拥有全球最大的液晶电视模组生产基地，产能全国领先。珠三角地区的云计算、大数据、超高清视频、人工智能等新一代信息技术产业也实现快速增长。

在空间布局方面，珠三角地区不断突出以通信产品和消费电子产品为重点的产品转型，逐渐形成以东莞、深圳、惠州为中心的电子计算机制造产业链，以深圳、广州、东莞为中心的通信设备制造产业链，以惠州、珠海、佛山为代表的智能家电制造产业链。

在企业培育方面，珠三角地区积极打造世界级电子信息龙头企业，拥有华为、TCL等一大批实力强劲的电子信息骨干企业，信息技术领域上市公司数量超过北京和上海之和，总市值居全国首位。具体来讲，TCL等智能电视品牌加速向高端化发展，华为、中兴、OPPO、vivo等智能手机品牌正在引领全球手机市场发展，海思半导体等集成电路设计企业具有全国领先实力。

三、政策环境

在国家政策与地方政府的共同推动下，广东省内产业转移与协同发展加速。《粤港澳大湾区发展规划纲要》提出，以珠海、佛山为龙头建设珠江西岸先进装备制造产业带，以深圳、东莞为核心在珠江东岸打造具有全球影响力和竞争力的电子信息等世界级先进制造业产业集群。为此，广东省出台了66项任务、100条举措落实推进粤港澳大湾区建设，构建起协调联动、运作高效的大湾区建设工作机制。惠州、东莞正在加速承接和提升电子信息领域制造能力，惠州依托强大的智能手机生产能力打造万亿级电子信息产业集群，并将建设世界级先进电子信息产业制造集聚区；东莞加速对深圳龙头企业的承接和协作，逐渐形成“一企两市/多市”的常态化布局，保持龙头企业的竞争力和创新力。

第二节　主要行业发展情况

一、通信设备

2020 年，广东省程控交换机产量为 596.26 万线，同比下降 42.14 万线；生产手机 6.19 亿部，同比下降 12.09%，产量排名全国第一；生产传真机 49.14 万部，占全国传真机总产量的 77.17%。随着 5G 技术的飞速发展和广泛应用，华为等龙头企业正在进入快速建设期。5G 时代的到来将刺激新的手机换代需求。

二、新型显示

经过多年的发展，广州开发区汇集了乐金显示、电气硝子、创维等全球显示行业的龙头企业。聚华印刷显示获批建设国家印刷及柔性显示创新中心，吸引了一大批上游设备、原材料和零部件企业，中游面板制造与模组企业，下游整机企业投资建厂，平板显示产业链不断扩大，成为国内技术最先进、生产规模最大、产出效益最高的液晶显示面板产业基地之一。当前，广州正在打造“世界显示之都”，广州开发区致力打造全国最大的新型显示产业基地。

三、智能家居

2020 年，广东省彩电产量为 11233.36 万台，同比增长 7.78%，产量排名全国第一。其中，液晶电视机产量为 11058.39 万台，同比增长 7.2%；智能电视产量为 6701.71 万台，同比增长 3.0%。目前，电视智能化趋势加快，随着智能音箱、超高清电视等产品需求进一步增长，依托创维、TCL 等企业，广东省在智能电视等智能家居产品领域将有更广阔的发展前景。

四、集成电路

2020年，广东省集成电路产量为373.57亿块，同比下降8.5%。全年集成电路出口1568.2亿元，同比增长20.2%。广东省集成电路产业链涵盖了产业链前端研发设计、后端封装测试及应用环节，其中在集成电路设计领域具有全国领先优势。目前，广东省拥有深圳、珠海和广州三个国家级集成电路设计产业化基地，聚集了华为、中兴、英特尔、瑞萨、美国博通等半导体研发中心。

第三节　重点城市发展情况

一、深圳市

深圳市电子信息制造业规模居全国首位，约占全国的1/6，增加值占深圳市GDP的比重达到25%。深圳市的手机、程控交换机、彩电等产量均位居全国乃至全球前列，培育了一批具有全球竞争力和知名度的骨干企业，如华为、比亚迪、中兴、康佳、创维、TCL、大疆等。在2020年全国电子信息百强企业中，深圳市入围21家，华为连续多年位居全国电子信息百强企业首位。深圳市中小型电子信息企业也充满活力，企业数量近年来年均增长20%，其中，贝特瑞成为全球最大的锂离子电池负极材料供应商，优必选、柔宇科技、奥比中光等成为高成长企业。

2020年，深圳市规模以上工业增加值增长2.0%，其中，计算机、通信和其他电子设备制造业增加值增长1.7%。全年战略性新兴产业增加值合计10272.72亿元，比上年增长3.1%，占地区生产总值的比重达37.1%。其中，新一代信息技术产业增加值为4893.45亿元，增长2.6%；数字经济产业增加值为1601.03亿元，下降0.2%。目前，深圳市加速集成电路产业布局，重点培育和发展集成电路、第三代半导体产业，并重点在坪山布局，力求产业集聚实现高质量发展，加速从“制造工厂”向“智造工厂”转型。

二、东莞市

东莞市是全国最重要的电子信息制造业基地之一，聚集了华为、

OPPO、vivo 等产业巨头，重点发展智能手机、消费电子、智能装备等领域。2020 年，东莞市高新技术企业总量超过 6400 家，仅次于北上广深，位居广东省第三，是我国所有二线城市之首。东莞市的高新技术产品主要集中于电子信息技术、生物技术、新材料技术、光机电一体化技术、新能源高效节能技术五大领域，其中电子信息技术领域占据半壁江山。

2020 年，东莞市规模以上工业增加值为 4145.65 亿元，比上年下降 1.1%。全年高技术制造业增加值比上年下降 3.4%，其中，电子及通信设备制造业下降 6.3%，计算机及办公设备制造业增长 13.9%。全年先进制造业增加值比上年下降 3.3%，其中，高端电子信息制造业下降 9.0%。

三、惠州市

惠州市是广东省乃至全国重要的电子信息产业基地，电子信息产业产值规模在全省排名第三，软件和信息技术服务业产值规模在全省排名第五。惠州市目前规模以上电子信息企业超过 500 家，形成了较为完整的移动通信、平板显示、汽车电子、LED 和新能源电池五大产业集群，液晶电视机、车载导航等产品的产量、市场份额位居全国乃至世界前列。惠州市提出打造万亿级电子信息产业集群的目标，利用粤港澳大湾区建设的有利机遇，发挥已有电子信息产业基础，依托三星、TCL、光弘科技、海格、长城开发、龙旗电子、伯恩光学、比亚迪电子、德赛电池等龙头企业，力争成为全国乃至全世界更加重要的电子信息制造业基地。

2020 年，惠州市规模以上工业增加值增长 1.1%，其中，电子行业增长 5%。全市高技术制造业增加值比上年增长 5.9%，占规模以上工业增加值的比重为 43.8%，比上年提高 2.1 个百分点。其中，电子及通信设备制造业增长 5.8%，计算机及办公设备制造业增长 2.2%。全市先进制造业增加值比上年增长 2.3%，占规模以上工业增加值的比重为 64.2%，比上年下降 2.7 个百分点。其中，高端电子信息制造业增长 4.8%。

第二十一章

环渤海地区电子信息产业发展状况

环渤海地区是指环绕着渤海全部及黄海部分沿岸地区所组成的广大经济区域，该地区电子信息产业基础雄厚，各种产业资源高效整合和交汇。环渤海地区成为继长三角地区和珠三角地区之后又一发展成绩瞩目的电子信息产业基地。

第一节　重点省市发展情况

一、北京市

2020 年，北京市电子信息制造业发展态势良好。北京市围绕 5G、半导体、新能源、车联网、区块链等领域，持续推动符合首都定位的“高精尖”产业重大项目落地，不断提升北京市电子信息产业发展质量效益，并强化关键核心技术攻关，推动底层技术和通用技术取得新突破。

一是大数据产业持续向好发展。在 2020 年工业和信息化部组织的大数据产业发展试点示范项目征集工作中，北京地区三大电信运营商以及北京嘀嘀无限科技发展有限公司、京东方科技集团股份有限公司、北京市政交通一卡通有限公司、医渡云（北京）技术有限公司等企业的 39 个项目入选，数量位列全国第一，涵盖工业大数据融合应用、民生大数据创新应用、大数据关键技术先导应用和大数据管理能力提升四个领域。

二是持续推动 5G 产业建设与发展。2020 年，北京市紧紧围绕首都城市战略定位，全力推进 5G 基础设施建设工作。2020 年，北京市累计开通 5G 基站 5.3 万个，建设数量在全国城市中名列前茅。其中，新建宏站 3 万个，北京联通和北京电信竞合共享站点 1.57 万个，室内分布系统有 0.73 万个，发展 5G 用户 820 万户。

三是北斗产业加速发展。北京市具备全国最完整的北斗产业链布局，规模以上企业约有 116 家，2020 年产业规模近 1000 亿元，并于 2020 年 8 月启动了北京市北斗产业创新基地作为北京市推动国家北斗创新应用综合示范区建设落地的首个特色基地。政策方面，北京市经济和信息化局于 2020 年发布了《北京市关于促进北斗技术创新和产业发展的实施方案（2020—2022 年）》，计划建成具有全球影响力的北斗产业创新中心。

二、天津市

天津市滨海新区依托先进制造业基础，优化产业结构，逐渐从“制造之城”走向“智造之城”。同时，滨海新区以人为本，将智能科技广泛应用在城市管理和市民服务中，完善政府治理，提供更优质的社会公共服务。滨海新区在坚持不懈的探索和创新中，正在大步迈向繁荣、宜居、智慧的现代化海滨城市。

2020 年前三季度，天津市电子信息产业累计完成产值超过 1380 亿元，同比增长 7.7%，增速居全市 11 个优势产业第二位，整个产业呈现快速发展的良好态势。2020 年以来，天津市电子信息产业新增长点不断涌现，集成电路行业异军突起，中芯国际、飞腾、唯捷创芯等企业产值均保持两位数以上增速，为电子信息产业发展增添了强劲动力与活力。从行业来看，服务器行业累计实现产值 600 亿元以上，同比增长 38%；汽车电子行业累计实现产值 130 亿元，同比增长 16%；消费类电子行业克服海外疫情影响企稳回暖，累计实现产值 260 亿元，降幅比 2020 年上半年收窄 3 个百分点。从产品类别来看，光电子器件产量增长 1.9 倍，医疗仪器设备及器械产量增长 1.5 倍，电子计算机产量增长 1.2 倍，电子元器件产量增长 39.7%。2020 年以来电子信息产业的投资拉动明显增强，三星电机陶瓷电容三期、中芯国际二期扩能、立联信通信器件等大项目顺利建设，整个产业固定资产投资增速达 46.9%，居全市各优势产业之首，其中新项目拉动全行业增长 60 亿元以上。

三、山东省

山东省是我国的电子信息产业大省。2020 年，山东省加快建设竞争力强、安全可控的信息技术产业体系，工业结构持续优化，新一代信息技术产业等新动能不断增强。产业发展推进工作集中在以下三个方面。

一是编制专项规划，引导产业布局。编制印发《山东省推进工业大数据发展的实施方案（2020—2022 年）》，促进工业数字化转型，推动工业大数据应用落地；印发《关于山东省数字基础设施建设的指导意见》，提出在 5G 网络、人工智能、工业互联网与物联网等领域尽快补齐短板，实现弯道跨越，推动高速铁路、机场、高速公路等交通枢纽，以及党政机关、企事业单位等相关公共设施向 5G 基站、管线、机房建设开放等。目前，山东省已经累计开通 5G 基站 5.1 万个，实现全省 16 市城区 5G 网络全覆盖。

二是抢抓行业热点，开拓新领域。2020 年，山东省深入推进“现代优势产业集群+人工智能”，培育轨道交通、动力装备、智能家电等先进制造业集群，推进新能源汽车、核电装备等提升发展，加快氢能及燃料电池、8K 超高清视频产业布局建设；推动成立了超高清视频产业联盟，加速超高清视频创新展示中心建设，积极培育“4+*N*”超高清视频产业发展生态。

三是大力发展工业互联网，建设运营好海尔、浪潮两个国家级“双跨”平台。编制完成《山东半岛工业互联网发展示范区建设规划（送审稿）》，研究起草《关于加快工业互联网发展若干措施的通知》，印发《关于开展工业互联网牵手行动的通知》等。

四、辽宁省

2020 年，辽宁省电子信息产业快速发展，特色电子产品产量位居全国前列，核心技术转化能力持续提升。辽宁省围绕电子信息领域的推进工作集中在以下两个方面。

一是围绕重点产业，推进推动创新要素集聚。制定《数字辽宁发展规划（1.0 版）》，建成 5G 基站 2.3 万座，重点培育 100 个“5G+工业互联网”示范工厂和园区。I 根镜像服务器落地辽宁，6 个工业互联网标识解析二级节点在铁岭、葫芦岛等地上线运行。加快发展高端装备制造、新材料等战略新兴产业，高技术制造业投资增长33.4%。大力实施“兴辽英才计划”，支持科技领军人才80名、创新创业团队36个。

二是编制专项规划，布局5G产业发展。出台《辽宁省工业互联网创新发展三年行动计划（2020—2022年）》，计划到2022年，全省创新体系不断完善，工业互联网、智能制造等创新发展能力显著增强，初步建成工业互联网基础设施和产业体系，建成5个左右行业级、区域级标识解析二级节点，培育15家省级工业互联网平台和3家国家级“双跨”平台，上云企业达到5万家，建设100家“5G+工业互联网”示范工厂。工业互联网支撑产业基础能力和产业链水平提升的作用明显增强，制造强省和网络强省建设取得重要进展。

第二节 重点园区发展情况

一、发展情况

中关村国家自主创新示范区、天津高新技术开发区和青岛高新技术产业开发区是环渤海地区的重点代表园区。

中关村国家自主创新示范区以创新引领高质量发展，经过20多年的建设，在人工智能、集成电路、大数据与信息安全、新材料、生物健康、智能交通、节能环保与新能源、智能制造、“智能+”等领域取得了丰硕成果。根据2020年1—11月规模以上企业统计数据，示范区实现总收入60482.5亿元，同比增长11.3%；示范区企业共申请专利97393件，同比增长11.7%，占同期全市企业专利申请量的57.9%，其中，发明专利申请量达58716件，同比增长10.7%，在示范区企业专利申请量中占比60.3%。同期，获得专利授权63165件，同比增长17.7%，占全市企业专利授权量的60.1%。截至2020年11月底，中关村示范区企业拥有有效发明专利 141112 件，占同期北京市企业有效发明专利量的67.5%。

天津高新技术开发区聚集产业链、生态链，全力打造信创产业高地。高新区已经聚集中环、曙光、奇虎360、腾讯等一批产业龙头企业，正在借助良好的产业优势打造“中国信创谷”。经过多年发展，高新区信创产业形成全链布局，已形成飞腾—麒麟—长城—曙光“PKGS 信创包”整体方案供给能力，构建起覆盖“芯片—操作系统—数据库—服务器”的国产化产品链条。高新区信创产业已覆盖了核心的元器件，产业的终端设备、操作系统，以及后端的应用，四大创新产业的关键节点，集聚了上下游创新创业企业 1000 多家，信创产业整体营业收入规模达到了 400 亿元。

青岛高新技术产业开发区坚持创新驱动、协同发展，带动产业转型升级。目前，高新区已打造起“小草葱郁、灌木茁壮、乔木参天”的双创生态系统。聚集起中关村、腾讯、华为、中兴、百度、微软（中国）等全国知名孵化平台，建成产业载体 35 个，投入使用孵化器面积约 230 万平方米，认定区级以上孵化载体 37 家，其中国家级孵化载体 17 家，全市最大孵化产业集群已在高新区形成。自主培育了高测科技、海大生物、悟牛智能、简码基因、中科英泰等一批科技创新企业，高新技术企业达到 302 家，入库科技型中小企业 301 家，引进孵化创新创业项目 2500 余个。

二、发展特点

“组合拳”推动电子信息产业创新。天津高新技术开发区以打造高端人才引领型特色载体为抓手，统筹科技创新工作建设，推动智能制造领域中小企业开展技术攻关，促进创新创业生态不断完善。目前，拥有专业化众创空间、科技企业孵化器等载体近 50 家（国家级 18 家）。高端人才引领格局初步显现，已累计引入高端人才 2500 余人。青岛高新技术产业开发区引进光电院、声学所等 6 家中科系院所，中科研发城、西南交通大学青岛轨道交通研究院投入运营，康复大学、山东大学国际产业园、青岛中以国际客厅、欧盟创新中心加快建设，多领域百花齐放的创新平台生态圈正在加速形成。

营商环境不断优化。中关村国家自主创新示范区发布《中关村国家自主创新示范区数字经济引领发展行动计划》，提出探索、试点落地一批创新政策，并与国家开发银行北京市分行和中关村融资担保公司共同签署《支持中关村示范区先进制造业高质量发展资金合作计划协议》，解决中关村先进制造业企业融资的堵点、难点和痛点问题。青岛高新技术产业开发区持续推进营商环境改革，建立起高效的行政运转体制和高素质的干部队伍，机构由22个精简为8个，压缩了64%，工作效能大幅提升。天津高新技术开发区紧紧围绕“办事方便、法治良好、成本竞争力强、生态宜居”的建设目标，深入贯彻落实国家和天津市的优化营商环境条例，全面深化“放管服”改革，不断推出改革创新举措，打造国际一流营商环境，并获得“2020中国经济营商环境十大创新示范区”称号。

第二十二章

福厦沿海地区电子信息产业发展状况

经过多年建设和发展，福厦沿海地区已经成为我国仅次于长三角、珠三角、京津冀地区的第四大电子信息制造业产业集群区域，在液晶电视、传感器、集成电路、计算机和网络通信、LED、锂电子电池等产业领域已经成为我国有影响力的产业集群区域。

第一节　整体发展情况

2020 年，福建省电子信息制造业稳步增长。从产值来看，电子信息制造业工业增加值累计增长 8.4%，销售产值累计增长 3.2%，出口交货值累计增长 12.1%，产销率达到 95.66%。从主要产品产量来看，福建省液晶电视产量增长速度较快，增长 68.5%，其次是传感器，增长 50.4%，此外集成电路增长 37.5%，锂离子电池增长 9.4%，电子计算机整机增长 6.1%等，与此同时也有一些产品产量出现下降，其中降幅较大是智能手机，下降 49.1%，其次是液晶显示模组，下降 25.8%，此外 LED 管下降 19.9%等。2020 年，福建省继续坚持创新发展，努力提升产业基础能力和产业链水平，最大限度地释放创新创业活力，取得了一定的成效。主要表现在以下四个方面。

一是集成电路产业加速发展。2020 年，福建省规模以上电子信息制造业基本保持平稳增长，液晶电视、传感器、集成电路、锂离子电池等重点产品产量增长较快。其中，集成电路产业成为福建省产业转型升级的主引擎，实现了由弱向强的历史性突破。目前，福建省着力构建全省“一带双核多园”的集成电路产业格局，聚力打造两岸协同合作的集成电路产业集聚区。福建省发展改革委数据显示，2020 年福建省政府投资 192 个数字经济产业项目，总投资 4425 亿元，其中包括多个集成电路领域相关项目，涵盖设计、制造、封装测试等环节，具体包括厦门联芯集成电路制造项目、晋江晋华集成电路存储器生产线建设项目、晋江矽品集成电路封装测试项目、厦门士兰 12 英寸特色工艺半导体芯片制造生产线建设项目，以及厦门士兰化合物半导体项目等多个大型项目。

二是区域发展特色逐渐成熟。福建省电子信息制造业共拥有厦门火炬高新区、融侨开发区、泉州丰泽区、福州经济技术开发区、云霄云陵开发区 5 个国家新型工业化产业示范基地。集成电路和光电产业、计算机和网络通信产业集群均保持两位数增长。厦门和福州是全省主要的电子信息制造业基地，也是全国重要的计算机和新型显示生产基地，其电子信息制造业产值占全省的 2/3。随着泉州芯谷、宁德锂电基地建设和配套进一步完善，区域特色逐渐成熟。

三是重大项目稳步实施。及时跟踪项目进展情况，主动靠前服务，将项目建设推进中的困难和问题，纳入省政府“一季一督查、一月一协调”内容，及时协调解决，推进一批在建项目加快投产、一批前期项目加快开工、一批对接项目尽快落地。

四是行业分析能力逐步加强。组织开展电子信息制造业的梳理，全面分析了重点细分行业发展现状、存在问题、发展趋势、产业布局和主要项目支撑情况，梳理出集成电路和光电产业集群、计算机和网络通信产业集群，明确产业发展重点和方向。

第二节　重点园区发展情况

一、发展情况

厦门国家火炬高新技术产业开发区（以下简称“厦门火炬高新区”）是福厦沿海地区的重点园区。近年来，厦门火炬高新区以发展数字经济为牵引，促进高技术制造业与软件信息服务业融合发展，为厦门市优化产业结构，加快产业转型升级步伐提供了经验模式。2020 年，厦门火炬高新区实现规模以上工业总产值 3011.6 亿元；实现工业增加值 757.5 亿元，同比增长 7.0%；收到全社会的固定资产投资 282.7 亿元，同比增长 16.8%，成为福建省首个企业数量上万家的开发区，成为厦门市发展数字经济的主力军[①]。

2020 年，面对疫情冲击，厦门火炬高新区克服困难，实现逆势增长。平板显示产业、计算机与通信设备产业、软件和信息服务业分别实现营收 1433.9 亿元、871.9 亿元、1361.7 亿元。电力电器、集成电路、LED、软件和信息服务业均实现了不同程度的增长[②]。目前，厦门火炬高新区正重点发展集成电路、平板显示、计算机与通信设备、大数据、人工智能、移动互联等八大产业，各产业领域均已形成较为完整的产业链，为高新区高技术产业发展提供了坚实的技术支撑。2020 年，厦门火炬高新区完成招商引资落地项目 1259 个，总投资 1769 亿元；落地高能级项目 25 个；实际利用外资 30 亿元，居全市前列。“三高”企业方面，2020 年，“三高”企业数达 937 家，较 2019 年新增 105 家，占全市的 36.6%，新储备“准三高”企业超 140 家。重点项目方面，厦门火炬高新区 18 个省重点项目（含同翔指挥部）完成投资 191.3 亿元，完成年度计划的 140.3%，在全市成绩晾晒中综合排名第一。创新平台方面，2020 年，厦门火炬高新区新增 4 家国家企业技术中心，占全省的 57.1%、全市的 100%；新增 17 家省级各类研发平台，同比增长 70%。

二、发展特点

2020 年，厦门火炬高新区乘风破浪、迎难而上，积极为企业减免租金，兑现扶持资金，保障供应链顺畅，助力复工复产，不仅实现量的增长，更有质的提升。

一是产业转型升级成效显著。新冠肺炎疫情期间，厦门火炬高新区

①《厦门火炬高新区 2020 年主要经济指标逆势增长，创新发展指数创历史新高》，台海网，2021 年 1 月 25 日。

②《厦门火炬高新区 2020 年交出亮丽成绩单，在全国综合排名第 16 位，较 2019 年又前进一位》，《厦门日报》2021 年 1 月 25 日。

六大主导产业逆势增长，展现强劲的韧性。其中，平板显示产业实现营收 1433.9 亿元，位居第一，其次是软件和信息服务业，营收 1361.7 亿元，计算机与通信设备产业营收 871.9 亿元，除此之外，电力电器、集成电路、LED 产业均实现了不同程度的增长。

二是政策和服务供给力度不断增强。2020 年，厦门火炬高新区出台“创新十九条”，全面激发企业创新活力。“创新十九条”将厦门火炬高新区前期的创新政策进行梳理整合，增加对企业开展科技攻关、开展创新创业活动及开展知识产权运营等方面的政策支持，构建形成更为完善的科技创新政策体系。

三是积极布局创新型平台。为推动主导产业的核心技术创新发展，厦门火炬高新区“两条腿走路”，一边大力支持企业研发创新，一边着力提升园区的研发创新能力，积极引进行业技术研究院、新型研发机构等创新资源。2020 年，厦门火炬高新区大力引入微软、IBM、中科院西光所、SAP 等创新中心；积极引进企业创新平台，如 TCL 显示技术研发中心等项目落地厦门火炬高新区。2020 年，厦门火炬高新区新增 4 家国家企业技术中心，占全省一半以上；新增 17 家省级各类研发平台，12 家市级研发平台。

四是孵化培育能力不断升级。厦门火炬高新区以打造专业化、国际化和对台特色的孵化器为重点，以国家双创示范基地、大中小企业融通型双创特色载体为抓手，从平台建设、资金支持、技术创新、交流活动等多个方面，促进孵化器、众创空间、台青基地的发展壮大。孵化器方面，2020 年，园区火炬石墨烯孵化器被评选为国家级科技企业孵化器，另新增市级孵化器 3 家。众创空间方面，2020 年，新增 5 家在国家备案的众创空间、市级专业众创空间 1 家，新认定火炬专业众创空间 2 家、火炬两岸众创空间 1 家，园区众创空间总数达到 21 家，占全市的 47.7%。

五是持续优化营商环境。一是为园区企业提供优质的法律、咨询、知识产权等方面的专业服务。通过吸引优质科技服务企业，严选服务事项，为园区企业发展提供必需的法律、咨询、知识产权等方面的专业服务。2020 年，厦门火炬高新区新增“火炬创新券”服务机构 39 家，可供企业选择的服务事项近 550 项，“火炬创新券”使用额同比增长 117%，合同数同比增长 68.2%。二是为园区企业提供专业的技术成果转移转化服务。2020 年，厦门火炬高新区促成技术转移转化项目共 210 个。三是多举措强化国家知识产权示范园区建设。2020 年，开展火炬高新区“人工智能产业智能感知领域专利导航”项目，新增 1 个国家专利奖、4 个福建省专利奖、21 个厦门市专利奖。四是创新政策服务方式，推行“免企业申报”政策兑现服务，实现政策支持无须企业申报，直接兑现政策红利。目前，已兑现 309 家企业，兑现资金 907 万元，其中，2020 年兑现 48 家企业，兑现金额 446.63 万元。“免企业申报”经验案例获福建省机关体制机制创新优秀案例二等奖。进一步简化企业行政许可、备案登记流程，审批服务事项通过“智慧火炬”平台或市级平台，百分百实现“最多跑一趟”。

第二十三章

中部地区电子信息产业发展状况

近年来，我国中部地区通过承接东部沿海地区产业转移和直接吸引投资，形成特色鲜明、差异化发展的电子信息产业，以湖北省为代表的中部地区产业规模增速明显高于全国平均水平，目前已拥有了雄厚的产业基础。2020 年，中部地区重点省市、重点园区坚持创新驱动发展，推动电子信息产业平稳较快发展。

第一节　重点省市发展情况

一、湖北省

作为国内较早确定电子信息产业发展方向的省份，湖北省立足省内企业、高校优势，以“一芯两带三区”战略布局，在“光芯屏端网”重点发展领域，优化产业生态，打造新一代信息技术产业企业集群，加快发展以新技术、新产业、新业态、新模式为核心的新经济。

2020 年，湖北省在新冠肺炎疫情过后，迅速恢复产能，高技术制造业增加值比上年增长 4.1%，光纤、锂离子电池、电子计算机整机、印制电路板产量分别增长 4.9%、2.9%、36.1%和 4.9%，减缓了疫情对电子信息产业的冲击。举办“2020 中国 5G+工业互联网大会”，打造 5G 产业金名片，促进产业链稳定发展，巩固湖北省 5G 和工业互联网产业优势。

湖北省发挥武汉国家中心城市、长江经济带核心城市的引领和辐射带动作用，连通宜昌、黄石与武汉的产业对接，促进省内协同发展。

二、河南省

2020 年，河南省电子信息制造业增速为 10%以上，获批国家大数据综合试验区和国家超级计算郑州中心，建设了首批 60 个省级大数据创新平台和 12 个大数据双创基地。

河南省以“1+4+*N*”产业体系为核心，建设世界级智能终端产业集群，培育智能传感器、汽车电子、新型显示、电子材料 4 个千亿级产业，打造若干个百亿级电子信息产业特色园区，电子信息产业向智能化、绿色化、服务化转型发展。

河南省依托区域优势，打造国际物流集散中心，利用大数据和 5G 技术，发展物联网产业。通过郑州、开封、洛阳国际互联网数据专用通道，显著提升自贸区企业国际互联网访问质量。建成了一批智能化仓储物流示范基地，培育了一批无车承运人试点企业。大力推进电子商务示范建设，认定了一批省级示范基地、示范企业，2020 年河南省电子商务交易规模突破 1.9 万亿元。

河南省以骨干企业为支撑，建立信息安全产业示范基地。构建国家移动智能终端公共安全技术基础服务平台，打造“芯片+终端+软件+服务”全产业链发展格局。

三、江西省

近年来，江西省积极承接长三角、珠三角等电子信息发达地区的产业转移，引育众多电子信息龙头企业和配套企业，打造以 LED 研发制造为代表的行业完整产业链，电子信息产业整体发展势头良好，增速高于全国平均水平。2020 年，江西省电子信息产业主营业务收入突破 5000 亿元，南昌市、吉安市的电子信息产业主营业务收入增速均超过 20%，产业呈现快速发展势头。

以京九铁路沿线为轴，江西省已建立国家级产业示范基地 2 家、省级电子信息产业基地 5 家。通过多点分布式格局，以“南昌光谷” 和“世界 VR 之都”为核心，以 LED、VR、移动智能终端产业为引领，促进区域和省内协同配套发展。

江西省立足本省高校，抓住已有硅衬底 LED 技术专利，引入华为、阿里巴巴、清华大学、北京航空航天大学等行业领军企业和科研院所，丰富技术平台，提升创新能力，为电子信息产业的创新发展奠定坚实基础。

第二节　重点园区发展情况

一、武汉东湖新技术开发区

武汉东湖新技术开发区（以下简称“东湖高新区”）2020 年 GDP 增长 5.1%，迈上 2000 亿元台阶，GDP 总量和增幅、工业投资总量和增幅、招商引资到位资金总额等 7 项指标均为武汉市第一。新冠肺炎疫情后快速恢复生产，举办中国首届 5G+工业互联网大会，完成工业投资 448.8 亿元，同比增长 32.3%；诞生全球首款 128 层三维闪存芯片、我国首个激光产品国际标准等一批重大创新成果。东湖高新区支持集成电路、基础软件、人工智能等“硬核科技”创新发展，加快构建“两强带动、两新融合、抢抓未来”的“221”产业体系，聚焦光芯屏端网、生命健康两大产业集群，深入推进强链、延链、补链，补齐核心设备、基础工艺、关键基础材料等领域短板，增强产业链供应链自主可控能力；聚力推进数字经济与新消费深度融合，大力发展 5G、人工智能、物联网等数字化产业，支持在线教育、在线医疗、在线文娱等数字消费服务新业态新模式加速发展，提升数字消费能级；制定支持量子科技、脑科学、区块链等未来产业的培育政策，抢占未来产业制高点；开展新一轮企业技术改造，加快促进制造业数字化、网络化、智能化高质量发展。

东湖高新区贯彻落实“一芯驱动”战略，建设国际化“创新光谷”、现代化“富强光谷”、生态化“美丽光谷”，全面推进“世界光谷”建设，打造具有全球影响力的创新创业中心。

聚力“一芯驱动”，加快推动产业高质量发展。围绕世界级“芯”产业集群，出台专项政策；着力发展 5G 芯片、全光网络、空天地宽带互联等新一代通信领域；推进华星光电 t4、天马 G6 二期、小米武汉总部等重大项目建设；推动光谷生物城创新园、国际生命健康园建设。

加强关键技术研发，争创综合性国家产业创新中心核心区。规划建设“光谷科技创新大走廊”核心承载区；加快建设“光谷科学岛”；获批建设武汉国家人工智能创新发展试验区核心集聚区、国家高校科技成果转移转化基地（国家高新区首家）、国家工业互联网新型工业化示范基地。

加快自贸区建设，创新与开放“双轮驱动”。贯彻落实国务院《关于支持自由贸易试验区深化改革创新若干措施的通知》，强化知识产权保护，实施高新技术企业培育计划，设立股权激励专项资金，推动创新创业创造高质量发展；打造创新和开放驱动发展先行区、先进制造业和现代服务业示范区、战略性新兴产业和高技术产业集聚区，以及中部地区对外开放新高地。

二、郑州航空港经济综合实验区（郑州新郑综合保税区）

郑州航空港经济综合实验区是我国目前唯一一个由国务院批准设立的航空经济先行区，重点打造航空物流业、高端制造业、现代服务业，是一个拥有航空、高铁、地铁、城铁、普铁、高速公路与快速路等多种交通方式的立体综合交通枢纽，是我国内陆首个人民币创新试点、三个引智试验区之一、国家首批区域性双创示范基地、河南体制机制创新示范区，被列为郑州国家中心城市建设的“引领”、河南“三区一群”国家战略首位、河南最大的开放品牌，以及带动河南融入全球经济循环的战略平台。

2020 年，郑州航空港经济综合实验区生产总值达到 1041 亿元，同比增长 7.8%；规模以上工业增加值达到 568 亿元，同比增长 10.8%。进出口总额突破 4000 亿元，达到 4447 亿元，占全省、全市的比重分别达到 67%、90%。跨境电商单量达到 1.39 亿单，货值 113.9 亿元，同比分别增长 91.72%、62.01%。郑州机场航空货运达到 63.94 万吨，同比增长 22.5%，增速排名全国大型机场首位；货运量全国排名第 6 位，其中国际货运达到 45.13 万吨，同比增长 47.91%，“空中丝绸之路”重要节点地位进一步提升。

三、南昌国家高新技术产业开发区

南昌国家高新技术产业开发区（以下简称“南昌高新区”）聚焦产业集群建设和产业链完善，重点发展半导体照明（LED）、智能终端、虚拟现实等产业。2020 年，南昌高新区园区总收入突破 5000 亿元大关，园区主营业务收入突破 3000 亿元；全区地区生产总值（GDP）达到 745.11 亿元，增长 5.5%。全区规模以上工业总产值为 1796.5 亿元，同比增长 12.8%；规模以上工业增加值增长 6.8%，位列全市第一。固定资产投资累计增长 9.3%，其中工业投资累计增长 15.1%。全社会消费品零售总额累计达到 206.3 亿元，同比增长 3.2%；建筑业总产值累计达到 357.9 亿元，同比增长 10.9%。财政总收入累计完成 114.27 亿元，同比增长 0.03%；地方一般公共预算收入达到 30.28 亿元，同比增长 3.48%。全年完成外贸出口 41 亿美元，约占全市出口总额的 44%。培育出欧菲、正邦、双胞胎、中烟、方大特钢、江铜集团、洪都、华勤、济民可信 9 家百亿企业。2020 年在全国 169 家国家级高新区综合排名中，上升至第 26 位，连续两年在全省开发区改革和创新发展综合评价中排名第一。

产业集群不断壮大。2020 年，南昌高新区电子信息产业营业收入达到 1005.75 亿元，同比增长 19.7%，首次突破千亿大关。移动智能终端产业承接了国内主要整机企业和 70 多家配套企业，绝大部分一级零部件可在区内实现配套，成为全国具有重要影响力的智能终端生产基地；LED 产业形成了从设备、材料、芯片、封装到应用的完整产业链，成为全国唯一掌握 LED 全产业链原创技术自主知识产权的开发区。航空制造产业营业收入达到 140.54 亿元，同比增长 24.8%。连续两年成功举办南昌飞行大会，C919 大飞机成功转场瑶湖机场试飞，商飞完工中心建成并实现 ARJ 飞机完工交付。目前，南昌高新区航空城已集聚 60 余家航空企业，初步形成了集整机零部件配套、通航服务为一体的产业链。南昌高新区数字经济产业以信息传输、软件和信息技术服务业为重点，全区数字产业相关企业近 1500 家，数字产业规模以上企业营业收入达到 61.2 亿元，同比增长 15%。医药健康产业营业收入达到 580 亿元，同比增长 24.3%。新材料产业营业收入达到 1082.50 亿元，同比增长 10%。

产业结构不断优化。2020 年，南昌高新区三次产业比重为 0.5 : 76.1 : 23.4，全区高新技术产业增加值占规模以上工业增加值的比重达 63.6%，战略性新兴产业增加值占规模以上工业增加值的比重达 64%。“工业强区、协调发展”格局持续显现，获批国家新型工业化产业示范基地。创新探索供应链招商模式，招大引强成效明显。2020 年，南昌高新区共签约重大项目 85 个，签约投资总额为 1024.34 亿元，同比增长 72.44%。

其中，“152”项目 10 个，包括 100 亿元工业项目 3 个、50 亿~100 亿元工业项目 3 个、20 亿~50 亿元工业项目 4 个。项目建设稳步有序。2020 年，南昌高新区全力推进 10 个省大中型项目、11 个市重点推进项目开工建设，开工率达 100%。

南昌高新区以科技引领产业驱动，深入实施创新驱动发展战略，搭建创新平台，引进中科院、北京大学、北京航空航天大学、浙江大学、天津大学、中山大学、华为等高校和高新企业建设创新研发平台。全区已拥有国家级创新平台 29 个，国家级产业基地 13 个，工程（技术）研究中心、技术中心、重点实验室等各类科研平台 370 余个。全区专利申请总量达 3 万余件，专利授权量达 2 万件，R&D 经费占 GDP 的比重达 5%。建成南昌国家大学科技城、南昌大学国家大学科技园等 30 余个创新载体；共有国家级科技企业孵化器 5 家、省级科技企业孵化器 7 家，国家级备案众创空间 6 家、省级备案众创空间 12 家。

第二十四章

西部地区电子信息产业发展状况

我国西部地区包括陕西省、四川省、云南省、贵州省、广西壮族自治区、甘肃省、青海省、宁夏回族自治区、西藏自治区、新疆维吾尔自治区、内蒙古自治区、重庆市 12 个省（自治区、直辖市）。西部地区是我国的资源富集区，矿产、土地、水等资源十分丰富，特别是天然气和煤炭，储量占全国的比重分别高达 87.6%和 39.4%。这是西部地区形成特色经济和优势产业的重要基础和有利条件。

第一节　重点省市发展情况

一、四川省

四川省是我国西部地区重要的电子信息产业基地，在新型显示、数字娱乐、集成电路设计、信息安全等产业领域具有独特优势。四川省重点发展新型显示产业。成都高新技术产业开发区聚集京东方、深天马、中光电、富士康、戴尔、联想、TCL 等新型显示产业龙头企业，基本覆盖上游原材料、中游显示面板、下游终端全产业链。依托绵阳高新技术产业开发区、四川绵阳经济技术开发区、成都高新技术产业开发区、四川乐山高新技术产业园区，四川省形成了“成都—绵阳—乐山”电子信息产业带，绵阳数字视听产品及配套产业集聚区，“成都—乐山”集成电路产业集聚区，“成都—绵阳”软件、网络及通信设备产业集聚区等特色产业集聚区。

2020 年，四川省规模以上电子信息制造业完成营业收入 6957.5 亿元，同比增长 28.1%，总量位居全国第四，在总量前四名中增速第一。2020 年，四川省规模以上计算机、通信和其他电子设备制造业增加值增长 17.9%，自 3 月以来持续保持两位数高速增长，高出全国 10.2 个百分点，高出全省规模以上工业增速 13.4 个百分点，累计贡献率达 34.8%，拉动规模以上工业增长 1.6 个百分点。集成电路方面，支持格罗方德等企业打造 FD-SOI 产业生态圈。新型平板显示方面，支持京东方、惠科、长虹等企业打造 OLED 产业生态圈；中国电子成都 8.6 代液晶面板生产线、京东方成都 6 代 AMOLED 生产线、京东方绵阳 6 代 AMOLED 生产线等一大批项目进展顺利。信息安全方面，支持中国电科、亚信、海康威视、奇虎 360 等企业的重大项目落地投产，打造国家级信息安全产业基地。智能终端方面，支持戴尔等企业打造智能终端产业生态圈，助力四川省形成智能终端产业大集聚区。战略新兴产业方面，四川省积极创建“国家级数字经济示范区”，已将 5G、人工智能、区块链、大数据、云计算、物联网、虚拟现实、增强现实等新兴产业作为发展重点。

二、重庆市

重庆市是全球最大的笔记本电脑生产基地、重要的手机生产基地。2020 年，重庆市电子信息产业从笔记本电脑基地向“芯屏器核网”智能终端的全产业链生态圈布局转变，形成了包含计算机整机及配套、集成电路、新型显示、汽车电子、智能家电、LED 及光伏、电子材料和新型元器件等在内的产业链体系。两江新区作为内陆首个国家级新区，已经搭建了“集成电路+新型显示”的电子信息产业集群。

重庆市围绕构建“芯屏器核网”产业生态圈，加大招商引资力度，吸引了大量优质项目落地。大陆集团重庆研发中心正式投入运营，这是大陆集团第一个中国西部研发中心，总投资 2.8 亿元，致力开发汽车电子产品，包括车身及动力总成的产品和解决方案。总投资 465 亿元的京东方重庆第 6 代柔性 AMOLED 生产线项目落地，有力地提升了重庆市在全球液晶面板及显示器产业领域的话语权。紫光集团在两江新区深度布局，紫光“智能安防+AI”、紫光存储芯片产业基地等项目相继落地。亚洲首家集 12 英寸芯片制造及封装测试于一体的功率半导体企业——重庆万国半导体科技有限公司已开始生产放量。

三、贵州省

贵州省以大数据为旗帜，推动电子信息产业发展。中国移动、中国联通、中国电信三大电信运营商都将它们的南方数据中心设在贵州，并建成了运行省互联网交换中心。在贵阳本地，三大电信运营商能够实现互联网间直连。目前，贵州省已成为中国电信的南方数据基地、集团网络骨干节点，也是中国移动五大数据基地之一和中国联通云计算一级节点。

贵州省全力建设贵州国家大数据综合试验区，重点打造大数据配套产品层和信息化融合产业体系，吸引了苹果、高通、微软、戴尔、惠普、英特尔、甲骨文等世界知名企业，以及阿里巴巴、华为、腾讯、百度、京东等全国著名领军企业进入贵州发展。2020 年，全省大数据电子信息产业收入达 1400 亿元。此外，贵州省还积极发展大数据智能终端，推动家用视听、汽车电子、健康电子、信息安全、智能手机、智能电视、智能家居云服务器、数据中心设备、云存储设备、桌面云终端等的研发与产业化。

第二节　重点园区发展情况

一、成都高新技术产业开发区

成都高新技术产业开发区（以下简称“成都高新区”），实行省市共建，行使市级管理权限，按“一区多园”体制运行，已建设了起步区工业园、新加坡工业园、火车南站加工贸易区、石羊工业园、海峡两岸科技产业开发园等多个园区。成都高新区聚焦于电子信息、生物医药工程、食品工业、新材料、光机电一体化、核技术应用等高新技术领域。

（一）园区发展特点

成都高新区经过多年发展，已形成了电子信息、生物医药工程、食品工业三大支柱产业，聚集了西门子光缆、倍特、成都电缆厂、恩威、鼎天、地奥制药、华西医大制药厂、国腾、旺旺食品等年产值超亿元的重点骨干企业。

（二）园区发展现状及趋势

电子信息产业作为成都高新区的三大支柱产业之一，总产值已迈过3000 亿元的台阶，实现更全面的资源配置成为接下来发展的关键。下一步，成都高新区电子信息局将着力完善电子信息产业功能区建设，从生产、生活等角度为企业提供更优质的政务服务。

二、重庆金凤电子信息产业园

重庆金凤电子信息产业园地处重庆市工业强区九龙坡区的金凤镇，位于重庆市西部新城核心区，是重庆市的笔记本电脑基地拓展区和核心配套区、消费电子产业基地、汽车电子产业基地。同时，重庆金凤电子信息产业园是重庆国家级高新区重点打造的笔记本电脑配套产业基地，是重庆市副中心之一西永组团的重要组成部分，已聚集形成电子信息、新材料、高技术服务、增材制造四大产业。

（一）园区发展特点

园区现有企业 280 家，2015 年已跨入百亿级工业园区行列，2020 年协议产值为 1852 亿元。现有墨希科技、中显智能、莱斯康、亮晶晶、台晶电子等 99 家企业投产，初步形成了碳产业、笔记本电脑关键零部件产业和高新技术产业等重要产业集群。

（二）园区发展现状及趋势

园区拥有重庆市最大的数码产品市场，覆盖了电子信息产业从研发、制造到销售、服务的完整产业链。目前，园区已聚集了前沿生物科技、赛诺生物药业等一批生物医药企业，以及格力空调、梅安森科技等一批先进制造业企业。园区现有 7 家科研院所，包括机械工业第三设计研究院、煤炭科学技术研究院等，建成了留学生创业园、二郎高科孵化园等一批科技孵化平台，为促进科技创新及成果转化提供强力支撑。

三、贵州新蒲经济开发区

贵州新蒲经济开发区位于遵义市城区东部，于 2012 年 8 月经贵州省政府批准成立。在国家政策层面及贵州省委、省政府实施的“黔中率先崛起、黔北加快跨越”区域发展战略的指引下，遵义市提出构建黔北经济区中心城市，贵州新浦经济开发区由此成立。其主要功能为整合中心城区周边资源、打造遵义大都市区、拉开城市发展框架、集聚城市发展力量、扩大城市辐射能力，是遵义市实现产业转型升级、三化同步的重要载体。

（一）园区发展特点

打造智能终端产业集聚区。贵州新浦经济开发区以电子信息、高端装备制造、新材料三大主导产业为发展重点，聚焦于电子信息基础设施服务平台建设，电子元器件及终端产品制造、技术研发。以大数据引领的智能终端产业为主导，重点发展手机整机、主板、集成电路、穿戴设备、大数据存储及应用等产业。贵州新蒲经济开发区围绕主导、寻找差异，紧跟市场、明确目标，抢抓长三角、珠三角产业转移机遇，紧紧围绕打造千亿级“西南智能终端产业制造之都”的发展目标，打造集智能终端研发、生产、销售、物流、金融等于一体的全产业链。

（二）园区发展现状及趋势

位于贵州新蒲经济开发区核心建设区域的贵州新蒲高科技产业园占地约 3000 亩，项目总投资 60 亿元。产业园致力打造“黔北智造园、低碳产业园”，坚持“以企业为主体、以市场为导向”的发展策略，是遵义市实现产业转型升级的重要载体，也是遵义市打造千亿级电子信息产业的重要支撑。贵州新蒲高科技产业园依托“1+6”大学城人才培育战略，集聚了众多研发创新资源，推进了科技成果研发及产业化。目前，产业园已建成黔北高新技术产业基地、研发创新基地和科研成果转化基地，为构建完善电子信息产业链提供技术储备。

企　业　篇

第二十五章

计算机行业重点企业

第一节　联想

一、总体发展情况

联想集团有限公司（以下简称“联想”）作为全球智能设备的领导厂商，每年为全球用户提供数以亿计的智能终端设备，包括计算机、智能手机等。作为企业数字化和智能化解决方案的全球顶级供应商，联想积极推动全行业“设备+云”和“基础设施+云”的发展，以及智能化解决方案的落地。联想下分智能设备业务集团（IDG，包含个人计算机与智能设备业务和移动业务）和数据中心业务集团（DCG），同时，为了契合“3S 战略”，在公司现有业务架构之外成立了三个新的业务部门：数据智能业务集团（DIBG）、云网融合事业部（CNBU）和商用物联网事业部（CIoT）。与此同时，联想通过联想创投集团（LCIG）识别和投资前瞻性科技，业务遍布 180 多个国家和地区。

二、企业发展战略

（一）市场情况

2016/2017 财年以来，联想营业收入稳健增长。随着新冠肺炎疫情防控形势的好转，2020/2021 财年前三季度，联想营收达到 451 亿美元，同比增长 12%；净利润达 9.2 亿美元，同比增长 48%。个人计算机及智能设备业务实现营收达 361 亿美元，与上财年同期基本持平；税前利润为 23.2 亿美元，同比增长 26%，利润率达 6.43%，处于历史最高水平。移动业务在 2020/2021 财年第三季度克服疫情影响，实现扭亏为盈。数据中心业务的亏损大幅收窄，税前亏损同比改善 1300 万美元。

（二）企业战略

联想在 2019 年首次提出了“3S 战略”及其体系架构（端、边、云、网、智），围绕智能物联网（Smart IoT）、智能基础架构（Smart Infrastructure）、行业智能（Smart Vertical）三个方面，做成行业智能化变革的引领者和赋能者。

智能物联网方面，联想智能终端设备布局全面。联想逐渐走出 PC 圈，业务从 PC 扩展到全线的智能产品，现拥有“五大智能物联设备与两大智能场景解决方案”，已形成包含硬件设备、平台、应用、解决方案在内的多样化智能物联组合。

智能基础架构方面，联想针对不同客户的需求提供不同的数据中心产品组合，构成数据中心业务四大引擎，满足各行业智能化计算需求：为传统企业的核心应用提供传统基础架构；为需要敏捷、弹性的客户提供软件定义基础架构；为公有云客户提供超大规模数据中心；为科学计算和 AI 增强智能应用提供高性能计算。

行业智能方面，联想具备全域智能化解决方案能力。联想可为私有云、公有云、混合云企业客户提供完整的硬件产品和解决方案，以及 IaaS、PaaS 和 SaaS 服务。目前，公司已经在汽车、3C、能源等多个行业，为上百家大企业的客户提供了智能化解决方案，帮助他们提质增效，实现更精确的业务洞察和决策。

第二节 浪潮

一、总体发展情况

浪潮集团有限公司（以下简称“浪潮”）是中国本土综合实力较强的大型 IT 企业之一，中国领先的云计算、大数据服务商，旗下拥有浪潮信息、浪潮软件、浪潮国际三家上市公司，业务涵盖云数据中心、云服务大数据、智慧城市、智慧企业四大产业群组，为全球120多个国家和地区提供IT产品和服务。目前，浪潮正向云计算、大数据、智慧城市运营服务商转型，打造“云+数+AI”新型互联网企业。

二、企业发展战略

（一）市场情况

目前，浪潮的业务已覆盖160多个省/市政府和100多万家企业，并为100多个地方政府提供政府数据运营服务；以智慧城市运营商的身份，为30多个城市提供智慧城市运营服务。据权威机构统计，浪潮云连续五年蝉联中国政务云市场占有率第一名。2021年3月，IDC发布的2020年度全球服务器市场报告显示，浪潮集团位居全球市场前三，出货量市场占有率为9.9%，保持主流厂商最快增速。同时，浪潮稳居中国市场第一，销售额市场占有率提升至35.6%，同比增长33.3%。根据IDC公布的2020年第四季度中国企业级存储市场跟踪报告，浪潮存储全年市场销量2.4万台，位居中国市场前二，同比增长96%，增速领跑中国市场。

（二）企业战略

2021年3月，浪潮提出全新战略定位：成为世界一流的新一代信息技术产业的龙头企业，经济社会数字化转型的优秀服务商，新型基础设施建设的骨干企业。

从全球来看，新一代信息技术产业作为战略性新兴产业，发展突飞猛进，技术产品迭代升级迅速，推动数字经济发展进入战略机遇期；从我国来看，经济社会数字化转型加快推进，国家“十四五”规划明确提出“加快数字化发展，建设数字中国”，人工智能、云计算、5G等新一代信息技术正在全面支撑数字中国建设。浪潮将把握全球信息技术发展趋势，抓住数字经济发展机遇，响应国家新基建号召。

浪潮将加大研发投入，研发投入强度将在2021年提升1.3个百分点以上，2022年提升2.0个百分点，并逐年提高。聚力建设科研平台，立足浪潮科学研究院等科研平台，锻长板、补短板，加强与高校、科研院所的合作，探索联合研发，实现以平台为基础，取得更高层次的科研成果。通过成立科研成果转化基金等，完善转化应用措施、体系，提升科研成果转化率，加强科研成果转化应用。加大科技创新激励力度，在强化奖励的同时，对研发投入不到位、研发平台不落地等情况进行负向考核。

第三节 曙光

一、总体发展情况

曙光信息产业股份有限公司（以下简称“曙光”）是中国信息产业领军企业，为中国及全球用户提供创新、高效、可靠的 IT 产品、解决方案及服务。曙光持续针对高端计算机、存储、云计算、大数据、自主软件等开展研发工作，掌握了大量高端计算机、存储和云计算领域的核心技术，在本领域实现国内领先并达到国际先进水平。

曙光在北京、天津、青岛、南京、武汉设有先进计算、云计算、大数据、AI、节能数据等的技术研发中心，就技术研发、应用创新、生态协同等方面展开深入研究。

在天津、盘锦建有国内领先的智能制造生产基地，集全球领先的制造工艺与智能技术为一体，打造自动化、智能化、柔性化的现代制造工厂。

在成都、包头、无锡、乌鲁木齐等 40 余座城市建设运营城市云中心，为各地政府提供信息化公共服务平台、智慧城市和工业互联网应用平台，支撑区域信息化建设与发展。

在太原、兰州、合肥、南京、徐州等城市建有先进计算中心，为区域科技创新、经济发展提供计算服务，构建涵盖技术研发、成果转化、生态孵化、人才培养等的产业生态。

二、企业发展战略

（一）市场情况

2020 年，曙光全年实现营收 101.61 亿元，同比增长 6.66%；归母净利润为 8.22 亿元，同比增长 38.53%，净利润高速增长。2020 年，曙光来自企业、政府、公共事业行业的收入占比分别为 51.4%、25.4%、23.2%，收入增速分别为 10.55%、-2.24%、8.91%，企业和公共事业行业市场增速可观。

2020 年，曙光高端计算机、存储产品、技术服务及其他产品收入分别为 80.48 亿元、10.02 亿元、11.09 亿元，分别同比增长 7.25%、4.17%、4.65%。高端计算机销量量为 24.36 万台，同比增长 14.99%，产量增速为 12.95%，曙光基于国产 CPU 开发了系列终端和服务器产品，全面适配国产软硬件体系，形成研产销国产平台产品运营体系。存储销量 1.53 万台，同比增长 4.73%，产量增速为 4.19%；针对区块链市场发布了 ChainStor 系列产品，成为 IPFS 公链应用项目 TOP5 客户的首选存储供应商。分布式文件产品在多个行业重点客户的部署规模超过百 PB，分布式文件、块产品双双入围运营商集采名单。此外，曙光仍不断投资整合上下游产业链资源，强化产业链的稳定性。

（二）企业战略

2020 年，在新冠肺炎疫情及实体清单等因素的影响下，曙光积极进行业务结构调整与拓展，突破核心技术成为公司战略核心。在被美国列入实体清单后，曙光基于国外芯片的服务器业务受到了较大影响，对此曙光调整战略重心，针对云计算、高端计算机、存储、网络安全、自主软件等领域进行较大规模的研发投入，以期形成完整的、安全的技术体系，改变上游受制于人的局面，大力推进和落实“数据中国”战略，以强大的数据运营和服务能力引领数据应用革命。从全年经营情况来看，诸多外部不利因素对曙光的影响正在消失，未来，曙光将在收入保持稳定增长的同时不断优化结构。

第二十六章

通信设备行业重点企业

第一节　华为

一、总体发展情况

2020 年，华为技术有限公司（以下简称“华为”）全球销售收入为 8914 亿元，同比增长 3.8%；净利润为 646 亿元，同比增长 3.2%；经营活动现金流为 352 亿元，同比下滑 61.5%。企业业务快速增长，运营商业务保持稳定，消费者业务增长放缓。企业业务收入 1003 亿元，同比增长 23%；运营商业务收入 3026 亿元，同比增长 0.2%；消费者业务收入 4829 亿元，同比增长 3.3%。华为在产品研发层面投入资金 1418.93 亿元，同比增长 7.8%。

按区域来看，中国区实现营收 5849 亿元，同比增长 15.4%，占集团营收的 65%以上；欧洲、中东、非洲地区实现营收 1808.49 亿元，同比下滑 12.2%；亚太地区实现营收 643.69 亿元，同比下滑 8.7%；美洲地区实现营收 396.38 亿元，同比下滑 24.5%。

二、企业发展战略

5G 启动网络建设复苏新周期。随着 5G 大规模部署，人工智能、IoT、云计算等技术日趋重要，电子信息产业作为全球数字经济和智能世界的基石，将迎来历史性发展机遇。华为聚焦典型商业场景，致力于以创新技术和解决方案，推动运营商持续增长和数字化转型。

构建产业数字化转型生态圈。华为广泛聚合产业伙伴，提出支持伙伴盈利、简化政策、提升伙伴能力、构建生态伙伴圈四大举措，帮助客户实现更高的追求，构建开放、合作和共赢的多元生态系统。华为致力打通千行百业数字化转型的“高速路”，与客户、伙伴共创行业新价值。截至 2020 年底，全球共有 700 多个城市、253 家世界 500 强企业选择华为作为数字化转型的合作伙伴。

在创新迭代过程中推动国产自控。华为以“消费者业务的起点和终点都是最终消费者”为核心理念，积极推进国产自控技术的研发，重视自身产品的用户体验感，通过技术创新迭代和供应链效率提升增强产品性能，产品市场份额逐步提升。

开放合作云生态，构建鲲鹏系列生态体系。华为发挥云、AI 和联接的协同优势，提供稳定可靠、安全可信、可持续发展的公有云服务和混合云解决方案。华为已上线 220 多个云服务、210 多个解决方案，在全球累计获得 80 多个权威安全认证，发展超过 19000 个合作伙伴，汇聚 160 万名开发者，云市场上架应用超过 4000 个。

第二节　中兴通讯

一、总体发展情况

2020 年，中兴通讯股份有限公司（以下简称“中兴通讯”）实现营业收入 1014.5 亿元，同比增长 11.8%。其中，运营商网络同比增长 11.2%，至 740.2 亿元；政企业务同比增长 23.1%，至 112.7 亿元；消费者业务同比增长 7.8%，至 161.6 亿元。实现净利润 42.6 亿元，同比减少 17.3%。2020 年，中兴通讯国内市场营业收入同比增长 16.9%，至 680.5 亿元；国际市场营业收入同比增长 2.7%，至 334.0 亿元。2020 年，中兴通讯研发投入达 148.0 亿元，同比增长 17.9%，占营业收入的 14.6%，较 2019 年增加 0.8 个百分点。

二、企业发展战略

积极参与全球 5G 建设，5G 无线、5G 核心网、5G 承载产品在国内运营商市场份额均超过 30%。中兴通讯 5G 基站 2020 年的发货量排名全球第二，光网络 2020 年的运营商市场份额排名全球第二。视频系统用户总容量超 1.5 亿，市场份额持续提升。全系列 5G 电源已为全球 20 多万个 5G 站点提供供电保障。

聚焦能源、交通、政务、金融、工业等领域，依托“精准云网”和“赋能平台”，积极布局新基建、5G 行业应用及企业数字化转型升级，整体业务增长明显。数据中心、通用服务器存储产品、企业网络、视频会议、分布式数据库等核心产品方案在政企市场得到广泛应用。

持续强化与全球 30 多家运营商的 5G 终端合作，整合中兴、努比亚、红魔三大品牌资源，持续在国际市场稳步发展；全面发力中国 To C 市场，打造出有辨识度的科技、品质、年轻化的中兴手机全新形象。家庭信息终端和融合创新终端在行业内长期保持全球领先地位，2020 年第四季度 PON ONT 的发货量位居全球第一。新一代 5G 路由器已在全球 30 多个国家和地区上市。

第三节　爱立信

一、总体发展情况

2020 年，爱立信全年实现营收 2324 亿瑞典克朗，同比增长 2%；运营利润为 278 亿瑞典克朗，上年同期为 106 亿瑞典克朗；净利润为 176 亿瑞典克朗，上年同期为 18 亿瑞典克朗；并购前的自由现金流为 223 亿瑞典克朗，上年同期为 76 亿瑞典克朗；净现金为 419 亿瑞典克朗，上年同期为 345 亿瑞典克朗。受东北亚、欧洲和北美销售情况的推动，爱立信已在全球累计签署 127 份 5G 商业合同，拥有 79 个商用现网，提前两年达到集团设定的 2022 年目标区间，所有业务部门的毛利率都有所提高，全年净利润同比翻八番。

二、企业发展战略

积极探索 5G 可使用频率资源。2020 年，爱立信在动态频谱共享、载波聚合、毫米波与 700MHz 方面的技术产品实现商业化落地，同时与运营商及终端、芯片厂商广泛紧密协同，在充分利用既有频谱的基础上，进一步探索高、中、低多频段，挖掘频谱资源潜力。截至2020年底，全球已有8个700MHz 5G网络投入商用，其中5个使用爱立信的设备。

不断加大在华技术研发投入。爱立信与中国三大运营商进行合作并获取了5G无线网相关合同，是中国三大运营商在5G时代的唯一外企设备商。目前，爱立信在中国的员工总数超过了13000名，其中6000多名工程师在研发领域工作。爱立信每年在中国的研发投入均超过30亿元，大部分研发活动都与5G有关，同时爱立信在中国设立了制造厂和服务中心。

第四节　诺基亚

一、总体发展情况

2020年第四季度，诺基亚净销售额为65.68亿欧元，同比下降5%；净亏损26.08亿欧元，上年同期获得净利润5.63亿欧元。2020年第四季度，网络部门销售额为50.4亿欧元，同比下降7%；软件部门销售额为8.64亿欧元，同比下降1%；技术部门销售额为3.82亿欧元，同比增长2%；其他部门销售额为2.92亿欧元，同比增长26%。2020年全年，诺基亚净销售额为218.67亿欧元，同比下降6%；净亏损24.21亿欧元，2019年净利润为1800万欧元。

二、企业发展战略

赋能行业数字化转型。在智能制造领域，基于三横两纵能力体系，聚焦四大场景打造智能制造解决方案，服务客户包括东方电气、三一重工、深圳能源、RFS、中国一汽等。在智慧社区领域，通过建立智慧平台，将监控设备和传感器设备集成，通过提供整体的解决方案方便相关人员进行日常管理，提高效率。在智慧教育领域，以数字校园和平台为基础，打通不同业务系统，有效推动“互联网+教育”的新模式形成，此外，融合云计算、物联网、人工智能和机器学习等多项先进技术，推出全千兆-慧教育解决方案和诺笔有声-云课堂方案。

完成移动网络转型。诺基亚开启 4G/5G 高效转型新路径，推出基于软件升级的解决方案，使 4G/LTE 无线单元无缝迁移至 5G/NR。诺基亚的 Flexi 和 AirScale 产品组合可通过提供软件升级将 500 万个 4G 无线单元转换为 5G，简化 5G/NR FDD 的部署，避免高成本、高破坏性的基站改造。

第二十七章

消费电子设备行业重点企业

第一节　创维数字

一、总体发展情况

创维数字股份有限公司（以下简称“创维数字”）成立于 2002 年，是国内较早从事数字电视智能机顶盒终端研究、开发、设计、制造及销售的国家高新技术企业。基于格兰研究等数据，创维数字在国内广电运营商市场占有率、国内 OTT 智能终端市场销量、国内有线 4K 机顶盒销量、国内三大通信运营商 IPTV+OTT 销量、企业海外出口销量方面，整体居于行业领先地位。创维数字推行研发、生产、供应链、营销的国际化战略，数字机顶盒、融合终端和宽带网络通信连接产品行销全球，是国内数字智能机顶盒行业的龙头企业，整体规模居于全球机顶盒行业的前列，在国内外行业市场均具有竞争力、影响力。

创维数字的主营业务为数字智能终端、宽带连接设备及相关软件系统与平台的研发、生产、销售和服务，主要面向国内通信运营商和广电运营商、海外电信与综合运营商以及零售渠道市场，提供的产品涵盖智能终端（4K 智能机顶盒、融合终端、VR 终端、IP 摄像头等），用于宽带网络通信连接的 PON、Wi-Fi 路由器、CableModem、CPE 等产品，用于专业显示的中小尺寸显示模组、LED 显示器件、车载显示触控系统、车载数字液晶仪表等，运营服务业务则包括智慧园区业务、智慧教育业务、B2B 售后增值服务等。创维数字基于电信网、广电网、互联网，联合国内外电信或综合运营商、内容商、应用商、渠道商等战略伙伴，围绕“平台+内容+终端+应用”打造智能生态链。

2020 年，创维数字实现营业收入 850780.68 万元，同比减少 4.43%；实现归母净利润 38369.51 万元，同比减少 38.73%，毛利率为 18.19%，经营活动现金流量净额为 24.46 亿元。

二、企业发展战略

2021 年，创维数字制定以下两大发展战略。

（一）内生性增长与深耕服务平台

创维数字基于智能系统技术、平台与应用，向智能系统技术方案提供商、智能工程业务系统集成商、用户运营服务商转型。创维数字已经布局并形成一定优势的产业，将主要围绕新一代数字智能融合终端、宽带设备、专业显示，以及与上述业务关联的运营与服务四大产业板块细分展开。

数字智能盒子、智能网关、智能融合信息等终端系统业务，在实现国内增量销售的同时，提升国际本地化研发、供应链及制造实力，未来进一步扩大规模，提升经营质量与效率，规划发展成为全球更具有竞争力、影响力的第一品牌，并延伸至超高清录播、智能家居、智慧家庭、智能会议等生态体系。

ONU、10G PON、Wi-Fi 6、4G/5G CPE 等宽带网络通信连接设备系统业务，借助全球 IP 化及中国宽带网络迈入“三千兆”时代、5G 技术及大规模的商用，未来将加大技术投入、科技研发及生态合作伙伴突破，提高市场覆盖率，扩大市场规模，提升市场占有率，规划成为公司业务增长的“第二支柱”业务。

中小尺寸显示模组、虚拟现实、增强现实、汽车车载显示系统、数字液晶仪表、拼接显示、商业显示等专业显示业务，基于超高清视频产业、5G 应用、智能交通等的大力发展，规划发展成为公司未来业绩持续增长及相关产业重点布局的业务板块。

基于互联网 IPv6 部署、国家大数据战略、物联网应用，以及智慧园区、智慧城市等的发展，推进服务系统业务的进一步发展。基于创维数字智慧园区、智慧城市等运营系统，以及云平台、大数据与“互联网+”技术，拓展多系列、多生态、涉及海外国际化市场的增值服务。

（二）外延式扩张与丰富生态链

创维数字把握新应用、新产品、新模式、新技术、新基建的新动能机遇，进一步丰富公司的产业生态链，基于有效、务实、转型与创新，采取投资、并购、战略联盟及跨界合作等方式，在产业布局上实施外延式发展扩张，具体规划以下领域：

宽带通信网络设备，汽车电子产业链，以及基于人工智能，融合深度学习、智能信息处理、人机交互、增强现实等技术的智能硬件、信息检索与信息服务，智能应用技术相关的服务机器人、汽车控制器、自动及无人驾驶等；

在C端有影响力的智能摄像、存储、能源管理、健康管理、照明应用、传感等智能家居硬件系统及个人可穿戴设备；

第三方内容及应用领域，扩充云平台生态，提供第三方应用与服务，具体方向有：8K VR/AR内容、5G+VR直播服务、与运营商合作的云游戏业务、教育与健康服务等。

第二节　海康威视

一、总体发展情况

杭州海康威视数字技术股份有限公司（以下简称“海康威视”）聚焦于智能物联网、大数据服务和智慧业务，提供软硬融合、云边融合的智能物联网产品及服务，提供物信融合、数智融合的大数据平台产品及服务，拓展智能家居、移动机器人与机器视觉、汽车电子、智慧存储、红外热成像、智慧消防、智慧安检、智慧医疗等创新业务。2020年，海康威视实现营收635亿元，公司研发投入63.79亿元，占公司销售额的比例为10.04%，研发投入强度进一步提高，研发和技术服务人员超过2万人。

近年来，海康威视持续加强以视频为核心的智能物联网解决方案和大数据服务能力，推动行业应用走向深化，于 2018 年启动业务架构重组，将国内业务分为公共服务事业群（PBG）、企事业事业群（EBG）、中小企业事业群（SMBG）三个业务群。

海康威视从视频采集起步发展至今，跟随业务拓展不断探索全光谱感知能力，将信息感知方式从可见光扩展到远红外、X 光、毫米波等领域，并不断探索声、温、湿、压、磁等感知手段，磨砺迭代信号处理、传输显示等一系列硬件设备，也将产品应用场景从安防与智能物联网扩展到工业自动化、汽车辅助驾驶、消防、安检等更多场景之中，每年销售的硬件设备产品型号已达 2.7 万种。

当前，海康威视已在国内构建 32 家省级营销中心，下设 300 多家城市分公司和办事处，在海外设立了 66 个分支机构，为全球 155 个国家和地区提供产品和服务，营销与服务网络覆盖市场各个角落。受新冠肺炎疫情影响，海康威视加快数字化营销节奏，升级全数字化销售管理流程，健全产品与服务全流程管控体系，提升研发、制造、销售、服务的综合管理能力。

根据海康威视年报，2020 年，公司实现营业总收入 635.03 亿元，比上年同期增长 10.14%；实现归属于上市公司股东的净利润 133.86 亿元，比上年同期增长 7.82%。公司 2020 年整体毛利率为 46.53%，与上年同期相比提高 0.54 个百分点。

二、企业发展战略

（一）坚持核心经营理念，持续磨砺管理体系

海康威视所面对的业务不断发展变化，公司的资源组织方式与管理方法也随之更新。在业务方向制定上，海康威视已形成完整的战略规划方法，定期滚动刷新，统一认识，各业务职能部门上下拉通、左右对齐，确保目标明确、分解到位。在流程管理上，海康威视以客户为中心做流程化管理，每年推动 100 余个流程管理变革项目，不断优化资源布局，捋顺协同方法；将 IT 系统延伸到业务开展的方方面面，有效提供服务，提升业务效率；用大数据手段来进行财务风险的识别和管控，建设数字化、全协同的质量管理体系，完善内部运作风控机制，加大内部反腐败

和廉洁建设的力度，尊重和保护知识产权。

（二）牵引供应链体系应对变化，柔性布局生产资源

海康威视与全球超过 1000 家供应商手合作，共同开发打磨硬件底层技术平台。针对近两年来政治形势和新冠肺炎疫情带来的供应链不确定性，海康威视保持原材料高水位，以冗余库存应对外界环境变化。海康威视在杭州桐庐、杭州滨江、重庆建立国内制造基地，持续推进武汉制造基地建设和桐庐、重庆基地的扩产计划，并在印度、巴西、英国建立海外工厂，支持全球产品供应。海康威视凭借 180 多条 SMT 生产线、40 多条自动化组装线，构建业内领先的自动化生产能力，打造敏捷、柔性、协同的制造体系，满足多品种、小批量、大规模定制的生产模式。

（三）长期坚持“以人为本、共同成长”，汇聚全球人才

为发掘培养人才，合理评价人才，海康威视建立了管理与专业双序列的职业发展通道，打造任职资格评价体系和人才评鉴体系，实施多级培训机制，为公司中坚力量的巩固升级、后备力量的储备发展持续投入资源。海康威视不断完善绩效考核机制，将人才聘用、职务升降、培养发展、薪酬待遇相结合，充分调动员工积极性和创造性。由薪酬福利、股权激励、创新业务跟投构成的员工综合回报体系已经形成，面向长期奋斗者而设计的股权激励、创新业务跟投机制一方面驱动着业务快速发展，另一方面也为参与跟投的广大员工创造着长期回报，将业务长远发展与人才持续成长协调一致。

第三节　大华

一、总体发展情况

浙江大华技术股份有限公司（以下简称“大华”）是全球领先的以视频为核心的智慧物联解决方案提供商和运营服务商，以技术创新为基础，提供端到端的视频监控解决方案、系统及服务，为城市运营、企业管理、个人消费者生活创造价值。2020 年，大华研发投入 29.98 亿元，

同比增长 7.28%，占营业收入的 11.33%。除了对传统的视频技术保持投入，大华还持续加强对多维感知、人工智能、云计算和大数据、软件平台、机器视觉和机器人、5G、网络安全等技术领域的研究、开发和产品化，以客户需求为导向持续创新。2020 年，大华研发人员达 8998 人，占比为 52.16%。

2020 年，全球经济受新冠肺炎疫情影响，主要经济体增长速度普遍放缓，投资增速总体低迷。但随着人工智能、物联网、云计算、大数据等技术的发展和应用，以及视频技术的不断迭代更新，智能化产品与解决方案价值快速提升，视频能力已经深入各行各业的业务应用中，以视频为核心的智慧物联领域的市场空间进一步扩大。大华在 2020 年实现营业收入 264.66 亿元，比上年同期增长 1.21%；实现归属于上市公司股东的净利润 39.03 亿元，比上年同期增长 22.42%，实现稳健增长。

二、企业发展战略

2020 年，新冠肺炎疫情蔓延对全球经济社会及数字经济、智慧物联产业发展产生了广泛而深远的影响，数字化转型升级加速，业务复杂度与差异化快速提升。

在此背景下，大华坚定并深化以视频为核心的智慧物联解决方案提供商和运营服务商定位，依托“一体系、两平台”架构，夯实适应全行业数字化转型业务特点和发展需求的数字底座与数据中台能力，加快建立敏捷、高效、可复用的业务开发模式。

“一体系”是指面向数字化转型，构建“从基础物联感知、端边智能协同与集成、数据智能处理到全链路信息安全保护”的一体化技术支撑体系。全面建设统一、海量、开放的物联接入体系，建立从“软硬一体”到“软硬解耦”的智能算法生态，帮助客户建立“从线上感知到线上线下数据融合”“从单维数据、特征感知到场景综合态势研判”的灵活、先进感知能力。

大华持续深化“视图智能引擎”与“数据智能引擎”升级迭代，驱动云边端算法、算力、数据、任务协同与和谐分布，实现数字资源的最大化利用。强化行业基础共性能力集的建设与复用，为用户提供统一的数据管理、治理与应用决策服务，实现数据价值的最大化挖掘，推动产业从数智融合的“感知智能”向“认知智能”升迁。

“两平台”是指在业务复杂度大幅提升的情况下，全面贯彻统一软件底座和模块复用的建设思路，构建面向城市与企业的组件化、模块化的应用平台，提升解决方案综合服务敏捷度与用户体验，全面释放物联数据应用能力。软件框架全面解耦，实现子系统模块化可插拔与积木化组装，提升平台的可维护性与可扩展性，提升服务响应的敏捷性。基于对业务理解，大华持续沉淀共性价值业务，实现行业范式应用的产品化与可复用，构建面向城市、企业业务的应用软件平台。

第二十八章

集成电路行业重点企业

第一节　中芯国际

中芯国际集成电路制造有限公司（以下简称“中芯国际”）成立于2000年，目前是中国大陆地区规模最大、技术水平最先进、配套设施最完善的集成电路制造企业，是全球排名第四的晶圆代工企业，代工业务涵盖0.35μm到14nm制程。中芯国际总部位于上海，现有超过1万名员工。2017年10月，赵海军和梁孟松共同出任中芯国际首席执行官兼执行董事，专注于先进制程的研发。2018年，中芯国际14nm工艺研发成功并于2019年实现量产，先进制程的研发突破将持续提升中芯国际在集成电路代工领域的国际竞争力。2020年，蒋尚义加入中芯国际推动先进封装技术发展。

2020年，中芯国际积极应对新冠肺炎疫情带来的不利影响，受益于消费电子、信息通信等行业需求强劲，芯片用量上涨，晶圆代工行业产能整体紧张，成熟制程需求旺盛，公司全年营收实现增长。上市公司全年营业收入为274.71亿元，同比增长24.8%；净利润为43.32亿元，同比增长141.5%；扣非后净利润为16.97亿元，上年同期扣非后净利润为-5.22亿元，成功扭亏为盈。2020年，中芯国际资本开支为57亿美元，主要用于拥有实际控制权的上海300mm晶圆厂、控股的北京300mm晶圆厂及天津200mm晶圆厂的产能扩充。

其中来自90nm及以下制程的晶圆代工业务营收的比例在2020年

为 58.1%，而 2019 年则为 50.6%。其中，55/65nm 技术的收入贡献比例由 2019 年的 27.3%增加至 2020 年的 30.5%。28nm 及以下技术的收入贡献比例由 2019 年的 4.3%增加至 2020 年的 9.2%。2020 年，中芯国际各工艺中第一大营收主要来自 150/180nm 工艺，占比 32.5%，较 2019 年的 38.5%下降 15%。

从技术水平看，中芯国际 14nm 工艺技术的良品率为 95%。中芯国际与阿斯麦签订了 12 亿美元的 DUV 光刻机协议，为 7nm 工艺风险试产做准备，其下一代 *N*+1 工艺（类似 7nm 工艺）和 14nm 工艺相比，性能方面有了 20%的提升，功耗降低了 57%，逻辑面积缩小了 63%。

第二节　华虹半导体

1995 年，国务院正式启动国家项目“909 工程”：投资 100 亿元，建设一条 8 英寸晶圆、从 0.5μm 工艺技术起步的集成电路生产线。上海华虹（集团）有限公司（以下简称“华虹集团”）作为“909 工程”的主体承担单位，与日本电气公司（NEC）合资成立华虹 NEC 公司，注册资金 7 亿美元，中方出资 5 亿美元，日方出资 2 亿美元。1999 年 2 月，华虹 NEC 依靠日本电气公司给的存储器订单，实现投产即盈利，2000 年取得 30 亿元的销售额、5.16 亿元的利润。2004 年，华虹 NEC 退出 DRAM 领域，转型代工企业。2009 年 3 月，华虹集团完成战略重组，成为上海国资控股企业，主业聚焦集成电路制造。2011 年 12 月，华虹集团旗下两家子公司华虹 NEC 与宏力半导体启动合并；2013 年 10 月，重组成为华虹半导体。2016 年 11 月，“909 工程”二次升级改造——华虹集团华力二期 12 英寸生产线项目（华虹六厂）正式启动。

2020 年，华虹半导体全年总营收为 9.61 亿美元，较 2019 年增长 3%，其中，上海三座 8 英寸厂的总营收达 9 亿美元；无锡 12 英寸厂营收超过 6000 万美元。华虹半导体在 2020 年第四季度财报中，公布第四季度 0.11/0.13μm、90/95nm、55/65nm 工艺的营收合计占比为 39.3%，预计 2021 年第一季度将突破 40%。

2020年，华虹半导体约当8英寸晶圆总产能为250万片，较2019年的218万片增加32万片；2020年付运量为219万片，较2019年的197万片增加22万片；2020年总体产能利用率约为93%，较2019年的总体产能利用率增加约1个百分点。

第三节　北方华创

北方华创科技集团股份有限公司（以下简称“北方华创”）由七星华创和北方微电战略重组而来，重点发展刻蚀设备（Etch）、物理气相沉积设备（PVD）和化学气相沉积设备（CVD）三大类设备，广泛应用于集成电路制造、先进封装、半导体照明（LED）、微机电系统（MEMS）等领域。

在集成电路领域，北方华创自主研发的14nm等离子硅刻蚀机、单片退火系统、LPCVD已成功进入集成电路主流代工厂；28nm Hardmask PVD、Al-Pad PVD设备已率先进入国际供应链体系；12英寸清洗机累计流片量已突破60万片大关。

在先进封装领域，PVD设备已在全球主要先进封装企业中得到了广泛应用。先进封装PVD机台性能优越，在全球CIS封装企业中名列前茅；TSV刻蚀设备在中国大陆地区的市场占有率较高；Bumping制程的Descum设备得到市场的积极关注。

在LED领域，ELEDE系列刻蚀机销售量已经超过200余台，其中氮化镓刻蚀机在2014—2016年连续三年新增市场占有率、出货量大幅提升；PSS刻蚀机一直是全球主流PSS厂家的主要机台；自主开发的AlN缓冲层溅射设备，引领了全球LED行业技术发展趋势，2016年实现AlN　Sputter的全球市场占有率大幅提升，面向LED芯片制造的EPEE550系列PECVD保持市场占有率80%以上。

在MEMS及新兴市场，深硅刻蚀设备已批量销往多家科研机构及生产线，客户安装量超过100台以上。

在光伏制造领域，高效光伏电池生产的负压扩散炉已成为市场主流产品；晶硅电池线的在线湿法刻蚀机、槽式单晶制绒机、卧式扩散炉、PECVD等设备均已实现了进口替代。

在平板显示领域，北方华创是国内 TFT-LCD 生产线的骨干设备供应商，产品横跨 G5 至 G10.5 世代 TFT-LCD 生产线及 OLED 生产线；CELL 段 ODF 工艺的紫外固化炉及 Cutting 工艺的研磨清洗机等设备市场份额较高。

第二十九章

新型显示行业重点企业

第一节　京东方

一、企业总体发展情况

京东方科技集团股份有限公司（以下简称“京东方”）是一家为信息交互和人类健康提供智慧端口产品和专业服务的物联网公司。经过多年创新发展，京东方营收于 2019 年首次突破千亿元，成为半导体显示领域的全球领先企业。

经过近 28 年的发展，京东方已成为全球半导体显示领域龙头企业，显示屏幕总出货量稳居全球第一，其中五大主流应用及多个创新应用市场占有率引领全球。2020 年，京东方积极参与显示产业整合重组，成功完成产线并购，进一步扩大规模优势，实现市场、技术、区域三方卡位，行业龙头地位进一步巩固。同时，为进一步推进物联网转型发展，京东方启用了全新的发展平台——智慧系统创新中心，将其作为推动物联网转型发展的关键抓手和重要引擎。

2020 年，在新冠肺炎疫情席卷全球，对全球经济造成巨大冲击的大环境下，京东方坚持创新驱动，显示事业显示器件销售逆势增长，全年显示器件销量同比增长 18%，LCD 智能手机、平板电脑、笔记本电脑、显示器、电视五大主流产品显示屏出货量和销售面积市场占有率稳居全球第一；创新应用产品销量同比增长超 60%，销售面积同比增长超 70%，其中穿戴、ESL、电子标牌、拼接、IoT 金融应用市场占有率居全球第一；柔性 OLED 产品出货实现突破，全年出货量同比增长超100%。整机 3C 产品 65 英寸以上销量同比增长超 15%，TV 整机中国区销量同比增长超 145%；完成中电熊猫南京 8.5 代和成都 8.6 代液晶生产线收购，进一步丰富产品种类及产能优势。

2020 年，京东方全年实现营收约 1355.53 亿元，同比增长约 16.80%，同时实现归属于上市公司股东的净利润约 50.36 亿元，同比增长约162.46%。半导体显示领域龙头地位进一步稳固，报告期内实现营收约1319.71 亿元，同比增长约 16.03%，显示器件市场地位稳步提升，整体销量同比增长 18%，智能手机液晶显示屏、平板电脑显示屏、笔记本电脑显示屏、显示器显示屏、电视显示屏五大主流产品销量市场占有率继续稳居全球第一；创新应用产品市场占有率快速提升，穿戴、ESL、电子标牌、拼接、IoT 金融应用市场占有率位居全球第一；柔性 OLED 产品加速上量，全年销量同比增长超 100%。

二、企业发展战略

2020 年，京东方确立了成为在多个细分领域具有绝对优势的物联网创新企业的战略目标，依托对半导体显示及物联网市场发展趋势的思考及商业模式研究，进一步管理变革，以多层次、全方位、平台化为基础，整合生态链，加速融合发展，构建基于核心能力和产业价值链延伸的多层战略布局。基于以上战略思考，京东方建立了基于显示和传感核心能力，向半导体显示产业链和物联网各场景价值链延伸的“1+4+*N*”航母事业群。“1”即半导体显示事业，半导体显示事业是京东方业务增长的主航道，已完成核心技术能力储备和产业链龙头地位建立，具备驱动外围其他事业快速成长的智力资本和资源储备。“4”即基于显示事业核心能力及未来技术和市场预判，倾斜资源重点发展的高潜事业，主要包含传感器及解决方案事业、Mini LED 事业、智慧系统创新事业、智慧医工事业，已具有核心能力积累，是京东方布局未来的主营业务。“*N*”是融入物联网场景的具体业务，包括智慧车联、智慧零售、智慧金融、工业互联网、智慧园区及智慧城市公共服务、数字艺术等；是基于“1”“4”核心能力价值链延伸拓宽的业务层，坚持“核心赋能、发展朝外”，沿着物联网场景和细分市场不断开拓深耕，推动业务增长和核心能力升级。

第二节 TCL 华星光电

一、企业总体发展情况

TCL 华星光电技术有限公司（以下简称“TCL 华星光电”）隶属于 TCL 科技。目前，TCL 华星光电产品覆盖大、中、小尺寸面板及触控模组、电子白板、拼接墙、车载显示器、电竞显示器等高端显示应用领域：电视面板出货面积位居全球第二，55 英寸电视面板市场占有率位居全球第一，65 英寸电视面板市场占有率位居全球第二；t3 生产线 LTPS 手机面板出货量位居全球前三，t4 柔性 AMOLED 生产线高端、新形态产品技术迅速发展。

2020 年，TCL 华星光电实现产品销售面积 2909.7 万平方米，同比增长 31.2%，实现营业收入 467.7 亿元，同比增长 37.6%，净利润 24.2 亿元，同比增长 151.1%，其中第四季度实现净利润 18.6 亿元，同比增长 21.9 亿元。通过技改增效，武汉 t3（LTPS）工厂产能由 48K 提高到 53K；t4（OLED）一期工厂实现满产，二期、三期加快建设。深圳 t1\t2 和 t6（G11）工厂保持满销满产，其中 t6 工厂产能由 90K 提高到 98K，大尺寸产品出货面积增长 32.9%。受惠全球液晶产品市场需求增长，6 月大尺寸液晶产品价格开始上涨，TCL 华星光电经营利润逐月提高。

TCL 华星光电围绕印刷 OLED、QLED，以及 Micro-LED 等新型显示技术、关键材料和设备领域持续加大研发投入，取得重大进展。2020 年，TCL 华星光电新增 PCT 专利申请 1536 件，累计 PCT 专利申请数量达到 12797 件。同时战略投资日本 JOLED 公司，加快布局下一代新型显示技术。

深圳华星 t7（G11）工厂一期已开始投产，收购的苏州三星 LCD 显示和模组工厂将在 2021 年第二季度交割并表，LCD 面板产量和营收将显著增长。武汉华星 t3（LTPS）已新开拓车载和 IT 业务。已建和在建的生产线共有 6 条：通过 2 条 8.5 代线建设，TCL 华星光电在 TV 面板领域站稳脚跟；随后以 2 条 6 代线顺利切入小尺寸面板，出货量份额现已超 10%；近几年又计划建 2 条高世代 LCD 面板线，进一步扩张大尺寸产能，确立在全球大尺寸面板领域的领先地位。

在半导体显示产业的历史低谷期，TCL 华星光电逆周期扩张。TCL 华星光电收购三星显示苏州工厂，增强大尺寸业务综合竞争优势；收购 t3 工厂 39.95%的少数股东权益，提高中小尺寸业务盈利贡献；战略入股日本 JOLED，加速印刷显示技术的产业化进程；与三安半导体共同投资成立联合实验室，聚焦于 Micro-LED 技术开发；收购茂佳国际，建立大尺寸 TV 和商用显示、中尺寸 IT 和车载等产品的客制化及一站式服务能力。

二、企业发展战略

大尺寸业务保持效率效益全球领先，规模优势继续扩大，市场地位进一步提升。t1、t2 和 t6 工厂保持满销满产，t7 工厂顺利投产，大尺寸产品出货面积达 2767.5 万平方米，同比增长 32.9%；出货量达 4574.6 万片，同比增长 11.0%；实现销售收入 289.8 亿元，同比增长 53.1%。TCL 华星光电在电视面板市场份额提升至全球第二位，55 英寸产品份额位居全球第一，32 英寸产品份额位居全球第二，65 英寸和 75 英寸产品份额目前已跃居全球第二位；商用显示领域，交互白板出货量跃居全球第一，轨道交通、电竞显示器等产品市场份额快速提升。

中尺寸业务优化产品和客户结构，小尺寸业务聚焦技术创新提升产品竞争力，在高端细分市场快速发展。t3 生产线实现 LTPS 手机面板出货量全球第三，中尺寸业务导入多家高端笔记本电脑、平板电脑及车载显示器的品牌客户，业务快速突破，LTPS 笔记本电脑面板出货量位居全球第二。t4 柔性 AMOLED 生产线一期实现满产，二期和三期设备在陆续搬入；折叠屏和双曲屏完成品牌厂商交付和上量，并在陆续导入全球一线品牌客户。报告期内，中小尺寸出货面积为 142.2 万平方米，同比增长 4.2%；出货量 9923.5 万片，同比下降 12.8%；实现营业收入 177.9 亿元，同比增长 18.1%。

积极布局下一代显示技术和材料，引领未来技术发展趋势。TCL 华星光电将通过旗下“国家印刷及柔性显示创新中心”广东聚华及战略入股的 JOLED，加速印刷显示工艺的工业化生产和生态建设。华睿光电将积极推进自主 IP 的 OLED 和 QLED 材料开发，其红光发光辅助层（R-prime）材料和绿光主体（GH）材料已向国内面板厂商送样测试，在印刷 OLED 材料的核心专利布局 30 余项；量子点电致发光领域的公开专利数量位居全球前二。

第三十章

电子原材料和元器件行业重点企业

第一节　江化微

一、总体发展情况

江阴江化微电子材料股份有限公司（以下简称“江化微”）成立于2001年，专业从事超净高纯试剂、光刻胶配套试剂等湿电子化学品的研发、生产和销售，2017年在上海证券交易所上市。江化微率先突破光刻胶配套产品生产技术，是目前国内规模最大、技术领先、品种最齐全、配套性最强的湿电子化学品生产企业之一，具备平板显示、半导体及光伏太阳能三大领域全系列湿电子化学品供应能力。公司实现中电熊猫、京东方、TCL华星光电等面板客户高世代线领域湿电子化学品的国产化替代，半导体领域拥有士兰微、中芯国际、长电科技等知名客户，并有望拓展至12英寸晶圆等高端市场。2020年，江化微预计归母净利润将在0.54亿～0.62亿元，同比增长55%～80%。

二、企业发展战略

江化微将深耕湿电子化学品领域，专注于高纯湿电子化学品的研发、生产和销售，以技术为先导，自主研发、与客户共同研发及“产学研用”相结合，不断实现产品的升级换代；以服务为依托，秉持“为客户提供价值”及“同客户共同成长”的理念，逐步增强综合配套服务能力，最终成为国际电子化学品研发的引领者和高端配套服务提供商。

三、重点领域发展情况

（一）三大基地新产能集中释放，扩展高端市场

江化微江阴基地3.5万吨新产能于2020年投产，四川基地6万吨、镇江基地一期5.8万吨新产能均有望在2021年陆续投产。产能的集中释放，配合我国面板、半导体行业的产能扩张，江化微长期发展空间打开。江阴基地作为江化微的综合性生产基地，具备9万吨产能，产品覆盖平板显示、半导体、光伏等全领域。四川基地则是江化微重点配套西南地区平板显示客户的生产基地，以确保供货安全，就近生产也将减少企业未来的运输费用。镇江基地总规划产能22.8万吨，重点面向半导体行业客户，产品进一步升级至G4～G5级别，助力企业扩展高端市场。

（二）注重研发打造核心竞争优势，产品结构持续升级

江化微配备了优质的管理团队、研发团队、营销团队和生产技术团队；自主设计了一整套湿电子化学品生产工艺，并自主研发配置了满足规模化、专业化的湿电子化学品生产流水线。由于下游客户的工艺不同、生产流程不同，从而需要特定功能的湿电子化学品。公司利用自身专业的研发团队，研发出具有国际水平产品的生产配方，先后有高效酸性剥离液、铝钼蚀刻液、低温型水系正胶剥离液、低张力ITO蚀刻液、高分辨率显影液、二氧化硅蚀刻液、钛-铝-钛金属层叠膜用蚀刻液等三类产品，被江苏省科学技术厅评定为高新技术产品。通过领先的配方工艺，江化微的产品能够满足下游客户持续的功能性需求。同时，江化微已经具备G3～G4等级产品的规模化生产能力，并有望进一步拓展至G5等级，产品结构持续升级。

第二节　中环股份

一、总体发展情况

天津中环半导体股份有限公司（以下简称“中环股份”）成立于1999年，前身为1969年组建的天津市第三半导体器件厂，2004年完成股份

制改造，2007 年在深圳证券交易所上市。中环股份专注单晶硅的研发和生产，主营业务以单晶硅为起点和基础，形成半导体材料与器件、新能源材料与器件、光伏发电、金融及其他四大业务板块。中环股份主导产品半导体区熔硅单晶的国内市场占有率在 70%以上，产量和市场占有率已连续多年居国内同行业首位，产销规模居世界第三位。中环股份先后突破 8 英寸、12 英寸集成电路用抛光片生产技术，并实现了批量供应。

2020 年，中环股份实现营业收入 190.6 亿元，同比增长 12.8%；净利润达 14.8 亿元，同比增长 17.0%；归属于上市公司股东净利润达 10.9 亿元，同比增长 20.5%；经营性净现金流为 28.6 亿元，企业运营效率与经营质量持续改善，全面完成年度预算目标。此外，半导体光伏新能源产业实现营业收入 173.6 亿，同比增长 12.4%。中环股份率先开发 G12 单晶硅和硅片，产品技术优势明显，得到行业客户认可，“210”产业生态联盟基本形成；天津 DW（单晶硅片）智能工厂建成投产，提高单晶硅片生产效率和竞争力；叠瓦组件产品技术得到更多客户的青睐，销量稳步增长。半导体材料产业实现营业收入 15.2 亿元，同比增长 22.7%。报告期内，12 英寸晶圆在关键技术、产品性能质量取得了重大突破，已量产供应国内主要数字逻辑芯片、存储芯片生产商；传统的功率半导体产品用硅片（5 英寸、6 英寸、8 英寸）业务稳步增长，供应国内和国际用户。

二、企业发展战略

中环股份重新制定了“9205”五年发展战略规划，提出实现半导体光伏新能源产业全球领先、半导体材料中国领先的发展战略目标，推进企业高质量发展。

三、重点领域发展情况

（一）光伏新能源产业

中环股份将充分发挥 G12 产品技术和叠瓦专利技术优势，开发先进生产工艺，率先在单晶硅产业建立领先优势。2020 年，中环股份将持续新增 G12 产品产能，并通过技术改造提高现有产能，面向国内外市场，提高市场销售和服务能力。持续完善产业布局，在多晶硅、电池及关键辅料等产业链领域，以产业联盟、投资合作等方式，提高光伏产业经营效率和竞争力。重组剥离光伏电站投资业务；提高电站建设和运维服务能力。持续加大研发投入，完善自主知识产权体系，不断提升产品技术创新能力；加强数字化转型和工业 4.0 能力建设，提高经营质量和效率；利用 Maxeon 合资公司平台大力开拓国际业务，完善海外产业布局和全球供应链体系。

（二）半导体材料板块

半导体硅片材料产业的产品技术和制造工艺技术门槛高，中国企业整体规模和竞争力不足，产业基础薄弱；中国半导体芯片产业的快速发展给半导体材料发展创造了前所未有的机遇。中环股份将积极推进制定半导体材料产业“9205”五年发展战略规划，全力推进新产品技术研发和新制造工艺能力建设，以创新驱动发展；通过产业规模提升和产品技术进步，有序地推动企业对 IGBT、MEMS、Sensor、BCD、PMIC、CIS、Logic、Memory 等各类芯片的产品覆盖，保持持续健康发展，力争成为中国行业领先者，追赶全球领先企业。

第三节　生益科技

一、总体发展情况

广东生益科技股份有限公司（以下简称“生益科技”）成立于 1985 年，是我国最大的覆铜板生产企业，于 1998 年在上海证券交易所上市，是目前国内唯一一家覆铜板上市公司；主要产品有各类覆铜板和粘结片、印制线路板。生益科技技术力量雄厚，是东莞市为数不多的拥有国家级企业研究开发中心的企业之一，产品质量始终保持国际领先水平。

得益于电子细分市场如数据中心、云服务器等行业需求的增长，2020 年 PCB 市场强势反弹并实现了 6.4%的增速，生益科技产品销量仍然保持良性增长，覆铜板销售 1.03 亿平方米，同比增长 10.01%；粘结片销售 1.38 亿米，同比增长 11.72%；印制电路板销售 81.12 万平方米，同比增长4.01%。根据Prismark预测，2021年在全球经济复苏的情况下PCB市场将同比增长8.6%；结合生益科技经营计划，2021年预算经营硬板覆铜板9754万平方米、粘结片1.41亿米、挠性板1269万平方米、线路板110万平方米。未来，生益科技有望在5G时代行业需求保持高景气的情况下实现业务的快速增长。

二、企业发展战略

生益科技紧紧围绕"以客户为中心，以价值为导向"的核心理念，不断夯实管理基础，提升竞争力。通过工作分析及流程诊断，并辅以绩效推动，整体效能获得实质性的提升；深入实践具有自身特色的阿米巴管理模式STPCM，结合持续改善管理概念及智能制造，创造了可观的直接经济效益，并为更精益的生产管理和更稳定的产品品质提供强有力的支持。

三、重点领域发展情况

（一）高频高速覆铜板国产替代趋势显著

生益科技在高频和高速覆铜板领域布局多年，具有深厚的技术储备，目前是国内少数能够在技术和产能两方面满足客户需求的厂商，2019年实现从0到1的突破，2020年继续放量。伴随未来5G基础设施建设、商用持续推动以及汽车电子上量，国产替代趋势显著，未来份额有望持续提升。

（二）增设常熟生益扩展公司产能

生益科技将建设常熟生益科技有限公司，年产1140万平方米高性能覆铜板及3600万米粘结片项目。短期来看，5G、消费电子、智能终端等下游景气度高企，覆铜板原材料玻璃布、LME铜、环氧树脂价格上涨，而供给端产能释放优先，CCL涨价潮有望延续。此项目同时满足了HDI领域、5G通信领域用高速产品及消费电子、汽车、智能终端、可穿戴设备产品使用的覆铜板及粘结片的发展需求。企业供给端受限局面有望缓解，满产后预计带来约13.2亿元的年销售收入。

第四节　宁德时代

一、总体发展情况

宁德时代新能源科技股份有限公司（以下简称“宁德时代”）成立于2011年，是全球领先的动力电池系统提供商，专注于新能源汽车动力电池系统、储能系统的研发、生产和销售，在电池材料、电池系统、电池回收等产业链的关键领域具有核心技术优势，初步形成了全面、完善的生产服务体系。2018年，宁德时代在深圳证券交易所创业板上市，成为我国动力电池领域上市第一股。

2020年，宁德时代继续强化动力电池领域技术、规模、供应链与客户等领先优势，动力电池全球龙头地位稳固，各项业务保持快速发展势头，市场占有率进一步提升。2020年，宁德时代实现营业收入503.19亿元，同比增长9.9%；实现归母净利润55.83亿元，同比增长22.4%；研发投入35.7亿元，占总营收的7.1%，远高于国内外竞争对手。2020年，宁德时代动力电池销量为44.45GWh，国内装机量为31.9GWh，国内市场占有率达到50%。2021年，随着欧洲客户上量，企业境外收入占比将继续提升。

二、企业发展战略

宁德时代秉承做世界一流的创新科技公司的宗旨，专注于新能源汽车动力电池系统、储能系统的研发、生产和销售，致力于为全球新能源应用提供一流解决方案。以客户需求为价值导向，坚持面向应用的产品技术创新，深入理解并快速响应客户需求，同时积极布局锂电池回收业务，构建可持续发展的绿色产业链。宁德时代将坚持创新，围绕材料体系、系统结构、极限制造、商业模式四大创新方向，持续强化技术、品质和成本优势。建立供应链上下游协同的创新体系，应用行业先进的设计理念，研究开发高能量密度、高可靠性、高安全性、长寿命的电池产品和解决方案，以产品在技术上领先同侪、实现卓越制造和精益管理的核心理念应对市场竞争。

三、重点领域发展情况

（一）锂电池产能加速扩张

截至 2020 年底，宁德时代实际年产能为 69.1GWh，在建年产能为 77.5GWh；2020 年的实际产量为 51.71GWh。宁德时代从 2020 年底开始明显加速产能扩张，先后宣布投建福鼎、宜宾、江苏、时代一汽、肇庆基地、时代上汽项目，资本开支额度达到 785 亿元，假设以每 GWh 资本开支强度 3 亿元测算，这些项目合计扩建年产能 262GWh。

（二）动力电池全球龙头地位明确，海外客户将持续上量

宁德时代动力电池前五大客户分别是蔚来、宇通、特斯拉、上汽、北汽。根据年报数据，2020 年宁德时代在海外市场赢得多个重点客户关键平台定点，811 体系产品在海外实现大批量交付。2021 年 2 月，现代汽车将宁德时代定为纯电动汽车专用底盘平台“E-GMP”第三批整车电池供货商之一，意味着宁德时代在韩国车企供应链中超越韩系电池企业 SKI 和 LG 化学。2021 年，宁德时代将开始批量交付大众 MEB 平台、宝马全球 I 系列车型的订单。

（三）储能电池开始放量，销量将持续高增长

2020 年，宁德时代储能系统实现销量约 2.4GWh（2019 年为 0.17GWh）；实现收入 19.43 亿元，同比增长 218.56%。在储能市场快速启动的背景下，宁德时代持续加强研发投入，基于长寿命电芯技术、液冷 CTP 电箱技术，推出了户外系统 EnerOne 产品，实现了在海外市场从提供部件到提供电池系统的转型，其安全性、经济性等各项指标行业领先。2020 年，宁德时代设计主导多个国内发电侧储能项目，在国家政策鼓励可再生能源配备储能的背景下，2021 年储能电池将继续快速上量。

第五节　横店东磁

一、总体发展情况

横店集团东磁股份有限公司（以下简称“横店东磁”）于 1999 年成立，主要从事磁性电子元件的研发、生产和销售，后扩展至光伏及其他领域，2006 年在深圳证券交易所上市。横店东磁是目前全球最大的永磁铁氧体生产企业，也是我国最大的软磁铁氧体生产企业之一。“东磁”牌磁性材料为“中国名牌”产品及“国家免检产品”。

受磁性材料传统应用市场需求萎缩、竞争白热化及太阳能光伏产品价格大幅下跌等因素影响，2019 年横店东磁发展压力增大，主要经营指标保持微弱增长。2020 年，横店东磁实现营业收入 81.06 亿元，同比增长 23.50%；实现归母净利润 10.14 亿元，同比增长 46.67%。其中，磁性材料业务，磁性材料销售金额达 33.78 亿元，同比增长 5.68%；光伏业务，太阳能电池销售金额达 34.68 亿元，同比增长 43.43%；锂离子电池业务，锂离子电池销售金额达 4.66 亿元，同比增长 82.2%。

二、企业发展战略

横店东磁围绕“做强磁性、发展能源、适当投资”的发展战略，通过加大“磁性材料+器件”“光伏+锂电”产业的资本开支，进一步提升产能和市场占有率，通过加大新材料、新领域、新器件等方面的研发支出，培育孵化新产业；通过智能化、自动化、信息化工厂的复制，进一步实现数字化转型引领公司智造升级。

三、重点领域发展情况

（一）“磁性材料+器件”产业，充足高质量发展后劲

横店东磁将磁性材料产业的发展往横向、纵向延伸，在做广材料的基础上，做深元器件，持续推进智能制造，优化产品结构，提升在新基

建等领域的扩展能力，强化自身技术、产品创新、成本管控能力，进一步打开产业增长空间。永磁产业通过增强客户黏性，进一步提升市场占用率；软磁产业通过5G新项目开发，使得MnZn产品产销量高速增长；塑磁产业通过稳拓挖增积极抢占国内市场；振动器件产业在保持手机领域市场占有率提升的同时，开发大尺寸线性马达，布局汽车电子、健康护理等领域；电感产业通过前期布局，已向汽车电子领域实现了批量供货；环形器/隔离器取得部分国际知名企业认可，实现小批量供货。

（二）“光伏+锂电”产业，注入高速发展新活力

横店东磁持续加强组织建设，加大技改升级力度，使得产品质量、转换率大幅提升；高效电池和组件项目建成投产，产能释放强劲；通过减员降耗，提升产量良率，降本效果显著；积极开拓组件差异化市场，综上使得其收入和利润同比大幅增长。另外，为加大国内市场开发，公司在江苏设立合资公司投资年产2GW高效组件项目；锂电产业围绕小动力市场，拓展多元化市场，不断提升优质客户占比，逐步实现了满产满销，经营业绩扭亏为盈。同时，为了满足客户的需求，公司适时加大了锂电产业的布局，新增投资年产1.48亿只高性能锂电池项目。

（三）科技创新激发高质量发展新动能

2020年是横店东磁研究院组织架构调整后的第一年，研究院在不断的探索和尝试中逐步理顺研究方向，重点布局新材料、新领域、新市场、新器件，培育孵化新业务，组织技术创新项目40项。研究院以飞地建设了上海研发中心，让企业立足长三角，放眼全世界，与更多高层次人才合作。

第六节 长飞光纤

一、总体发展情况

长飞光纤光缆股份有限公司（以下简称“长飞光纤”）创建于1988

年 5 月，原名为长飞光纤光缆有限公司，2013 年 12 月完成股份制改造，正式更名。长飞光纤由中国电信集团公司、荷兰德拉克通信科技公司、武汉长江通信集团股份有限公司共同投资。总部位于武汉市东湖高新技术开发区关山二路四号，是我国目前产品规格最齐备、生产技术最先进、生产规模最大的光纤光缆产品及制造装备的研发和生产基地之一。长飞光纤主要生产和销售通信行业广泛采用的各种标准规格的光纤预制棒、光纤及光缆，设计及定制客户所需规格的特种光纤及光缆，包括特种集成系统，已经成为全球最大的光纤预制棒供应商、全球第二大光纤及光缆供应商。长飞光纤拥有最完备的光纤及光缆产品组合，为全球通信行业及其他行业提供各种光纤光缆产品，涉及广播及电视通信网络、公用事业、运输、石油化工及医疗。2014 年 12 月，长飞光纤在香港联交所正式上市，成为国内首家也是唯一一家在香港上市的专注于光纤预制棒、光纤和光缆等产品的企业。2018 年 7 月，长飞光纤在上海证交所上市，成为中国光纤光缆行业唯一一家也是湖北省首家“A+H”两地挂牌上市的企业。

2019 年，由于我国 4G 网络建设及光纤入户已达高峰而 5G 大规模建设尚未开启，因此光缆需求增速放缓。同时，前期国内主要预制棒供货商扩产的产能陆续得到释放，光纤光缆出现产能过剩。供需关系的变化导致光纤光缆在国内运营商对光缆产品进行的集中采购中，价格大幅下降，长飞光纤经营指标出现明显下滑。2020 年，长飞光纤实现营业收入 82.22 亿元，同比增长 5.82%，扭转 2019 年下滑颓势；实现毛利 17.88 亿元，同比下降 2.50%，毛利率下降至 21.74%。

二、企业发展战略

长飞光纤秉承“智慧联接 美好生活”的使命，通过实施全业务增长、多元化、国际化等战略举措，致力成为全球领先的信息传输与智慧联接领域产品与解决方案的提供商。2021 年，面对普通光缆产品的市场竞争及价格压力，长飞光纤一方面将继续保持行业内领先的生产效率及成本水平，另一方面将进一步推广新型产品，加大差异化竞争力度。

三、重点领域发展情况

（一）强化创新研发，探索新增长点

长飞光纤拥有完善的研发平台，拥有国内光纤光缆行业内唯一的国家重点实验室、国家企业技术中心、集团创新中心和检测实验室。公司创新研发主要分为基础研发、产品线研发、新业务研发与孵化。其中，基础研发聚焦在前沿技术和解决方案研究，产品线研发专注于材料、光纤光缆、高速光模块、特种光纤光缆及其应用等技术和产品研发；新业务研发聚焦于电芯片、玻璃透镜、散热材料、光栅传感等相关产业方向。长飞光缆已经成功研发了包括低水峰光纤、单多模抗弯曲光纤、超低衰减光纤、超低损耗大有效面积光纤、色散补偿光纤和保偏光纤等多个专有创新产品。

（二）持续拓展多元化业务，夯实主业优势

2020 年，新型基础设施建设加快部署，5G 网络、工业互联网、人工智能、大数据中心、自动驾驶等领域均在蓬勃发展。目前，数据中心内部数据的传输主要由多模光纤光缆产品进行，长飞光纤所具备的全球领先优势的多模产品在 2020 年快速发展，销量和收入均实现较快增长。在光模块及光器件领域，长飞光纤于 2020 年初收购了从事该业务的四川光恒通信技术有限公司，其后中标了国内主要电信运营商的光模块集中采购项目，并大力开拓光模块及光器件的数据中心市场，目前该业务生产交付正常。

（三）深度实施国际化战略，拓展发展新空间

2020 年，新冠肺炎疫情在海外的持续蔓延，影响了海外通信网络铺设，并对光纤光缆需求产生了短期负面影响。长飞光纤在这种情况下实现了海外业务逆势增长，营收达 21.03 亿元，同比增长 26.56%。同时，长飞光纤与菲律宾当地运营商合作推进网络建设，并成功中标中国电信在当地的网络铺设项目。当地团队克服疫情、地震、洪水等重重困难，在客户要求的时间节点成功完成了阶段性项目交付，为企业海外通信网络工程业务的发展打下了坚实的基础。2020 年，海外通信网络工程项

目收入达 2.43 亿元，相比上年增长约 304.9%。

第七节　中航光电

一、总体发展情况

中航光电科技股份有限公司（以下简称“中航光电”）隶属于中国航空工业集团有限公司，前身是洛阳航空电器厂，成立于 1970 年，2002 年 12 月实施整体改制，2007 年在深圳证券交易所上市。中航光电一直致力于国际先进的光电连接器技术研究，是国内最大的光电连接器专业化制造企业，主要产品包括光电连接器、光器件及光电设备、线缆组件及集成产品、流体器件及液冷设备等，广泛应用于航空、航天、军用电子、舰船、通信与数据中心、轨道交通、新能源汽车、电力、石油装备、医疗设备、智能装备等防务及高端制造领域，远销欧洲、美国、加拿大、韩国、印度等 30 多个国家和地区。

2020 年，中航光电继续推进创新驱动发展战略，高速传输、深水密封等关键技术比肩国际先进水平，精密成型及微组装等核心工艺能力大幅提升，一系列技术成果取得新突破，如成功突破万米深水环境下密封连接技术；加强国际化开拓，各方面工作有序推进，经营效益稳步提升，经营业绩再上新台阶。2020 年，中航光电实现营业收入 103.05 亿元，同比增长 12.52%；实现利润总额 16.81 亿元，同比增长 34.01%。其中，连接器业务实现收入 101.71 亿元，同比增长 12.64%。

二、企业发展战略

中航光电编制“十四五”规划，明确迈向“全球一流”目标路径；加速集团化、国际化布局，重组轨道交通业务，旗下公司兴华华亿实现“混改”，建立轨道交通业务新平台，规划筹建华南产业基地，积极推进海外布局。母子公司协同共进发展，子公司经营业绩持续提升。子公司中航富士达成功实现全国首批、央企首家新三板精选层挂牌，开启二次创业新征程。

三、重点领域发展情况

（一）构建产业发展新格局，开创市场发展

中航光电践行创新驱动发展战略，科学编制“十四五”及2035年技术产品发展规划，明确未来产业发展方向；推进“领先创新工程”，高速传输、深水密封等关键技术比肩国际先进水平；推进“核心工艺能力提升工程”，精密成型及微组装等核心工艺能力大幅提升；开展“制造技术升级工程”，投用自动化设备，有效提升自动化水平；新能源交流充电产品自动化生产线等研制成功，在同类自动装配技术中达到行业先进水平；首个连接器产品智能化车间全面投入试运行，产品生产向智能制造迈进。中航光电全力保障防务领域配套交付，重点配套保障大型水陆两栖飞机AG600实现海上首飞，持续进行业务推广，成为国内首家进入商飞合格供方目录的连接器供应商；站稳国内5G市场；新能源汽车领域实现“国际一流、国内主流”转型发展，全年完成多个重点车型项目定点。中航光电工业领域增幅显著，医疗行业实现翻番增长，消费出行业务初具规模，国际业务保持较快的发展速度，成功拿下多个重点平台项目。

（二）转型升级，提质增效，实现可持续发展

中航光电持续推进“供应链管理提升工程”，建立供应链系统自评价机制，完善差异化采购管理模式；开展“质量提升工程”，优化公司质量管理体系架构；推进“成本效率工程”，深入经营管理活动，开展全价值链成本管理，降本净额成绩突出，系统建立效率提升管理机制，人均销售收入有效提升；构建多元化薪酬分配体系，优化公司薪酬分配机制，创新薪酬分配策略与模式，完善以价值创造为分配基础、薪酬分配驱动价值创造的薪酬体系；加速推进两化融合；全年开展管理创新及群策群力项目2100余个。

（三）全面夯实基础管理，保障高质量发展

中航光电推进保密与业务深度融合，建立保密管理体系平台，强化商密管理；深入推进审计全覆盖，持续加强审计制度体系建设，狠抓审

计发现问题整改；坚持依法治企，合规经营，推动事业部法治合规体系建设。全年风险管理、信访维稳、情报档案、计量管理、设备管理、节能环保、安全生产、保卫保密等各项基础管理工作有序开展，为企业实现高质量发展提供强有力保障。

第八节　捷捷微电子

一、总体发展情况

江苏捷捷微电子股份有限公司（以下简称“捷捷微电子”）创建于1995年，专业从事功率半导体芯片及器件研发、制造和销售，具备先进的芯片技术和封装设计、制程及测试的IDM业务体系，现有5条半导体功率器件产品线，2017年在深圳证券交易所创业板上市。捷捷微电子主营产品为各类功率半导体芯片和器件，主要应用于家用电器、漏电断路器、电力模块、通信网络、IT产品、汽车电子等领域。

受益于计算机、通信、消费电子等终端市场需求的拉动，在我国以物联网、轨道交通、节能环保、新能源汽车等新兴市场的快速发展带动下，我国功率半导体市场需求持续增长，捷捷微电子保持快速发展势头。2020年，捷捷微电子实现营业收入10.11亿元，同比增长49.99%；实现归母净利润2.83亿元，同比增长49.45%。其中，功率半导体芯片业务收入2.84亿元，同比增长82.54%；功率半导体器件业务收入7.11亿元，同比增长41.21%。

二、企业发展战略

捷捷微电子将以《“十三五”国家战略性新兴产业发展规划》《国家集成电路产业发展推进纲要》等为指引，聚焦主业，基于顾客价值创造，正确认知与选择，砥砺创造与创新，保持对研发和创新的高投入，坚持以市场为导向，坚持创新驱动，坚持以质量为主要竞争优势，矢志不渝地深耕功率半导体器件领域，成为具有国际竞争力的功率半导体器件品牌制造商。

三、重点领域发展情况

（一）强化产品竞争力，积极扩展产业链

捷捷微电子坚持以市场为导向，以平台和品牌为引擎，技术立足，创新引领，细分、优化、拓展业务板块，打造优秀团队和高效的组织架构与营运机制，提升产品应用领域，实现转型升级。加强生产线、产能和产品规划，推动可控硅（IDM）、二极体芯片及器件和 FRD（IDM）、MOSFET（Fabless+封装测试→IDM）、IGBT（Fabless+封装测试→IDM）、光电耦合器件（Fabless+封装测试→IDM）、汽车用半导体功率器件（IDM）等，以及碳化硅、氮化镓等新产品的发展。

（二）增强综合竞争力，提升行业地位

捷捷微电子强化创新发展能力，聚焦进口替代，打造具有国际竞争力的一流产品线，不断提升国内、国际市场影响力；积极拓展“方片式”塑封晶闸管器件、功率半导体防护器件的市场份额，布局特色 FRD、高端整流器产品线，加快功率 MOSFET、IGBT、碳化硅、氮化镓等新型电力半导体器件的研发和推广。

（三）实施知识产权提升战略，构建防护体系

捷捷微电子进一步强化企业的知识产权意识体系、知识产权开发（创新）体系、知识产权运用体系、知识产权管理体系、知识产权防护体系，将知识产权思维贯穿到企业发展和企业运营的全过程中。建立专利数据库，实时掌握竞争对手的专利状态，建立专利管理机制、专利奖励机制。制定企业商业秘密保护方案和规章制度，明确商业秘密内容和等级，通过教育、培训等多种方式强化企业全体员工的商业保密意识。

政　策　篇

第三十一章

2020年中国电子信息产业重点政策解析

2020 年是我国电子信息产业发展历史上极不平凡的一年，受到中美贸易摩擦影响，我国电子信息产业领域许多企业受到了技术和产品断供打击，产业链和供应链发展面临着严峻风险。党和国家及时出台了系列扶持政策，大力扶持基础电子元器件、集成电路和软件产业等发展，推进产业基础高级化和产业链现代化，为产业安全发展提供了有力保障。

第一节　大力推进补短板和保障供应链安全

经过近两年的中美贸易摩擦，我国电子信息产业关键核心技术受制于人、存在供应链中断风险等问题日益突出，推进产业基础高级化、产业链现代化，提高经济质量效益和核心竞争力成为国家发展中的重要任务。党和国家高度重视补产业短板和保障供应链安全，《中共中央关于制定国民经济和社会发展第十四个五年规划和二〇三五年远景目标的建议》提出，要提升产业链供应链现代化水平。坚持自主可控、安全高效，分行业做好供应链战略设计和精准施策，推动全产业链优化升级。锻造产业链供应链长板，立足我国产业规模优势、配套优势和部分领域先发优势，打造新兴产业链，推动传统产业高端化、智能化、绿色化，发展服务型制造。补齐产业链供应链短板，实施产业基础再造工程，加大重要产品和关键核心技术攻关力度，发展先进适用技术，推动产业链供应链多元化。优化产业链供应链发展环境，强化要素支撑。2020 年，国务院政府工作报告提出，面对外部环境变化，要坚定不移扩大对外开放，稳定产业链供应链，以开放促改革促发展。

电子信息产业作为供应链高度全球化布局且出口比例很大的产业，当前产品出口额占全国出口总额的比重常年维持在30%～40%，集成电路、手机、计算机等电子产品都是我国最重要的进出口产品，具有重大的外贸贡献。2020 年暴发的新冠肺炎疫情向全球展示了产业链供应链中断的可能性，特别是手机、计算机等整机产品，产业链条长、分工高度全球化，需要从元器件、模组到整机产品的全链条合作，环节上的设备、材料和模组来自美、欧、日、韩等不同国家和地区，结合全球疫情大流行的背景，每个国家都在不同时点受到了来自疫情的威胁，因而全球电子产品产业链供应链稳定受到持续性压力。疫情之下，畅通电子信息产业全球供应链产业链成为产业稳定发展的核心任务，不同国家增强产业链供应链摸底和风险预判机制，骨干企业也纷纷建立备选供应商制度，以抗衡类似疫情等“黑天鹅”事件带来的供应链中断影响。

第二节　大力扶持集成电路和软件产业发展

2000 年，国务院印发《鼓励软件产业和集成电路产业发展的若干政策》，正式吹响中国软件产业和集成电路产业发展的号角，此后中国软件产业和集成电路产业迎来发展的黄金十年。特别是中国软件业销售额从 2000 年的 500 亿元跃升到 2015 年的 5 万亿元左右，增长到近 100 倍。十年之后，在 2011 年国务院印发《进一步鼓励软件产业和集成电路产业发展的若干政策》，针对我国软件产业和集成电路产业的短板和薄弱环节继续加大政策支持力度。为进一步优化集成电路产业和软件产业发展环境，深化产业国际合作，提升产业创新能力和发展质量，2020 年 7 月 27 日，国务院印发了《新时期促进集成电路产业和软件产业高质量发展的若干政策》(以下简称《若干政策》)。《若干政策》强调，集成电路产业和软件产业是信息产业的核心，是引领新一轮科技革命和产业变革的关键力量。《若干政策》从财税、投融资、研究开发、进出口、人才、知识产权、市场应用、国际合作八个方面制定了具体的扶持政策措施，提出要加强集成电路和软件专业建设，加快推进集成电路一级学科设置，支持产教融合发展；严格落实知识产权保护制度，加大集成电路和软件知识产权侵权违法行为惩治力度；推动产业集聚发展，规范产业市场秩序，积极开展国际合作。《若干政策》明确，凡在中国境内设立的符合条件的集成电路企业（含设计、生产、封装、测试、装备、材料企业）和软件企业，不分所有制性质，均可按规定享受相关政策。鼓励和倡导集成电路产业和软件产业全球合作，积极为各类市场主体在华投资兴业营造市场化、法治化、国际化的营商环境。《若干政策》要求，各部门、各地方要尽快制定具体配套政策，加快政策落地，确保取得实效，推动我国集成电路产业和软件产业实现高质量发展。

考虑到当前日益复杂的国内外集成电路和软件行业竞争态势，《若干政策》的出台可谓“及时雨”，从产业发展环境和人才流动等角度给产业提供了更强大的支撑。当前，我国已经成为全球最大的集成电路市场，软件产业规模已由 2010 年的 1.4 万亿元增长到 2019 年的约 7.2 万亿元，占世界软件产业规模的 15%以上。此次政策的出台，一方面将有利于鼓励企业通过资源整合，按照市场化原则重组并购，做大做强企业，提升产业竞争力。更重大的突破是在创新领域，将软件关键核心技术的研发提升至举国体制攻关的新高度。《若干政策》明确提出，聚焦高端芯片、集成电路装备和工艺技术、集成电路关键材料、集成电路设计工具、基础软件、工业软件、应用软件的关键核心技术研发，不断探索构建社会主义市场经济条件下关键核心技术攻关新型举国体制。运用举国支持的方式，实现软件重点关键技术的突破，打破软件关键核心国外垄断的壁垒。另一方面，将进一步规范市场环境，激发软件市场活力，有利于集成电路产业的区域良性布局。《若干政策》明确提出，加强行业自律，引导集成电路和软件人才合理有序流动，避免恶性竞争；鼓励软件企业执行软件质量、信息安全、开发管理等国家标准，以及支持集成电路企业和软件企业依法申请知识产权，大力发展集成电路和软件相关知识产权服务，加大知识产权侵权违法行为惩治力度，积极开发和应用正版软件网络版权保护技术，有效保护软件知识产权，探索建立软件正版化工作长效机制；加强反垄断执法，依法打击各种垄断行为等条款。各条款分别从人才流动、软件质量及安全标准设置、知识产权保护、市场反垄断等方面进一步开展规范工作。

第三节　加快推进基础电子元器件产业发展

电子元器件是组成电子信息产品的电子元件和器件的总称，其质量、水平和可靠性直接决定了电子系统和整机产品的性能，在电子信息产业链供应链中处于上游位置，全球电子信息技术强国对此均予以高度重视。为加快电子元器件产业高质量发展，推动产业基础高级化、产业链现代化，促进我国信息技术产业发展，2021 年 1 月，工业和信息化部印发了《基础电子元器件产业发展行动计划（2021—2023 年）》（以下简称《行动计划》）。《行动计划》以推动高质量发展为主题，以深化供给侧结构性改革为主线，以改革创新为根本动力，以做强电子元器件产业、夯实信息技术产业基础为目标，明确提出要面向智能终端、5G、工业互联网、数据中心、新能源汽车等重点市场，推动基础电子元器件产业实现突破，并增强关键材料、设备仪器等供应链保障能力。《行动计划》提出，到 2023 年，电子元器件销售总额达到 21000 亿元，进一步巩固我国作为全球电子元器件生产大国的地位，充分满足信息技术市场规模需求；突破一批电子元器件关键技术，行业总体创新投入进一步提升，射频滤波器、高速连接器、片式多层陶瓷电容器、光通信器件等重点产品专利布局更加完善；形成一批具有国际竞争优势的电子元器件企业，力争 15 家企业营收规模突破 100 亿元，龙头企业营收规模和综合实力有效提升，抗风险和再投入能力明显增强。同时，针对当前产业发展存在的不足，《行动计划》提出要实施重点产品高端提升、重点市场应用推广、智能制造、绿色制造等行动，并开展提升产业创新能力、强化市场应用推广、夯实配套产业基础、引导产业转型升级、促进行业质量提升、加强公共平台建设、完善人才引育机制等重点工作，推动基础电子元器件产业提质增效，加快提升产业链供应链现代化水平。

与消费电子相比，基础电子元器件仍存在大量短板，在先进制造工艺、基础原材料、传感器、核心芯片、高端显示屏、操作系统等核心关键技术和设备领域落后国际先进水平。国内企业的研发能力较弱、产品设计能力不强、核心技术受制于人，技术创新仍以跟随为主，少有原始型创新出现，缺乏具有国际引领性的创新产品。未来，中国电子信息产业发展将面临尽快提升自主创新能力的挑战，需通过攻克基础核心技术、提升原始创新能力等方式，从全球电子信息产业价值链的中低端向中高端迈进。

第四节 大力扶持智慧养老产品和服务发展

积极推进智慧健康养老优秀产品和服务推广应用。为贯彻落实《国务院办公厅关于推进养老服务发展的意见》和《智慧健康养老产业发展行动计划（2017—2020 年）》，促进智慧健康养老优秀产品和服务推广应用，为相关部门、机构和企业采购选型提供参考，经各地主管部门推荐、专家评审和网上公示，2020 年 10 月 16 日，工业和信息化部、民政部、国家卫生健康委员会确定了《智慧健康养老产品及服务推广目录（2020 年版）》（以下简称《目录》）。《目录》包含华为终端有限公司的荣耀手环 5、沈阳新松机器人自动化股份有限公司的无源外骨骼、江苏鱼跃医疗设备股份有限公司的臂式电子血压计等产品。积极推进智慧健康养老应用试点示范。2020 年 12 月 18 日，工业和信息化部、民政部、国家卫生健康委员会联合公布第四批智慧健康养老应用试点示范名单，包含 50 家智慧健康养老示范企业、72 个智慧健康养老示范街道（乡镇）和 17 个智慧健康养老示范基地。

智慧健康养老正在成为跨部委、跨区域、全覆盖的一项重点工作，相关国家级政策体系基本形成，地方政府积极响应。自《智慧健康养老产业发展行动计划（2017—2020 年）》（以下简称《行动计划》）发布以来，智慧健康养老产业发展取得了阶段性成果。《行动计划》提出，要加快智慧健康养老产业发展，到 2020 年，基本形成覆盖全生命周期的智慧健康养老产业体系，建立 100 个以上智慧健康养老应用示范基地，培育 100 家以上具有示范引领作用的行业领军企业，打造一批智慧健康养老服务品牌。截至 2020 年初，我国已经有 27 个省市地区出台了智慧健康养老相关政策。2020 年是《行动计划》收官之年，为构建以国内大循环为主体、国内国际双循环相互促进的新发展格局，深入了解产业发展现状，支撑接续政策制定工作，工业和信息化部电子信息司从政策实施、关键核心技术、产品及服务供给、应用推广、标准体系建设、公共服务能力等几个方面开展调研，指导下一步政策制定。中国智慧养老产业目前恰逢实现跨越的好时机，要求企业要有长远发展的战略思想，鼓励企业加大投入，克服困难，做好核心技术和关键产品工具的自主研发工作，示范名单企业将继续在发展智慧养老产业方面发挥带头引领作用。

第五节　持续推进智能光伏产业发展

为贯彻落实《智能光伏产业发展行动计划（2018—2020 年）》，工业和信息化部、住房和城乡建设部、交通运输部、农业农村部、国家能源局和国务院扶贫办开展了试点示范企业和项目遴选，支持培育一批智能光伏示范企业，包括能够提供先进、成熟的智能光伏产品、服务、系统平台或整体解决方案的企业；支持建设一批智能光伏示范项目，包括应用智能光伏产品，融合大数据、互联网和人工智能，为用户提供智能光伏服务的项目。经省级有关部门推荐、专家评审、网上公示等程序，2020 年 7 月 13 日，智能光伏试点示范企业和项目名单公布：天合光能、隆基绿能、通威太阳能、华为等 19 家企业入选智能光伏试点示范企业；全国光伏扶贫监测系统等 19 个项目入选智能光伏试点示范项目。

光伏产业已成为我国少有的形成国际竞争优势、实现端到端自主可控、并有望率先成为高质量发展典范的战略性新兴产业。但在产业取得辉煌成绩的同时不能讳言还存在的问题，如基础研发仍然有待提升、前瞻技术储备相对不足、企业同质化竞争现象还比较严重、投资热潮需要规范引导、国际贸易环境依然复杂、发电消纳面临诸多挑战等。智能光伏产业试点示范企业和项目的遴选，是推动智能光伏加快发展的具体举措，旨在推进对户用光伏的智能化应用、“光伏+信号基站”的互补应用、“光伏+交通”实现绿电出行等跨界创新的光伏应用模式的推广和应用。

在碳达峰、碳中和大目标背景下，光伏等新能源发展迎来爆发式增长契机。2020 年 12 月 18 日，中央经济工作会议明确了 2021 年的八项重点任务，其中指出：“做好碳达峰、碳中和工作。我国二氧化碳排放力争 2030 年前达到峰值，力争 2060 年前实现碳中和。”多个省市、部委针对此任务，陆续密集发声，在大力发展新能源等方面做出了部署。截至 2020 年底，已有 42 个省市提出在 2025 年前实现碳达峰。未来，还需要继续加强行业统筹规划，引导产业加快转型升级，加强行业规范管理，加快核心技术攻关，持续推动产业国际合作，优化光伏产业公共服务体系等，切实推进光伏产业的高质量发展。

热　点　篇

第三十二章

全球疫情蔓延对电子信息产业影响深远

新冠肺炎疫情在美国、日本、韩国及欧洲等电子信息产业重点国家和区域加速蔓延。全球范围的疫情将对我国电子信息进出口造成较大冲击，疫情时长的变化会造成不同的阶段性影响。近年来，电子信息产业成为经济全球化与逆全球化激烈对撞的主战场。贸易摩擦、制造业回流及此次疫情“黑天鹅”事件，均对全球供应链体系带来深刻扰动甚至解构风险，使得作为“世界工厂”的我国承压较大。统筹研判全球疫情蔓延情形下产业发展态势，推动电子信息企业尽快提升关键产品备货，鼓励产业政策向关键产品和企业倾斜，最大限度地推动国内外产业链各环节协同复工复产，探索建立电子信息产业信息交流与国际产业援助合作机制。

第一节　背景

主要疫情国家和地区产业规模占据全球的 30%～40%，对全球电子信息制造业造成严重影响。据《世界电子数据年鉴 2017》数据，2016 年全球电子信息产品产值前十位的国家中，美国、韩国、日本、德国四国分列第二、三、四、七位，其产值总和占总产值的近 30%，即约占全球 1/3 产值，是全球重要的生产基地。从市场规模来看，2016 年全球电子信息产品市场规模前十名中，美国、日本、德国、韩国、英国、法国六国分列第二、三、四、五、八、九位，其规模总和占全球市场的 42%。可见，美国、日本、韩国及欧洲主要国家和地区电子信息产业走势将在很大程度上影响全球电子信息制造业的兴衰。

第二节　主要内容

我国电子信息产业对主要疫情国家外贸具有较高依赖性，集中于电子材料和仪器设备进口，以及计算机、手机、彩电出口。从进口情况来看，据工业和信息化部运行局数据，在主要疫情国家中，韩国、日本、美国、德国四国位列我国电子信息制造业进口来源地前十，2016 年进口额占比为 35%。进口依赖性最强的产品类别为电子材料、电子仪器仪表设备，其次为电子元件、电子器件，再次为计算机设备，最次为通信设备、家用电子电器，对应产品进口占比约为 60%、35%、30%、20%～25%。从出口规模来看，美国、日本、韩国和以荷兰、德国为代表的欧洲国家是我国重要的电子信息出口市场，出口额占比达 38%，其中计算机设备出口占比为 50%～55%，家用电子电器和通信设备出口占 40%～45%，电子仪器设备出口占 35%～40%，电子元件、电子器件、电子材料出口占 20%～30%。

主要疫情国家具有技术优势和品牌优势，掌握基础元器件、半导体类芯片等重点领域话语权。虽然我国电子信息产品产值已经近美国的 3 倍，但美国仍然在计算机芯片、射频芯片、半导体设备、关键电子元器件、无线通信技术等传统行业和云计算、自动驾驶、人工智能等新兴领域具备技术优势，在半导体高端工艺和设备方面有英特尔、英伟达、应用材料等引领全球，在桌面和移动操作系统方面有微软和高通把持，在平板显示配套的玻璃基板方面有全球最强的康宁。日本在半导体材料领域仍具有垄断优势，以瑞萨、村田等代表的元器件企业在光学器件、玻璃基板、传感器、PCB、SAW 滤波器等产品上具有绝对优势，在氟聚酰亚胺、光刻胶、高纯度氟化氢等关键半导体材料上具有垄断地位。韩国于 2017 年赶超日本成为全球第三大电子信息产品生产国，其电子元器件产值占比近 80%，三星电子、SK 海力士等占据存储器领域核心地位，对全球存储器市场产业链稳定起关键性作用。欧洲国家在半导体装备、汽车电子、电子电器等领域具有优势，恩智浦（NXP）、英飞凌、意法半导体（ST）、Soitec、ASML、泰科电子等知名企业均在细分领域具有全球影响力。

全球电子信息供应链面临罕见的大规模冲击。疫情持续在美国、日本、韩国、欧洲等国家和地区蔓延，造成历史上罕见的全球范围内电子信息产品供应不足，其影响类似于各国同时采取一定的“出口管制”措施，对我国电子信息产业形成较大冲击。在供应链安全层面，若来自日本、韩国的电子材料进口以及来自日本、德国、美国、荷兰等国的电子仪器设备进口受阻，将影响正常生产。近年来，我国已经在部分电子仪器设备、元器件、半导体等领域取得较大进展，而目前依赖进口的上游产品则需要长期攻关，难以在短期内实现大规模国产替代。在全球电子信息产业体系层面，疫情蔓延和贸易摩擦等系列“黑天鹅”事件的交叉反应，产业界的忧患意识和风险意识增强，未来各国及其龙头企业可能尽量避免过于密切的产业分工，对物料采购也将采取多渠道、分散化方式，而不仅仅依靠性价比最高的经济原则做全球布局。疫情蔓延进一步加速发达国家的电子信息产业回流和发展中国家的产业转移，全球电子信息制造业体系可能面临重构。

第三节　主要评价

统筹研判全球新冠肺炎疫情蔓延下我国电子信息产业发展态势。持续关注新冠肺炎疫情在全球的发展情况，掌握主要电子信息产业大国针对疫情采取的交通管制、人员管控、停工停产措施，紧盯国际电子信息龙头企业针对疫情的最新动态和措施，做好相关突发情况的应对。推动电子信息企业尽快提升关键产品备货。面对新冠肺炎疫情在国际蔓延的时间和影响的不确定性，在当前大多数国家尚未关闭进出口渠道以及上游产品尚未出现大规模短缺的情况下，鼓励电子信息企业加快对关键物料的备货，特别是来自单一供应商或单一国家供应商的关键物料，在条件允许的情形下尽量提升库存水平。

第三十三章

《瓦森纳协定》修订

2019 年 12 月，在美国的积极推动下，《瓦森纳协定》进行了新一轮修订，在军民两用清单中增加“计算光刻软件”“12 英寸硅晶圆技术”等条款内容，主要聚焦 IT 产业中集成电路关键环节。美国借《瓦森纳协定》修订，进一步加大对我国 IT 产业的技术围堵力度。

第一节 背景

近两年来，随着美国将我国视为战略竞争对手，美国对我国采取了一系列制约手段，作为竞争焦点的 IT 产业更是首当其冲。

一是直接对我国骨干企业实施出口管制。美国先后以各种借口将我国一批骨干企业列入其出口管制“实体清单”，涉及通信设备、智能安防、人工智能、超算等多个领域。同时，美国商务部将出口管制中“源自美国技术”的标准比重一路下调，意图进一步限制我国企业采用美国技术及相关产品。

二是扩大技术出口管制领域范围。美国商务部提出了一份针对关键技术和相关产品的出口管制框架方案，列出了 14 个拟进行管制的领域，其中人工智能、微处理器技术、先进计算技术、量子信息和传感技术等 9 个领域均为当前 IT 领域研究热点，以限制我国向其获取相关技术和产品。

三是游说同盟国禁止采购我国 5G 设备。美国除出台国内法案《安全和可信通信网络法案》禁止采购我国企业通信设备外，还游说德国、法国、英国等欧洲国家以及日本、韩国等亚洲国家禁止采购华为 5G 通信产品，拟通过这种手段将我国企业及产品排除在全球主要国家市场之外。

第二节　主要内容

明确对极紫外（EUV）光刻掩模设计的“计算光刻软件”管制。计算光刻软件可以模拟芯片光刻工艺中的光化学反应和物理过程，实现对光刻掩模参数的理论预测、校正与优化。模拟过程主要分为光源掩模协同优化（SMO）、多重图形（MPT）、光学邻近效应修正（OPC）和反演光刻（ILT），对降低光刻光源的衍射效应、提升光刻工艺性能具有重要意义。计算光刻软件市场被美国、荷兰、德国供应商垄断，主要包括荷兰 ASML 的 Tachyon（SMO）、美国 KLA 的 Prolith（MPT）及德国 Siemens Mentor 的 Calibre（OPC）等产品，此次修订将进一步加剧上述企业的垄断优势。目前，我国集成电路制程工艺刚完成 16/14nm 规模量产，较国际先进水平尚落后 2～3 代。此时，在先进 EUV 光刻机管制基础上，增设计算光刻软件管制是对我国集成电路全产业链的封锁，将大大增加我国集成电路自主创新难度，迟滞我国技术突破进程。

增加 300mm（12 英寸）硅晶圆生产技术管制。此次修订在电子产品类别中增加了对 12 英寸硅晶圆的工艺技术管制，明确规定了大尺寸硅晶圆切割、研磨、抛光等高精度技术指标要求，涉及晶圆切割机、研磨机、抛光机等生产设备。硅晶圆生产技术与制造装备主要由日本企业主导。全球 12 英寸硅晶圆的主要生产技术由日本信越、日本胜高、我国台湾环球晶圆、德国世创及韩国 SK Siltron 五大头部供应商掌握，其中日本信越和胜高合计市场占有率过半。此外，全球列入统计的规模以上硅晶圆制造设备厂商中，日本企业数量最多，占比 31.2%，日本、欧洲、美国、韩国企业合计市场占有率约 83%，寡头格局稳定。目前，我国 12 英寸硅晶圆的月产量约为 30 万片，与实际需求相比，产能严重不足。随着 2020 年新基建大规模展开，智能终端、数据中心、车联网等电子信息产业将加大对高性能芯片的需求。此次修订可能导致我国大尺寸硅晶圆供需缺口进一步扩大，同时对后续国内 12 英寸硅晶圆进口先进装备、大幅提升产能提出严峻的挑战。

第三节 主要评价

坚持“有所为有所不为”，在系统梳理我国 IT 产业关键技术和产品短板基础上，按照保障产业安全的底线要求，选择有限目标集中资源持续投入，发挥出新型举国体制优势，加快实现关键技术创新突破，鼓励下游用户采用，坚定走以自主创新推动我国 IT 产业高质量发展之路。选择通信设备、液晶面板等我国具有一定优势的产业领域，实施“打造长板工程”，优先支持龙头企业发展壮大，形成全球竞争优势，增强我国产业核心竞争力。紧抓 5G、人工智能、智能汽车、量子计算等热点领域，做好新兴技术和产品超前布局，发挥大国大市场优势，积极抢占竞争制高点，打破落后挨打的被动局面。以市场换空间，不断优化我国 IT 产业供应体系。积极与非《瓦森纳协定》成员国开展关键材料、元器件、设备和软件的联合攻关，打造更加多元化的“进口保障区”。

第三十四章

欧盟《5G 工具箱》发布

欧盟网络与信息系统（NIS）合作小组于 2020 年 1 月 29 日发布了工作文件《5G 网络的网络安全：欧盟风险缓解措施工具箱》，作为欧盟范围内 5G 网络安全的指导原则。该文件针对 9 个风险场景，提出了 8 项战略原则、11 项技术原则和 10 项保障措施，通过其合理组合和有效实施形成了针对欧盟内部成员国的通用措施。其增强了欧盟的内部一致性和竞争规范性，为我国企业进入欧盟市场提供了通用准则，并为全球 5G 领域的技术、商业合作树立了新典范。

第一节　背景

《5G 网络的网络安全：欧盟风险缓解措施工具箱》（*Cybersecurity of 5G networks: EU Toolbox of risk mitigating measures*，以下简称《5G 工具箱》）是欧盟 NIS 合作小组以协调一致方式推进 5G 网络安全的阶段性文件，该文件针对 5G 网络安全的相关风险，提出安全防护的战略原则、技术原则和保障措施。

第二节　主要内容

5G 建设中存在网络配置、供应链安全等风险挑战。5G 网络的边缘计算、分布式结构等技术特性增加了安全防御的应对难度，而网络建设对运营商、设备供应商的选择更加剧了安全漏洞的潜在后果。对此，《5G 工具箱》整理提出 5 类共 9 个战略风险场景，一是与安全措施不足有关，包括网络配置错误、缺少访问控制等风险。二是与 5G 供应链有关，包括设备质量不达标、供应商来源单一等风险。三是与威胁者作案手法有关，包括外国通过 5G 供应链进行干预、个人或组织利用 5G 网络进行有组织犯罪等风险。四是与 5G 网络和其他关键系统的相互依赖有关，包括关键基础架构或服务的重大破坏、由于供电中断而导致的网络大规模故障等风险。五是与最终用户设备有关，包括利用物联网等智能设备攻击网络等风险。

战略层面遵循增强监管、分散风险的原则。《5G 工具箱》提出 4 类共 8 项战略原则，以应对第三国干扰、供应商依赖等非技术漏洞的相关风险。一是在监管权领域，要求各国加强主管部门的作用，以及对运营商进行审核并获取技术、采购等必要信息。二是在第三方供应商领域，要求各国评估并限制高风险供应商进入，以及增强对托管服务供应商、设备供应商三线支持的控制。三是在供应商多元化领域，要求各国通过适当的多供应商策略确保各运营商的供应商多样性，以及加强各国的控制能力，维持国家层级的供应商平衡。以上原则将在各成员国层级进行立法和执行。四是在 5G 供应链和价值链的可持续性和多样性领域，要求在欧盟层级识别关键资产并培育多样化和可持续的 5G 生态系统，以及维持和建立未来网络技术的多样性并确保欧盟的相应能力。对我国产业而言，上述原则既有利于企业参与欧盟市场，又为行政干预企业发展留下政策后手，利弊兼具。

技术层面以提升 5G 网络和设备安全性为导向。《5G 工具箱》提出 4 类共 11 项技术原则，以强化技术、流程、人员和物理安全。一是网络安全的基准原则，包括确保基线安全要求（安全网络设计和体系结构）的应用、确保及评估现有 5G 标准中安全措施的实施等原则。二是网络安全的 5G 特定原则，包括严格控制网络访问、增强虚拟网络的安全、确保 5G 网络管理运营监控的安全、加强网络的物理安全，以及强化软件更新和补丁管理等原则。三是与供应商流程和设备相关的原则，包括通过可靠的采购条件提高供应商流程中的安全标准，使用针对 5G 网络组件、客户设备和供应商流程的欧盟认证标准，以及将欧盟认证用于其他非 5G 特定 ICT 产品和服务等。四是弹性和连续性原则，确保网络在灾害下的持续运行，并使用具有足够长期弹性的供应商。

保障层面在欧盟一级对实施计划进行协调。《5G 工具箱》提出 6 类共 10 项措施，以保障相关战略原则和技术原则的实施，并强调在欧盟层级对优先次序、实施时间、措施进程等进行协调。一是针对网络安全，要求审查或制定有关网络安全的准则和最佳实践，以及加强国家和欧盟层级的测试和审核功能。二是针对标准化，要求切实推进 5G 标准化进程，制定在现有 5G 标准中实施安全措施的指南，以及通过特定的认证计划来确保技术标准和组织安全措施在欧盟范围内的应用。三是针对第三方供应商，要求欧盟内部交流相关战略措施的最佳实践经验，特别是评估特定国家的供应商风险状况。四是针对弹性和连续性，要求增强事件响应和危机管理之间的协调，以及增强 5G 网络与其他关键服务的相互依赖性审核。五是针对合作协同，要求增强欧盟内部的合作协调和信息共享机制。六是针对公共采购，要求由公共资金支持的 5G 部署项目确保实施网络安全风险评估。

第三节　主要评价

《5G 工具箱》为欧盟增强了内部一致性和竞争规范性。《5G 工具箱》促进形成了欧盟内部一致的 5G 网络安全框架；确定了一套针对各成员国的通用措施，通过欧盟的政策和协调来支持整个内部市场的一致性，并充分发挥成员国在国家安全方面的能力，具有较强的可操作性。《5G 工具箱》将促进欧洲以协调一致的方法解决与 5G 技术相关的安全挑战，特别是通过网络运营商的技术和组织的安全管理加速内部融合，从而对成员国内部和整个欧盟的信息和系统安全产生积极影响。《5G 工具箱》促进欧洲内部 5G 技术创新和生态构建。在技术创新方面，《5G 工具箱》将支持各成员国制定政策以促进欧洲科技公司的关键技术创新，并通过欧盟资助计划等创新研究来提升 5G 技术能力、加强软件开发和应用服务，从而维持欧盟在 5G 价值链中的技术主权。在生态构建方面，《5G 工具箱》将推动整个联盟的知识、技术、资金和创新企业集聚来促进 5G 产业生态和创新生态发展，促进欧洲 5G 设备和应用服务的多元化，从而建设形成多样化且可持续的欧洲 5G 生态系统。

《5G 工具箱》为我国企业提供了进入欧盟市场的通用准则和参与欧

洲 5G 网络建设的准入资格。欧盟《5G 工具箱》并未直接针对特定供应商或国家进行限制，而是以非歧视性的措施来规范市场，为各国延续与我国电信企业的网络建设合作提供政策依据。《5G 工具箱》将对 5G 供应商的选择从国际政治领域拉回到商业领域，从法律角度保障了我国企业参与欧洲 5G 非核心网络建设的入场资格。政策发布后，奥地利、德国等国均通过文件，不禁止华为参加 5G 网络建设。

《5G 工具箱》依然为欧盟国家的市场行政干预留下政策后手。《5G 工具箱》的措施实施仍可能受到美国对华战略的影响，未来可能针对高份额供应商、高风险供应商、非欧盟国家干预等方面实施行政管制。高份额供应商是指在单个运营商采购总额中超过一定份额的 5G 设备供应商，如英国以 35%作为阈值。英国 IHS Markit 统计，华为在 2018 年的欧洲基站市场中的份额占比超过 40%，因此一旦供应商多元化原则成为对运营商的强制要求，将对华为在欧洲的市场维持产生较大影响。高风险供应商是指由于多种原因在核心信息基础设施建设中不被当地政府充分信任的供应商。目前，英国将华为列为高风险供应商，沃达丰公司在核心网络建设中将华为排除在外。这不仅将影响到未来克罗地亚、爱尔兰、葡萄牙等沃达丰服务国家的 5G 独立组网（SA）网络建设，还将因目前 5G 非独立组网（NSA）特点造成现有 4G 核心网设备的更换。非欧盟国家干预的情况一方面是指美国未来可能对我国企业限制升级，会影响欧盟网络设备供应和软件更新，欧盟需对上述情况实时回应并予以调整，另一方面是出于政治偏见，暗指非欧盟国家可能对其进行信息数据采集进而威胁欧盟安全。

对全球合作树立技术、产业合作新典范。《5G 工具箱》将对技术、产业合作产生新引导。未来，全球 5G 合作将是区域内协同基础上的有限性开放。各个国家和经济体将形成与本地价值观、技术标准、法律法规、基础设施相适配的技术生态圈，对内强化联合开发，提升技术产业一致性，对外则强调技术主权，减少对外部关键技术的依赖。同时，在合作规则的制定方面，将采用非歧视性政策加预防措施的工具组合，以增大对供应链安全的操控空间。与美国的“实体清单”措施相比，欧盟《5G 工具箱》兼顾了 5G 网络的建设速度和安全性要求，对供应商提出相对客观的风险评价体系，对全球技术、产业合作的积极意义不容忽视。

第三十五章

博格华纳收购德尔福科技

2020 年 1 月底，汽车零部件跨国企业博格华纳（BorgWarner Inc.）与德尔福科技（Delphi Technologies PLC）宣布达成最终交易协议，博格华纳将以全股份交易的方式收购德尔福科技。面对当前车市寒冬以及汽车智能化、电动化发展浪潮，汽车电子行业拆分并购将进入活跃期，巨头报团取暖将成为常态，产业格局在未来 3～5 年将出现明显变化。

第一节　背景

汽车市场持续低迷造成汽车电子行业巨头利润下滑。LMC Automotive 的数据显示，2019 年全球汽车市场销量为 9030 万辆，同比 2018 年减少 4.3%，连续第二年出现下滑，降幅较 2018 年扩大了 2.5 个百分点。两大单一国家市场中国和美国均出现了汽车销量的连续下滑。中国 2019 年汽车销量为 2577 万辆，同比下降 8.2%，降幅较 2018 年扩大 5.4 个百分点。美国 2019 年汽车销量为 1710 万辆，同比减少 1.2%。随着全球经济下行压力增大，全球汽车市场还将延续下滑态势。受此影响，全球汽车电子市场出现萎缩。根据艾媒数据中心数据，2018 年全球汽车零部件市场规模为 9500 亿美元，同比下降 0.3%，2019 年将继续下降至 9400 亿美元。同时，大部分汽车电子行业企业营收出现下滑，利润明显下降。

电动汽车渗透率快速提升造就汽车电子行业新增长点。近年来，随着各国应对温室气体排放进而加大电动汽车的应用推广力度，全球电动汽车渗透率快速提升。EV Sales Blog 的数据显示，2019 年全球电动汽车销量突破 220 万辆，同比增长 10%；在全球汽车市场的份额为 2.5%，这一数字较 2018 年提高了 0.4 个百分点。随着挪威、德国、英国等多个国家先后发布传统能源汽车禁售时间表，电动汽车产销量将保持快速增长势头，全球汽车市场转型迫在眉睫，各大汽车厂商均在加快布局电动汽车。在电动汽车带动下，以电池、电驱、电控为代表的“三电”系统成为带动汽车电子行业增长的主力军，也是各大行业巨头的竞争焦点。以动力电池为例，2019 年全球动力电池装机量超过 110GWh，同比增长 20%以上，而 2016 年全球动力电池装机量还仅为 40GWh 左右。

汽车智能化浪潮有望颠覆汽车电子产业现有格局。传感技术、高精度定位、人工智能、5G 通信等新一代信息技术快速演进，并与汽车产业的深度融合，已经催生汽车智能化发展浪潮，自动驾驶、车联网等新业态应运而生。以 Waymo、Mobileye、特斯拉为代表的创新企业，以及英特尔、英伟达、谷歌、高通、苹果、百度等 IT 行业巨头纷纷涉足其中，平台化、模块化、软硬件解耦等新型设计理念正在颠覆传统汽车发展思路，集感知、计算、决策、通信功能为一体的汽车智能计算平台日益成为竞争焦点，而传统的汽车电子电气架构正在发生显著变化，汽车电子产业迎来了产业变革和生态重塑的历史新机遇。以 Mobileye 为典型代表的一批新的汽车电子供应商快速崛起，汽车电子产业格局迎来新变化。2019 年，Mobileye 营业收入接近 10 亿美元，而在 2016 年还不到 3.6 亿美元，近三年年均增速均保持在 40%左右。

第二节　主要内容

跨国巨头加快重组、布局未来。近三年来，跨国巨头纷纷对业务进行重组，积极布局未来竞争焦点领域。德尔福汽车系统公司于 2017 年率先进行拆分，母体公司改名为 Aptiv（安波福），专注于自动驾驶、数据、车联网等前沿业务；分拆出去的公司就是德尔福科技，依旧负责原来的内燃技术、软件和控制，以及电气化推进系统。2019 年，安波福营收 144 亿美元，同比增长 4%，在汽车电子行业市场规模整体下滑的形势下殊为不易。德国大陆公司于 2018 年进行组织架构调整，将动力总成业务独立出来；日本电装同样在 2018 年对组织架构进行大规模调整，并加大在汽车电气化、自动驾驶等领域的投资力度；爱信精机合并旗下两家变速箱子公司 Aisin AW 和 Aisin AI，提升应对电动车和自动驾驶发展的效率；日立本田合并旗下厂商，以集中优势开发实现自动驾驶系统。这一系列动作都表明，跨国巨头积极面对汽车电子行业新挑战，主动进行架构调整、业务拆分，实现业务聚焦，以抢占未来电动化、智能化发展的主动权。

领军企业积极并购、壮大实力。在部分跨国巨头进行业务拆分的同时，一些汽车电子行业领军企业趁机开展并购，通过引入技术、业务整合实现竞争力提升。2019 年，采埃孚以 70 亿美元收购威伯科，进而完善整个商用车技术组合，提供全套自动驾驶解决方案。这笔交易成为近两年来汽车电子领域交易金额最高的并购案。2019 年汽车电子领域的大型并购案还有：舍弗勒收购软件和电子解决方案公司 XTRONIC；博格华纳先后收购莱因哈特驱动系统有限责任公司及 AM Racing 股份有限公司，强化电动汽车驱动系统解决方案供给能力；李尔以 3.2 亿美元收购汽车软件生产商 Xevo，以扩大其智能网联业务。2020 年伊始，博格华纳决定斥资 33 亿美元收购德尔福科技，目的是整合德尔福科技技术和产品，强化其电子电力产品组合、产能和规模。这只是拉开了 21 世纪第 3 个十年汽车电子领域并购大潮的帷幕，随着汽车及汽车电子转型步伐的加快，超级并购、抱团取暖出现的频率将越发频繁。

第三节　主要评价

企业要抓住机遇提前谋划。当前全球汽车市场持续低迷，汽车电子市场大受影响，国际上一些知名汽车电子巨头将会借此机会剥离相关业务、轻装上路，这为我国汽车电子飞跃发展提供了历史契机。一如当年韩国半导体、我国显示面板产业发展之路，我国企业要抓住这一历史机遇，提前谋划，趁机并购国际巨头部分业务或者有关企业，进入全球汽车电子一级供应商行列，进而带动我国相关汽车电子企业打入全球汽车电子供应链，全面提升我国企业国际竞争力，实现我国汽车电子产业全面发展。

积极布局汽车智能计算平台。把握汽车智能化发展趋势，抓住产业发展窗口期，以智能网联汽车、车联网需求为导向，从国家层面出台加快汽车智能计算平台发展指导意见，明确发展方向及重点任务，突破关键技术和产品，拓展应用场景，丰富商业模式，构建并完善以智能计算平台为核心的汽车电子产业生态体系，抢占未来产业发展的主动权，在“换道”竞争中脱颖而出。

第三十六章

美国对中国再次扩大“实体清单”

2020 年 5 月 23 日，美国商务部将我国 33 家企业和机构加入出口管制“实体清单”。新增“实体清单”聚焦网络信息安全、人工智能等领域。相关实体短期内供应链和市场受影响较小，但从长期来看仍受到基础软硬件的较强制约。美国在此次“实体清单”中开辟了网络空间这一新管控领域，并在技术源头、贸易服务领域加大限制。

第一节　背景

“实体清单”首次增加网络信息安全企业。新增“实体清单”首次瞄准我国网络信息安全企业，将奇虎 360 纳入出口管制名单。奇虎 360 是国内领先的网络信息安全企业，其 PC 端安全产品的市场渗透率达 97.84%。

人工智能创新企业仍是受打击的重中之重。此次“实体清单”增加云从科技、达闼科技等 8 家人工智能企业，至此国内主要 AI 独角兽企业均已“上榜”（旷视、商汤、依图于 2019 年 10 月被列入“实体清单”）。云从科技是我国人脸识别设备研究制造领域的领头羊，相关设备广泛用于中国银行、建设银行等 400 多家银行，其具有自主知识产权的跨镜追踪行人重识别技术已服务于我国 30 个省级行政区公安系统。达闼科技是全球云端机器人领域的头部企业，其医护助理机器人在武昌方舱医院新冠肺炎疫情救治中发挥了重要作用。东方网力及其子公司深网视界、云天励飞及银晨智能科技相关 AI 产品在城市公共管理、安防监控等领域得到广泛应用。

第二节　主要内容

网络空间管控成为美国对我国进行限制的新手段。网络空间包括互联网、通信网、计算机系统、自动化控制系统、数字设备及其承载的应用、服务和数据等，正成为政治安全、经济安全、文化安全、军事安全等国家安全新的制高点。美国凭借其互联网先行优势和 Wintel 联盟底层架构在网络信息安全领域构建起全球霸权。近年来，我国在信息安全、人工智能、安防监控等领域取得显著的技术进步，形成了海量的攻击样本知识库和公共安全数据库，对国外高级持续威胁（APT）、网络攻击和网络后门的发现、防护、识别追踪能力大幅提升，并正在加强网络安全、数据安全的立法工作，提升网络空间安全防护能力及供应链控制能力。

技术创新源头的限制范围进一步扩大。"实体清单"扩大了创新链基础研发环节的限制范围，一方面进一步扩大了对高校院所限制的覆盖范围，国内已有 13 所高校和超过 56 家研究机构被列入"实体清单"；另一方面进一步加强了对航天自动化、海洋装备等重大科技领域和物理、数学、计算机、材料等基础学科的限制力度。

贸易服务环节将成为受美国新一轮打击的重点。"实体清单"新增 10 家从事产品代理、进出口贸易的产业链下游服务企业。至此"实体清单"中的贸易服务企业已超过 25 家，且未来所占比重仍可能上升。

美国限制与我国在 5G、人工智能等领域的国际交流与合作。同时美国将基础软硬件、关键材料等作为打击其他国家供应链的有效工具。

第三节　主要评价

强化国际国内"双循环"供应链建设。梳理国内企业基础软硬件短板目录，强化短板领域应用迭代，建设国内基础软硬件开源生态。加强开放合作，通过海外联合研发、版权买断和企业并购等方式获取软硬件底层架构、基础算法等授权。加快建立供应链安全管理体系。

加强技术源头供给与产业化。围绕5G通信、人工智能、先进计算、信息安全等受限领域加强高校院所与产业界的深度合作，立足集中力量办大事的制度优势，进一步扩大在基础研发领域的投入。鼓励原创性、颠覆性前沿技术创新，加大产业化推进力度。调整对外学术交流方式，保障我国科研人员在海外的人身安全。表明对待产业事务和政治事务的应对态度。

第三十七章

英特尔发布神经拟态系统

英特尔于 2020 年 3 月 19 日发布其神经拟态系统 Pohoiki Springs。Pohoiki Springs 基于其自主研发的类脑芯片 Loihi 进行搭建，能够从真正意义上打破冯·诺依曼体系，模仿人脑运算过程。英特尔表示，与传统 AI 运算系统相比，神经拟态系统具有更快的运算速度以及更低的能耗。由于目前传统 AI 计算模式的缺点，神经拟态计算或成为探索未来新一代人工智能的新范式。

第一节　背景

神经拟态系统使用新一代类脑芯片作为运算单元。英特尔发布的神经拟态系统 Pohoiki Springs，使用的是其自主研发的神经拟态芯片 Loihi。Loihi 芯片不采用传统硅芯片的冯·诺依曼计算模型，而是模仿人脑原理的神经拟态计算方式，可以大幅度提升运算速度、降低能源消耗。与传统芯片相比，Loihi 采用“存算一体”的结构模式，最小化了数据传输的距离，大幅提升了运算速度。另外，Loihi 能够进行异步运算，在运算时不需要同时启动所有神经元，能耗比大大提高。英特尔表示，Loihi 能用比传统处理器快 1000 倍的速度和高 10000 倍的效率处理图式搜索、路径规划、同时定位和建图、约束满足等特定要求的工作负载。

神经拟态系统运算模式更加接近人脑。Pohoiki Springs 由 768 块 Loihi 神经拟态芯片组成，包含高达 1 亿个神经元，其神经容量已经达到小型哺乳动物大脑的水平，这是在复杂神经拟态计算道路上迈出的重要一步。Pohoiki Springs 各个神经元可以并行异步运算，进行分工合作，使得 Pohoiki Springs 具备更智能的运算能力，通过短时间、少量数据的训练便能够应对不同种类的事件，在面对不同的突发状况时，迅速做出类似人脑的随机应变的反应，使其更加接近“自然智能”。另外，由于各个神经元是异步运算的，与传统 AI 系统相比具备更高的容错率，即单个神经元的损坏并不影响整个系统的稳定性。

神经拟态系统具备可扩展性。当运算更大规模的问题时，Pohoiki Springs 比传统 AI 解决方案更加快速、高效，这模仿了自然界中从昆虫大脑到人类大脑的可扩展性，通过运行实时深度学习基准测试，证明了神经拟态系统在网络规模扩大 50 倍后仍能维持实时性能，且功耗仅增加 30%。神经拟态系统的可扩展性大大提高了其灵活程度并降低了面对复杂问题时的更新成本，在面临新问题或由于业务需求需要增加其运算能力时，不需要重新建立新的运算系统，只需要在原有系统上进行扩展。

第二节　主要内容

从技术发展角度看，神经拟态系统可以解决传统 AI 系统现存的三大问题。传统 AI 系统仍然面临三大问题：一是训练周期较长，训练 CNN、RNN 等传统深度网络需要数周时间；二是使用成本高昂，用大量 GPU 连续进行计算对于电能的消耗是十分巨大的，如从亚马逊的云计算服务平台租用 800 个 GPU 一个星期就会花费大约 12 万美元；三是对于数据量要求严格，在大部分情况下，没有足够的、质量高的训练数据，对神经网络的训练很难成功。神经拟态系统可以良好地解决上述问题，其训练速度及能耗比远远优于传统 AI 系统，对网络的训练及运算不需要耗费大量的能源和时间。同时，由于神经拟态系统更加智能化，对于数据量的要求大大降低，Pohoiki Springs 可以通过对图像的单次学习达到对类似图像的精准识别。

从生态培养角度看，各大科技巨头纷纷进行神经拟态系统布局。早在 2017 年 9 月，英特尔就发布了神经拟态芯片 Loihi，之后不断取得新的突破和进展，同年成立了英特尔神经拟态研究社区（INRC），推动了神经拟态计算的发展。在 2019 年 7 月 16 日，英特尔发布初代神经拟态系统 Pohoiki Beach，其包含 64 颗 Loihi 芯片，集成 1320 亿个晶体管，拥有 800 万个神经元，该神经拟态系统已经具备初步的计算能力。此次发布的神经拟态系统为 2019 年发布版本的扩展和升级，具备更强的运算能力。除英特尔外，IBM 也在神经拟态计算领域进行了布局，自 2008 年 IBM 便在美国国防部高级研究计划局 DARPA 的支持下进行自适应可扩展塑性电子神经形态系统（SyNAPSE）的研究。类脑芯片 TrueNorth 是该项目下的产品，该芯片内置 100 万个模拟神经元，已经具备较高的计算水平。

从商业投资角度看，神经拟态系统受到资本市场青睐。据中金公司预计，神经拟态芯片市场规模将在 2022 年超过 350 亿美元，庞大的市场规模为神经拟态计算的发展提供良好的发展动力。Eta Compute、GrAI Matter Labs、GyrFalcon、aiCTX、BrainChip Holdings 等神经拟态领域初创公司均受到了投资市场的广泛关注。如澳大利亚神经拟态芯片企业 BrainChip Holdings 于 2017 年获得 2150 万澳元的融资；瑞士类脑芯片初创企业 aiCTX 于 2018 年完成数千万元的 Pre-A 轮融资；神经拟态计算先驱 GrAI Matter Labs 也于 2018 年获得 1500 万美元的融资。同时，在英特尔宣布其发布最新神经拟态系统 Pohoiki Springs 后，其股价上升幅度明显，更加印证了投资市场对神经拟态系统及其相关技术的关注度较高。

第三节　主要评价

神经拟态系统或成为新一代人工智能基础设施。由于传统人工智能存在周期长、成本高和数据质量要求严苛等缺点，越发不能满足对人工智能日益增长的需求，新计算技术或运算架构的出现是必然趋势。目前来看，量子计算与神经拟态计算成为未来人工智能发展的主要解决方案。从人工智能的角度来讲，量子计算只是提高了运算速度，并不能改变人工智能系统的运算模式，同时大量的纠错量子位同样会造成大量的能源浪费。而神经拟态计算通过神经元的异步运算能够真正实现对人脑的模拟，与对人工智能的计算需求更加贴合，同时其低能耗的特点更是量子计算无法比拟的，神经拟态系统将有更大可能成为未来高级人工智能部署的主要计算架构。

我国应加大神经拟态技术的建设部署力度。一是加强顶层设计，建议在“十四五”及新基建的建设布局中，增加神经拟态技术发展的相关内容。二是扶持我国相关企业、科研机构，对清华大学类脑计算研究中心、西井科技等机构及企业进行资金和政策支持，抓住神经拟态领域的发展机遇，打造我国神经拟态技术体系。

第三十八章

立讯精密收购纬创 iPhone 制造业务

2020 年 7 月 17 日，立讯精密宣布收购纬创的 iPhone 制造业务，收购完成后立讯精密将成为苹果手机的首家中国大陆代工厂商。本次收购是苹果推行供应链多元化发展战略的体现，中国大陆企业在苹果供应链中的占比将日益增大。苹果供应链管理战略对我国企业具有借鉴意义：对整机企业而言，打造多元化、精益化的供应链提升核心竞争力；对 ODM 代工厂而言，加大研发创新投入提升全球竞争力。

第一节　背景

中国大陆企业在苹果供应链中的比重日益增大。在苹果全球 200 大供应商 2019 年版名单中，美国、中国台湾、中国大陆、中国香港、日本、韩国的供应商数量分别是 40 家、46 家、30 家、10 家、39 家、14 家，其他 21 个国家的供应商总数为 21 家。和 2018 年版名单相比，韩国、中国大陆和中国香港各增加了 3 家供应商，中国台湾、日本各减少了 5 家供应商。同时，2019 年苹果全球 200 大供应商的中国大陆工厂数量为 383 家，同比增加了 27 家。中国大陆企业所涉及的业务包括原材料、结构件、代工制造等。中国大陆制造业的竞争优势明显，在苹果供应链中的地位处于上升期，近期内暂无其他国家和地区可以替代。

第二节　主要内容

立讯精密通过收购纬创昆山公司进入苹果手机整机代工业务。2020

年7月17日，立讯精密宣布收购纬创投资（江苏）有限公司及纬新资通（昆山）有限公司100%的股权。收购完成后，立讯精密能为苹果代工iPhone整机产品。立讯精密在2011年收购昆山联滔后成为苹果iPad连接线的主要供应商之一，在2017年上半年成为苹果无线耳机AirPods的代工厂商，随后立讯精密的订单比重超过英业达，成为AirPods最大的代工厂商。苹果已成为立讯精密的第一大客户，2019年苹果订单贡献了立讯精密年营业收入的55.43%。在收购纬创成功后，立讯精密对苹果的代工将从零部件、AirPods等可穿戴设备拓展到整机代工业务。

苹果大力推行供应链多元化发展战略，不断引入新的供应商。苹果在供应链管理中实行“2+1”策略，手机组装供应商为鸿海、和硕和纬创，AirPods组装供应商则为立讯精密、歌尔股份和英业达。由于鸿海生产了超过50%以上的iPhone，苹果一直计划导入新供应商，减少对单一供应商的长期依赖性，进一步提高议价权。为了进一步降低产品的制造成本，苹果开始扶植许多具备制造、资本实力且兼具成本优势的中国大陆供应商。此前，苹果的扶植对象以二、三级的零部件厂商为主，一级的整机组装供应商不多，立讯精密凭借其在成本管控、运营效率、客户配合度等方面的优势获得苹果青睐，进入苹果整机组装供应商名单。

第三节　主要评价

对整机企业而言，打造多元化、精益化的供应链提升核心竞争力。一方面，进行多元化、全球化的产业链布局，在全球选择合适的供应商和生产资源。每个零部件至少有2家供应商，避免单一供应商断货的风险。积极应对复杂的国际贸易形势，规避关税风险，进行全球产能布局，根据客户的市场布局就近生产。另一方面，与供应链厂商深入合作形成利益共同体，从新品研发、成品量产到市场销售全流程合作，让供应链厂商在产品设计阶段协同优化，提前对接产品设计与工艺设计，做好库存管理，控制产品成本，提高新品迭代速率。

对ODM代工厂而言，加大研发创新投入提升全球竞争力。一方面，抓住5G新基建机遇，加大企业工业互联网新型基础设施建设力度，加快企业数字化、网络化、智能化转型步伐，提升整体智能制造水平，以先进设备代替人工环节，解决因劳动力短缺带来的成本上升问题，保持价格优势、成本优势和产品良率优势。另一方面，加强新产品、新技术、新工艺等前瞻领域的研发投入，进行专利布局保持技术领先优势，持续研发新形态、新功能消费电子产品，开拓新兴、智能消费电子领域市场，提高从概念机到量产机的中试效率。

第三十九章

苹果开放自研 ARM 架构处理器

苹果在 2020 年全球开发者大会上宣布将针对 Mac 系列产品推出基于 ARM 架构的自研处理器 Silicon，计划从 2020 年底开始出货，在两年的时间里完成过渡。作为消费电子行业标志性企业，苹果采用 ARM 架构处理器将撬动全球个人计算机（PC）生态，ARM 架构处理器有望借机打开 PC 市场。

第一节　背景

苹果良好的移动生态体系为 PC 生态移植奠定了基础。凭借强大的软硬件整合能力，苹果构建出封闭的“硬件+操作系统+应用商店”移动生态体系。在苹果众多的产品线中，iPhone、iPad、Apple Watch 及 AirPods 等产品先后都采用了 ARM 架构的自研处理器并在强大的产业生态支持下取得了成功，目前仅剩下 Mac 计算机用的是英特尔定制化的 X86 架构处理器（只供苹果）。在此次开发者大会上，搭载 ARM 架构自研处理器的 Mac 计算机可以流畅运行办公、图像处理、视频编解码等程序，可见良好的产业生态已经为苹果自研处理器在 Mac 计算机上的应用奠定了坚实基础。通过此次转换自研处理器，苹果将会形成一个贯穿全线产品的处理器架构，真正实现“软硬件一体”。

苹果有望通过标杆效应带动其他品牌效仿。苹果不是第一家将 ARM 架构处理器导入 PC 产品的企业，联想、华硕、惠普、华为等企业都曾推出过搭载 ARM 架构的高通处理器的笔记本电脑产品，但市场反响平平，笔记本电脑处理器市场仍然被 X86 架构垄断。苹果作为全球消费电子行业标志性企业，近些年一直在引领产业发展潮流。此次，苹果采用 ARM 架构的自研处理器，将发挥其行业标杆作用，带动其他 PC 品牌企业逐步采用 ARM 架构处理器。

全球 PC 产业生态格局将面临重塑。苹果已经在推动构建基于 ARM 架构处理器的 PC 产业生态，其在官网上发布了“通用应用程序快速启动项目”以支持开发和测试适应 Mac 计算机自研处理器的应用，微软、Adobe 等国际大品牌软件企业也准备开始和苹果合作开展相关适配工作。一旦苹果取得成功，将涌现出一大批支持 ARM 架构处理器的 PC 软件和应用程序，全球 PC 产业将形成以 ARM 架构处理器为核心的新生态体系，这将冲击已经成熟多年的基于 X86 架构处理器的 PC 产业生态体系。

第二节　主要内容

从技术角度看，ARM 架构处理器性能持续提升，初步具备成为 PC 处理器替代方案的能力。ARM 为 32 位精简指令集处理器架构，具有体积小、低功耗、低成本、执行效率高等优点，在智能手机、工控机、智能硬件等产品上广泛应用，但在执行复杂指令、串行任务等方面与 X86 架构还有明显差距。随着设计水平及制造工艺的不断提升，尤其是 SoC 的快速发展，ARM 架构处理器性能明显改善，能够基本满足大部分 PC 产品的需求。高通的骁龙 855 处理器、华为的鲲鹏 920 处理器等 ARM 架构处理器，性能相当于或者略高于 X86 架构的英特尔 i5 处理器，能够支持办公、社交、图片处理等大部分 PC 应用程序运行。苹果没有公布自研处理器相关技术指标，但应该足以支持 Mac 运行。

从生态体系看，移动泛在连接正在打破 PC 固有生态，为以 ARM 架构处理器为核心的生态建设创造了机会。随着 5G 网络建设步伐加快，万物互联逐步成为现实，云端存储和计算蓬勃发展，办公、社交、游戏等应用程序开始“云化”，智能手机、PC、智能硬件等多终端产品融合趋势日益明显，底层软硬件架构逐步打通，PC 产业由 Wintel 体系构建起来的生态边界正在被消解。同时，不断发展、扩张的移动互联网生态创新活跃，参与企业众多，其向PC端迁移更具优势，而ARM生态开源化、平台化的发展模式支持海量应用扩张，将大大加速以ARM架构处理器为核心的PC产业生态构建过程。

从市场拓展看，消费者体验感成为制约ARM架构处理器向PC市场渗透的主要因素。苹果在PC市场的份额有限，2019年Mac计算机的销量约为1800万台，占全球PC销量的6.6%。由于苹果在全球PC市场的份额较小且还计划用两年时间完成对X86架构处理器的替代，联想、惠普、戴尔等主要PC厂商会视苹果的替代效果来决定投入力度，因此短期内ARM架构处理器还难以冲击X86架构处理器的霸主地位。更关键的是，当前PC市场适配ARM架构处理器的基础软件和应用程度较少，生态尚不成熟，搭载ARM架构处理器的PC产品用户体验感不高，消费者埋单意愿有待观察，ARM架构处理器在PC市场站稳脚跟尚需时日。

第三节　主要评价

抓住有利时机，加快布局基于ARM架构处理器的PC产业生态建设。当前新一轮技术和产业变革对算力需求达到了新高度，计算产业正处于重塑发展格局的黄金时期。借鉴苹果采用自研ARM架构PC处理器，抓住这一历史机遇期，充分利用华为、CEC等企业在ARM架构处理器上的已有基础，发挥我国整机系统强项和大市场优势，全面加强顶层设计和战略布局，加速构建基于ARM架构处理器的PC产业生态，探索出一条适合我国国情的计算产业生态建设道路。

要发挥市场牵引，着力推动ARM架构处理器在计算领域的迭代发展。提供稳定市场空间，为ARM架构处理器在计算市场站稳脚跟提供坚强保障。瞄准金融、能源、电子政务、智慧城市等重点行业信息技术应用需求，研究制定政策措施，明确要求信息基础设施、信息系统等建设需采用二元技术路线，着力为ARM架构处理器在PC、服务器、超算等领域发展创造市场空间。大力推动开展典型行业应用示范，培育基于ARM架构计算系统的应用服务解决方案，推动应用服务由X86架构计算系统向ARM架构计算系统迁移。

第四十章

国产高动态范围标准发布

2020 年 9 月 4 日，中国超高清视频产业联盟（CUVA）于北京梅地亚中心举办高动态范围（HDR）标准发布会，正式发布“CUVA HDR 标准”。

第一节　背景

为加快推动超高清视频产业发展，提升超高清视频核心关键技术标准影响力，促进视频技术创新与产业化应用，中国超高清视频产业联盟标准组组长单位中国电子技术标准化研究院联合中央广播电视总台、国家广播电视总局广播电视规划院，以及超高清视频产业链上下游龙头企业，于 2019 年 12 月 12 日成立“CUVA HDR 标准工作组”，开展 HDR 技术方案和算法标准研究，并于 2020 年 7 月 2 日在北京组织召开了联盟标准审查会。与会专家一致认为，该标准是超高清视频领域的重要基础性标准，对推动视频标准在信息和媒体产业的应用具有重要意义，并将标准名称确定为《高动态范围（HDR）视频技术》（以下简称“CUVA HDR 标准”）。

第二节　主要内容

CUVA HDR 不仅可以呈现丰富色彩及层次，提高明暗对比；还可以增强纵深感及细节，画面将更加趋近真实世界。CUVA HDR 标准是一个开放的、产业安全的技术标准，采取了友好的知识产权政策，CUVA HDR 源代码面向联盟会员开源，共同打造丰富的端到端的生态系统解决方案。

CUVA HDR 在亮度适配等方面已达到、甚至超过国外的解决方案。腾讯视频成为首家商用 CUVA HDR 标准的视频平台；索贝、当虹、上海海思、海信、TCL 等各自研发了支持 CUVA HDR 的非线性编辑工具、编码器、芯片及终端产品，整体将在 2020 年底具备商用条件。

第三节　主要评价

中国超高清视频产业联盟发布的 CUVA HDR 标准，是超高清视频产业标准化工作的又一里程碑，对于加速超高清视频技术演进、促进产业链上下游协同、推动产业健康快速发展起到至关重要的作用。同时，CUVA HDR 标准是一个开放的、知识产权政策友好的、具备产业安全要求的标准，是国内产学研用多部门大力协同、联合推进的结果，其发布将对超高清视频产业提供有力的技术支撑。

展 望 篇

第四十一章

主要研究机构预测性观点综述

后疫情时代，电子信息产业各领域加速布局，新技术、新应用推进全球数字经济转型。CES、德勤、Gartner、阿里巴巴达摩院等机构纷纷对 2021 年信息技术科技趋势进行了展望，认为 5G、人工智能、边缘计算、超高清、虚拟现实、增强现实、量子计算等将成为 2021 年技术创新的热点，这些技术催生的智能家居、智能信息科技将使人们的工作和生活更加互联化和智能化。

第一节　CES：2021 年科技趋势报告

一、医疗科技将加速发展

新冠肺炎疫情使与环境健康相关的智能家居设备变得热门，家用健身设备、内建语音功能的门锁等设备出笼，可以监控人们身体健康的穿戴式设备纷纷推出。智能口罩、强调家庭卫生的非接触式电器或装置，以及透过语音控制的家电都成为关注的热点。

二、机器人的应用更加广泛

机器人的应用在自动化流程和强调保持社交距离的环境中越来越广泛。医院、餐厅等聚集性公共场所的机器人使用量显著提高，清洁、服务、烹饪、陪伴等类型机器人受到市场欢迎。除智能家居外，电动飞行车引起关注。摩根士丹利曾预估，自驾飞行车市场规模在 2040 年可能达 1.5 兆美元。通用汽车在 2020 年与旗下豪车品牌凯迪拉克共同发布了“凯迪拉克电动飞行车”，进军个人空中运输领域。该款飞行电动车可搭载一名乘客，垂直升降，并以每小时约 90 千米的速度飞行，作为个人在城市中通勤移动的新选择。

三、显示互动产业大热

2021 年将会出现更多的 8K 电视机、更多样化的 OLED 面板，以及采用 Micro LED 与 Mini LED 面板的电视。LG、三星、索尼、松下和 TCL 纷纷发布全新的电视技术和型号。分辨率更细致、屏幕弯曲、更轻薄便宜、方便互动、更大尺寸的电视机是行业发展趋势。

四、5G 成为成长的动力引擎

AI 和 5G 的融合将创造许多新范例，进而支撑整个经济创造出更多工作机会。IHS Markit 发布的《5G 经济》研究报告预测，到 2035 年，全球将有 2280 万个与 5G 相关的工作，5G 行业将创造 13.1 兆美元的销售额。

五、语音助理与 AI 结合促进创新

AI 与语音助理结合，向消费者展示新的使用体验。这些语音助理除了出现在手机和智能家居设备上，还会出现在更多的穿戴式智能设备上，如在不需要手机的情况下直接使用搭载 Alexa 的 Echo Loop 戒指和 Echo Frames 智能眼镜等产品。

第二节　德勤：2021 年科技、传媒和电信行业预测

一、边缘计算和智能化推动科技和电信行业发展

到 2021 年，全球智能边缘市场规模将达到 120 亿美元，并保持 35%左右的年复合增长率。电信企业部署 5G 智能边缘、大型云服务供应商优化其基础设施和产品服务促进了边缘计算和智能化的大力增长。在这些企业的引导下，到 2023 年，预计将有 70%的企业将采用边缘计算进行数据处理。

二、云技术和应用稳中求突破

尽管经过了井喷式爆发的发展阶段，但相较于其他领域，云技术和应用仍保持高速增长。新冠肺炎疫情改变了工作模式，企业需节约成本并寻求新的协作方式，上云成为企业的首要选择之一。德勤预测，2021—2025 年，云收入增速将保持在 30%以上，全球约 90%的企业将依赖混合云。

三、开放式虚拟化未来移动网络实现突破

开放式无线接入网（RAN）能够降低成本，打开由少数供应商占据主导的市场，迫使老牌供应商转向以软件为中心的策略，通过竞争推动更大的创新。包括 O-RAN 联盟、电信基础设施项目（TIP）、开放式 RAN 政策联盟、开放网络基金会（ONF）在内的大多数产业联盟已形成统一阵线，协同推进开放式 RAN 解决方案。目前，全球已部署 35 个开放式 RAN，预计到 2023 年，超过 80%的核心无线网络部署将实现虚拟化。

四、女子体育的商业价值提升

女子体育收视率不断增长，媒体报道不断增加，转播权市场也开始扩大。相较于男子体育，女子体育的商业化正处于起步阶段，目前越来越多的女子体育项目开始单独招商，包括足球在内的一些著名球队开始投资女子项目。下一步广播公司应加大对女子体育的投入，服装品牌可以进一步拓展女子运动服装市场，全球及国家级体育协会应提高女性董事占比，共同促进女子体育的商业发展。

五、8K 浪潮来袭，电视开启新纪元

因成本限制、内容匮乏、与 4K 对照不明显等因素，8K 的大规模应用一直受到挑战。通过智能手机拍摄、远程工作推广等，8K 应用有望实现突破。预计 2021 年，8K 电视的全球销售收入将达到 33 亿美元，与制作 8K 内容相关的设备的全球销售额将达到数亿美元。

六、虚拟与现实连接

2020 年，全球数字现实头盔、软件和服务的总支出上升至 120 亿美元，较 2019 年增长 50%，低于预期的 80%，但也远高于在 2020 年同比下降超过 5%的全球信息技术支出。预计 2021 年，数字现实头盔在企业和教育机构的带动下，销量将比 2019 年增长 100%，到 2024 年，XR（VR、AR 和 MR）行业规模有望达到 730 亿美元。

七、视频问诊爆发式增长

新冠肺炎疫情导致大部分活动转为线上开展。视频问诊在经历一段时间的质疑后获得了很多患者的认可。预计 2021 年，全球视频问诊的比例将从 2019 年的 1%上升至 5%，市场规模约为 250 亿美元；纯远程医疗虚拟问诊技术市场将达到 80 亿美元；将售出超过 330 亿美元的医疗级家庭保健技术，比 2019 年增长近 20%。

第三节　Gartner：2021 年重要战略技术趋势

一、行为互联网

行为网络（Internet of Behaviors，IoB）结合了直接关注个人的现有技术，例如，面部识别、位置跟踪和大数据，并将结果数据与相关的行为事件（如现金购买或设备使用）连接起来。企业机构利用这些数据来影响人们的行为。例如，为了在大流行期间监测健康协议的遵守情况，企业可以通过计算机视觉利用 IoB 来查看员工是否戴着口罩，或者通过热成像来识别发烧的员工。Gartner 预测，到 2025 年底，超过一半的世界人口将会接受至少一个 IoB 计划，无论是商业的还是政府的。虽然 IoB 在技术上是可行的，但对于所采用的各种影响行为的方法，将会有广泛的伦理和社会争论。

二、总体体验

新冠肺炎疫情使交互变得更加机动、虚拟化和分布式，企业机构需要有总体体验（Total Experience，TX）战略。TX 致力于改善体验的多个组成部分，以实现业务成果的转型。这些交织的体验是企业从大流行中复苏的关键驱动力，企业正寻求通过利用新的革命性体验来实现差异化。Gartner 预计，在未来三年内，提供 TX 的企业将在关键满意度指标方面超过竞争对手。

三、隐私增强计算

随着全球数据保护法规的成熟，每个公司都面临着比以往更多的隐私不合规风险。与普通的静态数据安全控制不同，隐私增强计算在保护使用中的数据的同时，确保保密性或隐私。Gartner 认为，到 2025 年，一半的大型企业机构将实现隐私增强计算，用于处理不受信任环境中的数据和多方数据分析用例。企业机构应该开始通过评估需要个人数据转移、数据货币化、欺诈分析和其他高敏感数据用例的数据处理活动来确定隐私增强计算的候选者。

四、分布式云

分布式云是指公共云服务提供商将公共云服务分发到不同的物理位置，而服务的运营、治理和发展仍由公共云提供商负责。它为具有低延迟、数据成本降低需求和数据驻留需求的组织场景提供了灵活的环境，还解决了客户需要云计算资源更靠近数据和业务活动发生的物理位置的需求。到 2025 年，大多数云服务平台将至少提供一些在需要时执行的分布式云服务。分布式云可以替代私有云，并为云计算提供边缘云和其他新用例。

五、任何地点操作

任何地点（Anywhere）操作指的是一种 IT 操作模型，其设计目的是支持全球各地客户、赋能全球各地员工并管理各类分布式基础设施的业务服务部署。它在五个核心领域提供独特的增值体验：协作和生产力、安全远程访问、云和边缘基础设施、数字体验的量化，以及支持远程操作的自动化。到 2023 年底，40%的企业将会应用 Anywhere 操作运营，为客户和员工提供优化和混合的虚拟体验和物理体验。

六、网络安全网格

网络安全网格使任何人都可以安全地访问任何数字资产，无论该资产或个人位于何处。它通过云交付模型将策略实施与策略决策解耦，并允许身份成为安全边界。到 2025 年，网络安全网格将支持超过一半的数字访问控制请求。随着“Anywhere 操作”业务的不断发展，网络安全网格将成为确保安全访问和使用云端应用程序与来自不受控制设备的分布式数据的最实用的方法。

七、智能可组合业务

智能可组合业务通过访问更好的信息和更灵活地响应信息，从根本上重新设计决策。例如，机器将增强未来的决策能力，这得益于丰富的数据结构和洞见。智能可组合业务将为重新设计数字化商业时刻、新商业模式、自主运营，以及新产品、服务和渠道铺平道路。

八、人工智能工程

Gartner 的研究表明，只有 53%的项目从人工智能原型转化为生产。人工智能生产之路意味着要转向人工智能工程，这是一门专注于治理和生命周期管理的学科，涉及范围广泛的可操作的人工智能和决策模型，如机器学习或知识图。人工智能工程有三个核心支柱——数据运维、模型运维和开发运维。一个强大的人工智能工程策略将促进人工智能模型的性能、可扩展性、可解释性和可靠性，同时实现人工智能投资的全部价值。

九、超级自动化

业务驱动的超级自动化是一种严格的方法，企业机构使用它来快速识别、审查和自动执行尽可能多的已批准的业务和 IT 流程。新冠肺炎疫情提高了超级自动化的需求，因为人们突然要求一切都“数字化优先”。来自商业利益相关者的积压请求已经促使超过 70%的商业组织实施了数十种超级自动化计划。

第四节　阿里巴巴达摩院：2021十大科技趋势

一、以氮化镓、碳化硅为代表的第三代半导体迎来应用大爆发

以氮化镓（GaN）和碳化硅（SiC）为代表的第三代半导体，具备耐高温、耐高压、高频率、大功率、抗辐射等优异特性，随着材料生长、器件制备等技术的不断突破，第三代半导体的性价比优势逐渐显现并正在打开应用市场：SiC元件已用于汽车逆变器，GaN快速充电器也大量上市。未来五年，基于第三代半导体材料的电子器件将广泛应用于5G基站、新能源汽车、特高压、数据中心等场景。

二、后“量子霸权”时代，量子纠错和实用优势成核心命题

2020年为后“量子霸权”元年，世界对量子计算的投入持续上涨，技术和生态蓬勃发展，多个平台异彩缤纷。2021年，社会将持续关注量子技术的发展，量子计算的研究需要证明自身的实用价值；业界需要聚焦“后霸权”时代的使命：协同创新，解决众多的科学和工程难题，为早日到达量子纠错和实用优势两座里程碑铺路奠基。

三、碳基技术突破加速柔性电子发展

经扭曲、折叠、拉伸等形状变化后仍保持原有性能的柔性电子设备受到持续关注。柔性电子发展的主要瓶颈在于材料——目前的柔性材料，或者“柔性”不足容易失效，或者电性能远不如“硬质”硅基电子。近年来，碳基材料的技术突破为柔性电子提供了更好的材料选择：碳纳米管这种碳基柔性材料的质量已可满足大规模集成电路的制备要求，且在此材料上制备的电路性能超过同尺寸下的硅基电路；而另一种碳基柔性材料石墨烯的大面积制备也已实现。

四、AI 提升药物及疫苗研发效率

AI 已广泛应用于医疗影像、病历管理等辅助诊断场景，但 AI 在疫苗研发及药物临床研究的应用依旧处于探索阶段。随着新型 AI 算法的迭代及算力的突破，AI 将有效解决疫苗/药物研发周期长、成本高等难题，如提升化合物筛选、建立疾病模型、发现新靶点、先导化合物发现及先导药物优化等环节的效率。AI 与疫苗、药物临床研究的结合可以减少重复劳动与时间消耗，提升研发效率，极大地推动医疗服务和药物的普惠化。

五、脑机接口帮助人类超越生物学极限

脑机接口是新一代人机交互和人机混合智能的关键核心技术。脑机接口对神经工程的发展起到了重要支撑与推动作用，帮助人类从更高维度空间进一步解析人类大脑的工作原理。脑机接口这一项新技术探索性地将大脑与外部设备进行通信，并借由脑力意念控制机器。例如，在控制机械臂等方面帮助提升应用精度，将为神志清醒、思维健全，但口不能言、手不能动的患者提供精准康复服务。

六、数据处理实现“自治与自我进化”

面对海量暴增的数据规模以及复杂多元的处理场景，人工管理和系统调优捉襟见肘。因此，通过智能化方法实现数据管理系统的自动优化，成为未来数据处理发展的必然选择。人工智能和机器学习手段逐渐被广泛应用于智能化的冷热数据分层、异常检测、智能建模、资源调动、参数调优、压测生成、索引推荐等领域，有效降低数据计算、处理、存储、运维的管理成本，实现数据管理系统的“自治与自我进化”。

七、云原生重塑 IT 技术体系

云原生架构充分利用了云计算的分布式、可扩展和灵活的特性，更高效地应用和管理异构硬件和环境下的各类云计算资源。通过方法论工具集、最佳实践和产品技术，开发人员可专注于应用开发过程本身。未来，芯片、开发平台、应用软件乃至计算机等将诞生于云上，可将网络、

服务器、操作系统等基础架构层高度抽象化，降低计算成本、提升迭代效率，大幅降低云计算使用门槛、拓展技术应用边界。

八、农业迈入数据智能时代

以物联网、人工智能、云计算等为代表的科学技术正在与农业产业深度融合，打通农业产业的全链路流程。结合新一代传感器技术，农田地面数据信息得以实时获取和感知，并依靠大数据分析与人工智能技术快速处理海量领域农业数据，实现农作物监测、精细化育种和环境资源按需分配。同时，通过 5G、物联网、区块链等技术的应用，确保农产品物流运输中的可控性和可追溯性，保障农产品整体供应链流程的安全可靠。农业将告别“靠天”吃饭，进入智慧农业时代。

九、工业互联网从单点智能走向全局智能

受实施成本和复杂度较高、供给侧数据难以打通、整体生态不够完善等因素限制，目前的工业智能仍以解决碎片化需求为主。新冠肺炎疫情中数字经济所展现出来的韧性让企业更加重视工业智能的价值，加之数字技术的进步普及、新基建的投资拉动，这些因素将共同推动工业智能从单点智能快速跃迁到全局智能，特别是汽车、消费电子、品牌服饰、钢铁、水泥、化工等具备良好信息化基础的制造业，贯穿供应链、生产、资产、物流、销售等各环节在内的企业生产决策闭环的全局智能化应用将大规模涌现。

十、智慧运营中心成为未来城市标配

过去十年，智慧城市借助数字化手段提升了城市治理水平。但在新冠肺炎疫情防控过程中，一些智慧城市集中暴露问题，特别是“重建设轻运营”所导致的业务应用不足。在此背景下，城市管理者希望通过运营中心盘活数据资源，推动治理与服务的全局化、精细化和实时化。而 AIoT 技术的日渐成熟和普及、空间计算技术的进步，将进一步提升运营中心的智慧化水平，在数字孪生基础上把城市作为统一系统并提供整体智慧治理能力，进而成为未来城市的数字基础设施。

第四十二章

2021 年中国电子信息制造业发展形势展望

第一节　整体运行发展展望

一、全球电子信息制造业保持稳定，总体呈现增长态势

展望 2021 年，全球电子信息制造业将维持更稳定的局面。在 2020 年的系列不确定性“大考”面前，全球产业体系体现出了韧性和稳定性，未来也将进一步加强调整和适应，进一步提升产业稳定性。在 5G、智能语音、计算机视觉、先进计算等新技术引领下，2021 年有望出现更具市场影响力的新兴产品，进一步推动全球电子信息制造业平稳增长。

二、我国电子信息制造业低开高走，为后疫情时代工业经济发展贡献稳定力量

展望 2021 年，我国电子信息制造业在国内市场拉动下有望持续保持平稳较快增长，预计行业增加值增速维持在 5%～10%。在畅通国内大循环的发展新格局引领下，半导体等电子元器件和电子材料、电子设备等领域有望实现加速增长，产业基础能力不断夯实，我国电子信息制造业逐渐形成由点及面的网络体系。

三、重点产品生产率先从疫情影响中恢复，迎来难得的发展窗口期

展望 2021 年，电子信息产品市场有望迎来辞旧迎新之年。“十三五”规划期间，主流电子信息产品形态未出现较大变化，虽然在计算和通信设备的功能上实现了不断迭代，但未出现类似智能手机或平板电脑的重要新型产品。2021 年，随着 5G、人工智能、虚拟现实、超高清视频等大批新技术应用日趋广泛和成熟，可穿戴设备等移动终端和智能家居、行业电子等领域有望孕育出现颠覆式、前沿型、集成化的新型产品，再次激起一轮消费热潮。

四、几点问题

一是国外技术打压对我国信息技术创新造成系统性压力。2019 年底，美国积极推动缔约国在《瓦森纳协定》军民两用清单中增加了“计算光刻软件”“12 英寸晶圆技术”等相关条款内容，进一步加大对我国芯片技术的围堵力度。2020 年以来，美国对华为实施多轮禁令调整和 9·15 禁令正式实施，对我国重点信息技术企业发展形成精准打击；美国商务部出口管制名单持续发布，涉及信息技术的范围和机构/企业名单不断拉长，对我国信息技术的国际交流和合作形成强大压力。

二是新基建为信息技术加速赋能提供新契机。信息基础设施建设是新基建的重要组成部分。为了更好地将我国基础设施建设的优势拓展到信息技术领域，提升信息技术赋能范围和深度，应关注新基建有别于传统基建的三点特征。其一是赋能。新基建以产业作为赋能对象，促进信息技术赋能传统产业转型升级，要求加快形成并完善新技术、新模式的应用环境。其二是治理。新基建更加突出政府、企业和社会组织的多主体协同，而非传统基础设施倚重的单向型、行政化管理方式。其三是整合。新基建中最重要的资源要素是数据，对数据资源的整合与传统基础设施要素的整合具有根本性差异。

三是电子信息产业是供应链高度全球分工的典型产业。2020 年以来，电子信息产业先后经历了多波新冠肺炎疫情的冲击，对于供应链分布于全球的电子信息产业而言，2 月底前主要风险点在于人流、物流限

制带来的产能供给不足，而 3 月后则转向日韩市场的短暂波动，随着日韩疫情的稳定，4 月又冲击欧美市场，自 2020 下半年以来，印度、拉丁美洲、非洲等地也出现疫情暴发趋势。目前，全球及我国仍面临着新冠肺炎疫情期限拉长和反复的考验，要求我国电子信息产业对此做好持续跟踪、长期应对，做好国内供应链与国际供应链的衔接，增强产业链供应链的安全性和稳定性。

四是国民经济和社会发展"十四五"规划建议的确定，对我国未来五年和中长期发展确立了历史方位，也为"十四五"期间我国电子信息产业的发展提供了方向。未来五年，国际电子信息产业发展环境预计仍将呈现重大不确定性，国内电子信息产业发展面临着规模大而缺乏增量、体系全而缺乏生态、技术进步而创新不足等难以绕过的核心问题。面对新挑战、新机遇和新要求，需找准我国电子信息产业定位和方向，指导和推动产业从高速发展向高质量发展迈进。

第二节　重点行业发展展望

一、计算机行业发展展望

"十四五"时期我国将会顺延"十三五"规划中的制造强国战略，保障产业的自主可控和安全，将是未来计算机行业的核心问题。未来，计算机产业将聚力加快补齐基础零部件及元器件、基础软件、基础材料、基础工艺和产业技术基础等瓶颈短板。计算机产业生态正迎接新机遇、新挑战。从驱动因素来看，供给不足与需求攀升成为计算机行业进一步发展的催化剂；从发展方向来看，以计算为核心的全新生态体系打造成为重要趋势。国产化正在并将持续推动我国计算机行业发展。中国计算机行业需要打造政产研学用融合发展的完整生态产业链，促进科研成果转化，以满足国产操作系统、国产工业软件、国产芯片、国产外设的发展需求。

新基建自"十三五"期间被提出后，成为 2020 年新冠肺炎疫情后拉动我国经济发展的重要动能。从"十四五"规划纲要来看，"十四五"期间新基建的有限度有望超过传统基建，主要内容包括通信网络、物联网、数据中心、超算、工业互联网、车联网等，最终目标是建成“高速泛在、天地一体、集成互联、安全高效的信息基础设施”。同时，新基建将紧密贴合碳达峰、碳中和目标，更加重视能效指标，推动 5G、大数据中心等新兴领域能效提升。数字化方面，将加快交通、能源、市政等传统基础设施数字化改造，加强泛在感知、终端联网、智能调度体系建设。数据中心方面，将加快构建全国一体化大数据中心体系，强化算力统筹智能调度，建设若干国家枢纽节点和大数据中心集群。超级计算将聚焦于 E 级和 10E 级超级计算中心。

二、通信设备行业发展展望

5G 网络建设及商用进程加快，云计算及物联网持续高景气。截至 2020 年 12 月，我国已累计建成 5G 基站超 70 万个，已实现重点区域的连续覆盖，超额完成全年目标；5G 套餐用户数量约 2 亿户，渗透率快速提升，5G 网络逐渐从“可用”向“好用”发展。云计算方面，新冠肺炎疫情的扩散使得全球云化进程加速，提供云计算服务的各方公司均大力投入云基建，市场规模增速处于高位，SaaS 应用正向各行业渗透。物联网连接数于 2020 年首次超过非物联网连接数，万物互联时代正在开启。全球物联网产业蓬勃发展，我国蜂窝物联网连接数占全球的 70%以上，占据主导地位，此外，国内 5G 和 LPWA 网络部署逐渐成熟，给物联网带来更好的发展基础，在垂直行业的众多应用场景有望加速落地。

5G 小基站将解决室内覆盖痛点，2021 年有望开启大规模建设。5G 主力频段频率更高，同 4G 相比传输过程中衰减更大，通过宏基站覆盖设备密集区域尤其是室内的难度较大，而且现存的无源室分系统无法兼容 5G 主力频段，小基站将成为 5G 室内覆盖的主流方案。5G 时代将会有超过 80%的数据业务发生在室内，室内网络覆盖的市场前景广阔，预计 2024 年全球小基站市场规模将达到 250 亿美元，全球小基站设备商的总收入将比 2019 年有 1～1.5 倍的增长，远超宏基站设备供应商的收入增速。国内 5G 宏基站预计在 2021 年完成基本覆盖，小基站在 5G 网络从“可用”到“好用”的过程中扮演重要角色，2021 年有望开启大规模部署。

三、消费电子行业发展展望

智能屏幕类产品将成为智慧家庭的核心枢纽。随着 5G、物联网、人工智能等技术的落地，具有交互能力、多屏协同能力、管控能力的智能屏幕将成为智慧家庭的控制中心，成为智慧家庭的服务入口和内容引擎。基于大数据的人工智能、人脸识别、语音识别等技术，可以将电视屏、带屏智能音箱打造成集新闻资讯、生活服务、娱乐休闲等于一体的个性化的智慧家庭终端和控制中心。

消费电子产品智能化程度更高，在家庭内的应用场景持续扩大。随着消费者需求的不断扩大，智慧家庭的应用场景向健康管理、能耗管理、信息服务、远程医疗、远程教育、虚拟影院等场景不断拓展，数字化、智能化将会渗透到家庭生活的方方面面。智能家居产品种类日益丰富，涵盖娱乐、照明、安防、供暖、净水、医疗、健康、厨房用品等。随着信息技术的发展，扫地机器人、智能空调、智能洗衣机、智能电饭煲、智能门锁、智能摄像头等产品也趋于成熟。同时，随着人们健康生活意识的提升，健康类产品如智能体温监测计、智能净水器、智能新风等也开始普及。

虚拟现实、增强现实进入快速增长期，更多企业跨界入局虚拟现实终端。面向普及型消费领域的 PC 端、移动端、电视端、一体机等多形态虚拟现实终端出货量将继续保持高速增长。各种虚拟现实终端新品将快速迭代推进，外形上将更注重时尚、轻巧和舒适性，功能上将保持高分辨率、广视角、低功耗、无线化的发展趋势。形态多样化、功能集成化的终端产品将为虚拟现实应用与内容的发展提供全新的基础载体。

四、集成电路行业发展展望

新冠肺炎疫情、单边主义抬头等因素为 2020 年全球集成电路产业发展带来较多不确定性，但在线上办公需求增大、数据中心和 5G 手机市场扩大等有利因素的推动下，全球及我国集成电路产业仍保持正向增长。展望 2021 年，随着新冠肺炎疫苗的普及和推广，全球疫情得到明显控制，各国经济开始复苏，全球半导体市场仍将保持较高增速，与此同时，我国集成电路产业政策、资金等保障要素的充分释放，以及 5G、人工智能等技术的应用渗透，将使我国集成电路产业迎来新发展阶段。

预计 2021 年，全球半导体市场增长速度约为 10.9%，市场规模为 4882.7 亿美元。从产品结构看，2021 年代工订单供不应求，采用先进制程的逻辑器件在工艺迭代的带动下，增长预计达到 13%。第一季度存储芯片需求强劲，DRAM 量价齐升，NAND 闪存出货量大幅增长，预计全年市场增长约 7.6%。成熟制程中模拟芯片、传感器的增长都在 15% 以上。我国集成电路产业在疫情控制迅速、本土化需求旺盛、产业结构优化升级等因素的作用下，仍然保持旺盛的市场需求。在产能逐步释放、产业链价格上涨态势蔓延的带动下，预计 2021 年产业规模增速将近 20%；但也应注意到，中美博弈将成为国内集成电路产业增长的重大不确定因素。

预计 2021 年，台积电将开始 3nm FinFET 工艺的风险试产，继续引领全球先进工艺技术演进。数据中心、高性能计算等应用推动异构计算、领域专用芯片、软件定义芯片等技术加快发展，ARM 架构处理器全面渗透高、中、低性能计算领域。芯粒（Chiplet）技术开启芯片设计 IP 新模式，逐渐成为技术演进的重要方向。我国领先设计企业继续使用先进国际代工技术，5G、人工智能等芯片逐步缩小与国外先进水平的差距，并加快自建产能，以保障外部环境变化下的供应链安全。中芯国际、华力继续推进先进工艺技术进步，衍生更多工艺平台。长江存储、合肥长鑫继续提升 NAND 闪存和 DRAM 制造产能，并开发下一代产品。此外，全球代工产能紧张蔓延、各国半导体竞争和博弈加剧、供应链高度对外依存都将对全球集成电路产业带来冲击。

五、新型显示行业发展展望

随着汽车智能化的普及，LCD 面板在车载领域的应用市场逐渐扩张。车载面板向多屏、大屏、触控化的方向快速发展，单量车所用 LCD 面板或在 3～5 年内增加至 5 块以上，车载显示面板市场将迅速扩张。随着各大面板厂商的良品率和产能利用率提升及综合成本下降，柔性 OLED 面板价格有机会进一步降低，以扩张应用市场，逐渐向新兴行业渗透，可广泛应用于智能穿戴设备、VR 设备及自动驾驶等领域。2021

年迎来建党百年、东京奥运会、欧洲杯等重大活动和赛事，将推动更多4K/8K电视上市，进一步拉动显示面板需求。受大量生产线建设、投产及需求侧的带动，新型显示关键材料和设备产业快速发展，尤其是中国大陆地区，成为上游材料和设备发展的重要引擎。

我国企业逐步掌握LCD主导权，韩国企业仍为大尺寸新技术领导者和小尺寸OLED领域霸主。2021年，我国液晶面板出货量有望达到1.44亿平方米，全球占比超过63%。我国液晶面板的市场定位将从保障国内面板供给转向服务全球。在此背景下，我国液晶行业凭借着庞大的产业基础、系统的供应链体系、持续优化的性能和不断下降的成本，必然在大尺寸液晶面板市场极具竞争力。三星将在大尺寸新型显示领域率先推出量产计划，计划于2021年推出QLED面板，并试水Mini LED背光电视，规划生产300万台；LGD垄断了WOLED大尺寸技术，在中小尺寸Mini LED方面与苹果的合作将加大。

六、电子原材料和元器件行业发展展望

电子原材料和元器件是信息技术产业发展、保障产业链供应链安全稳定的重要支撑。随着电子信息行业的变革，针对全产业链的发展需要有更多的提升，尤其是材料需要不断地跟进，包括新形态、新技术、新应用。新技术和新材料必须要和下游应用工艺结合，实现品种覆盖。2020年，我国电子原材料和元器件行业受到新冠肺炎疫情和中美贸易摩擦的双重影响，但受益于5G、可穿戴设备及汽车电子等下游需求增长，叠加国产化替代的政策红利，行业整体保持了良好的收入和盈利水平。但当前我国电子信息产业仍存在整体大而不强、龙头企业匮乏、创新能力不足等问题，国内电子原材料和元器件企业应以国产化替代和智能终端产业规模爆发为契机，从供应链、研发技术、稳定量产等方面全面提升自身核心竞争力。从整个显示产业链发展来看，政府、高校、企业需要做好联合创新，产学研合作，实现产业共赢，人才技术方面要协同共享、信息共享，促进我国电子原材料和元器件的应用和发展。

第三节　重点领域发展展望

一、智能手机发展展望

（一）技术及市场进入新一轮抢占迭代期

技术方面，从硬件看，5G 芯片、超高清显示、柔性制造、电磁屏蔽等新型技术逐步在智能手机上展开应用，以高端产品应用为先导，逐步结合用户需求向中低端产品下沉；从软件看，人工智能、大数据、云计算、物联网等新兴技术逐步导入智能手机，为智能手机提供了新的感知、传输、计算、存储、显示等能力，是终端智能化、网联化、便捷化发展的核心驱动力。市场方面，智能手机发展主要侧重于部分原有终端信息化、智能化升级，在新形态方面尚未获得消费者的追捧欢迎，同时，国内智能手机也尚未形成较为成熟的商业模式和完整的硬件、软件、内容、服务生态。因此，新形态终端还处于技术推广和应用探索阶段，产品竞争仍处于蓝海阶段，消费者接受度较高的新颖产品形态有望成为未来市场竞争的焦点。

（二）智能手机跨平台、跨领域协同进入加速融合期

用户拥有智能手机的类型与数量正快速增长，2021 年有望达到人均 5 部终端产品的数量水平。面对从单设备向多设备发展的趋势，IoT 设备的体验也需要从现阶段的各品种割裂走向多品种协同，产品生态随之需要从独立走向共享。在多终端形态下，跨终端间的互联互通成为核心诉求，通过分布式综合信息感知平台实现外部设备服务的本地虚拟化、用户与设备的自然感知交互，从而构筑分布式多终端协同的能力。目前，智能手机的主导厂商将在泛终端生态产品布局上持续加大资源投入，全面开展品类扩展、OS 定制、生态运营等，厂商之间从单品竞争走向生态竞争。智能手机也在逐渐融合进各个领域，在家居、医疗、教育、物流、工业、安防等各个领域均出现应用，包括服务型机器人、工业专用机器人、安防监控设备等。特别是在新冠肺炎疫情期间出现的智慧医疗、智慧教育、远程办公等设备，不仅满足了原来的医疗、教育等

需求，还创造了新的跨时空的数字需求。丰富的终端应用加速了前端感知设备更智能、决策环节更高效的发展进程。

（三）智能手机逐步成为智能系统数据枢纽

随着家用可联网终端数量的增加，终端统一控制入口逐渐成为趋势。未来，智能手机将是数据的汇聚、交换和控制中心。目前，智能手机和智能音箱等搭载语音交互功能的终端产品是数据汇聚的主要接入口，而从长期来看，终端接入口形态可能会发生变化，但分布感知、统一传输、统一计算的趋势将会延续，具备更加丰富的视觉感知、语音交互、互联互通功能的计算平台将成为泛在物联网时代重要的控制中枢。当前，硬件厂商、互联网企业、传统家电厂商等都在依托自身优势打造终端控制入口，与合作伙伴实现在技术层面的协同，逐步打通从终端、传输、云服务到操作系统、内容分发之间的渠道，加速形成各具特色的智能手机生态。

二、虚拟现实发展展望

（一）虚拟现实终端设备轻薄化

未来，虚拟现实头显设备将在外形上更加精细、轻便。虚拟现实终端设备设计将趋于眼镜化，辅助体验设备更加精简。各类头显设备将普遍采取运算系统、存储系统与终端体验系统分离的模式。当前，一体机头显设备已实现无接线构造，是头显设备眼镜化的雏形。部分一体机接入铰链结构，穿戴调试方式从传统的遮目盲调转变为上掀护目镜后精确调整，但该类设备的本地运算压力较大，制造厂商难以优化产品重量参数。从远期来看，轻薄化虚拟现实设备将满足终端用户对大活动空间、持久佩戴时长、携带便捷等需求。眼镜化成像结构可拓展虚拟现实头显设备应用场景，助力空间信息碎片化触达市场受众。

（二）视觉辐辏调节冲突问题将得到解决

当前，头显设备技术采用立体显示原理，在单屏幕物理结构上人为制造双目视差，实现近眼立体视觉效果。此情况下，人体双目辐辏作用会不间断地自发调节左右眼与单一物理屏幕之间的焦距，否定人为制造的视觉距离差异。辐辏作用不间断进行调整的机体行为破坏了双眼平衡，容易导致眩晕、视觉疲劳等现象，严重情况下甚至会对人眼造成不可逆的损伤。随着屏显技术提升，未来新型三维显示屏在虚拟现实头显设备应用场景中，将被划分为多个可创建二维图像的子板面。不同子板面可以设定不同的视觉深度，并通过特定算法糅合板面画面边缘，实现不同深度视觉信息的连续播放。人眼在此设备环境下，将获得单目焦点调节空间，视觉辐辏作用不再频繁进行自发调整，有助于形成自然景深效果。

（三）人工智能技术接入虚拟现实生态圈

人工智能技术接入将构成未来虚拟现实头显设备发展核心技术点。在内容处理方面，人工智能系统可在仿真环境中生成智能角色辅助用户操作，在游戏、视频等内容中实现自然环境、社会环境的智能演变，并通过机器自然语言处理、图像处理技术增强沉浸式体验。在服务方面，虚拟现实设备可通过接入智能算法系统，及时更新虚拟空间用户画像，生成智能云端虚拟内容。在游戏环境下，智能系统可全面监测用户视觉习惯、操作水平，通过机器类脑演算增加虚拟对战对象的挑战性，提升虚拟现实内容对玩家的吸引力。

三、超高清视频发展展望

关键标准陆续出台。端到端技术标准不断打通，面向色度学、HDR转换函数、音频处理、编解码、三维声等的关键急需标准将陆续出台，覆盖采集、制作、传输、运营、终端呈现等领域的产品及各个接口的标准体系逐步完善，形成横跨重点行业应用领域的超高清视频产品综合标准系统，助力产业健康协调发展。我国覆盖端到端的超高清视频基础技术标准体系初步完善，专利布局逐渐完备，更具市场竞争力的关键产品陆续发布，产业链各环节企业、机构进一步加强合作，携手共建超高清视频产业生态体系，助力高质量发展。

整机产品不断升级。产业链各环节整机产品将沿高质量、高品质路径逐步演进，在现有4K设备日渐成熟的基础上，8K相关产品的研发与产业化将成为未来趋势，且随着技术的日渐成熟，8K 产品价格不断下降，将由户外逐步进入家庭场景。

内容供给持续丰富。更多电视台、企业将参与超高清视频的内容制作，促进广大消费者对超高清视频内容和终端认知的不断提高，消费水平持续提升，市场培育加速扩大，快速增强我国超高清视频的内容供给能力。超高清视频技术、设备、产品供给保障能力逐步提升，产业链各环节间的交流合作不断丰富，各个细分领域的行业痛点逐步解决，超高清视频产业基础日渐夯实。

行业应用加速落地。产业链上下游企业将加强项目合作及产学研协作，促进优势互补，围绕新媒体、文教娱乐、安防监控、医疗健康、智能交通、工业制造等领域，以及北京冬奥会等重大赛事活动，着力推动行业数字化转型，将撬动超高清视频行业巨大的应用市场，进而产生广泛的社会效益。随着超高清视频与 5G、AI、虚拟现实、云计算等技术进一步融合应用，将促进内容生产效率提高，行业系统集成解决方案逐渐增加，驱动以超高清视频为核心的更多行业应用落地。

产业生态日渐完善。更多产业链上下游企业将加入超高清视频产业建设中，针对产业链关键技术突破的协同中心、创新中心、公共服务平台将不断涌现，推广行业应用落地的产业园区/基地将持续推进建设，助力我国超高清视频产业生态日臻完善。

四、5G 网络及终端发展展望

（一）5G 技术标准演进引领终端迭代创新

终端创新发展以技术标准演进升级为依托。从短期来看，5G Rel-15 及 Rel-16 标准已被冻结，未来随着 5G Rel-17 标准潜在技术方案得到确定，面向三大应用场景的 5G 技术基本确定。未来还需要聚焦数字化转型的重大需求，加强谋划和统筹协调，加快突破核心技术，一是 NR 多播/广播、MIMO 增强、节能增强技术，以及满足更高速率通信要求的毫米波频率通信、泛在连接的非陆地网络 NR、定位增强技术等；二是面向物联网、低时延场景的 NB-IoT 和 eMTC 增强、IIoT 和 uRLLC 增强技术等。从中长期来看，按照通信技术发展十年一周期的速度，B5G

及6G技术将不断满足后5G技术的演进发展。

（二）5G网络基础设施底座建设持续推进

5G新基建大规模部署为终端产业发展提供必要的支撑带动环境。2020年，基于中频段的5G新基建已大规模展开，采用低成本NSA模式的5G基站首发建设，未来采用支撑低时延、高可靠、海量连接特性的SA模式的5G基站建设将持续展开。此外，我国已经出台5G中低段频谱规划，毫米波段尚未规划分配，高频段的资源开发以及针对不同行业要求建设专网设施已经是全球产业界的共识，未来如何进行毫米波频谱以及5G专网频段分配将是5G发展的重点问题。

（三）5G芯片需求旺盛带动技术加速突破

随着5G终端设备市场的进一步打开，先进应用芯片、基带芯片、射频芯片等市场需求巨大，进一步加速推动相关领域投资布局，5G芯片技术突破及商用化发展将促进行业快速迈进高速成长阶段。5G终端基带芯片将持续向高集成度SoC方向发展。目前，芯片制程工艺仍以7nm为主，部分芯片实现5nm工艺量产，未来技术研发以及工艺提升，芯片制程将向3nm/2nm节点持续演进突破。此外，5G高频段对射频器件的基础材料研发、滤波器及功放等元器件设计制造提出更严格的要求，尤其是未来5G毫米波段通信的特性要求将持续推动相关射频元器件的研发与商用。

（四）全场景生态构建刺激5G终端市场爆发

在整机方面，传统智能手机、笔记本电脑等终端设备在性能、续航时间等方面逐渐得以技术优化，并趋向同质化，进入平台发展期。随着5G商用启动以来，5G手机、头显设备、无人机、机器人终端等5G终端整机形态类型迅速增加。未来，多类型终端形态的持续推出有利于打造5G全场景新生态。在5G大带宽、低时延及高可靠、海量连接特性加持以及新生态的逐步构建与完善下，未来5G终端形态及设备类型将继续保持增多趋势，终端设备市场规模将出现新一轮增长。

（五）重点行业领域5G推广应用将持续展开

目前，5G所依赖的关键核心技术处于不断演进升级阶段，运营模式、商业模式、市场定位尚处于探索发展阶段，国内将持续围绕重大赛事、医疗、教育、车联网、工业互联网等开展5G推广应用。随着5G网络基础设施建设的逐渐完善，5G终端应用业务逐步向各垂直产业延伸拓展，2021年，5G行业级应用将超越5G eMBB应用场景，随着面向uRLLC和mMTC工业物联网方向的5G Rel-16标准冻结、5G Rel-17标准的探讨推进，“5G+车联网”“5G+远程医疗”“5G+工业互联网”“5G+智慧城市”等应用场景将全面打开。

五、先进计算发展展望

人类社会的组织、生产和生活方式正伴随着计算技术的创新、融合、扩散、升级，呈现深刻的变革趋势。先进计算对经济社会发展和产业能级跃升的驱动作用日益凸显。展望2021年，先进计算器件、架构、软件呈现多路演进，自主演进架构生态加速形成，巨头争先抢滩布局，产业蕴含巨大市场潜力。与此同时，我国先进计算产业在开源、融合、适配、生态、技术短板等方面仍面临问题与挑战，有待尽快明确目标市场预期，强化生态迁移和适配，加速应用落地进程，与区域共同谋划推进部署。未来，先进、新型的计算基础架构，迭代、拓展的软硬件系统产品，普惠、优化的算法算力平台，将成为先进计算的演进发展趋势。

计算技术创新方面，展望2021年，晶体管尺寸与密度已逼近极限，经典计算系统通过工艺制程的微缩提升性能的空间有限。未来先进计算将在体系结构上进行创新，数据中心算力多样化成为趋势，通用化、专业化计算芯片将并行发展，基础计算模式围绕多核并行、异构并行、边缘计算等体系架构创新演进。软硬系统垂直整合将成为主流厂商布局焦点。

自主演进架构生态方面，展望2021年，我国海光、兆芯等企业将基于X86架构推动CPU核、IP核、整机等系列产品自主研发体系的完善，并构建相应技术标准。我国基于ARM架构的生态布局方兴未艾，未来有望呈“军团式”兴起态势。

RISC-V 软硬件开发、产业化布局方面，展望 2021 年，先进计算在自动驾驶等领域布局落地持续加快，科技巨头通过 AI 计算实现云端控制。高通首发 Snapdragon Ride 自动驾驶平台，该平台通过云端 AI 计算，实现车道保持、交通标志识别、高速公路自动驾驶等云端控制功能，将在 2023 年投入市场。量子计算等非冯·诺依曼架构有望延展更多应用场景。量子通信、量子随机数发生器、量子产率、量子比特数等量子科技相关热点集群式涌现，将成为创新探索焦点。谷歌宣布将在 2021 年实现 200 个量子比特的量子处理器；IBM 宣布扩张 Q Network 以推进量子计算，计划安装首批 IBM Q System One 商业通用量子计算机，以推动量子计算在多领域的应用落地，2021 年计划突破 100 个量子比特。

六、汽车电子发展展望

电子电气架构升级，智能计算系统成为致胜关键。消费者对于汽车的消费体验已不再满足于简单的出行，而是将其延伸为“移动第三空间”，以获得乘坐体验与消费价值的双重升维。汽车电子电气架构的升级将成为“新四化”时期汽车功能快速迭代的前置基础，也将成为供应商之间长期的竞争焦点。传统汽车电子电气的分布式架构，在面对智能座舱、自动驾驶所延伸出的进阶功能的变化时“牵一发而动全身”，汽车开发周期延长、开发成本剧增。从短期来看，汽车电子电气架构将由分布式向集中化演变；从长期来看，通过整车物理区域划分的区控制器配合智能计算系统进行统一的控制管理将成为最终解决方案。

产业变“链”为“网”，整零协同多领域交叉融合。随着信息技术与消费电子等应用逐步渗透，传统供应体系面临来自移动互联网、消费电子等行业的冲击。百年汽车业正在经历有史以来最大规模的产业链、价值链重构。各类企业百花齐放，共筑繁荣。目前尚处产业链、供应链、价值链重构的初期阶段，产业竞争要素从原来的产品制造、动力性能等机械硬件的竞争，逐步过渡到以“硬件+软件+服务”为主体的全新要素。产业链各环节之间供应关系逐渐打破，新型供应链关系、协作方式及利益分配体制亟待构建。

我国汽车电子产业迎来崛起的重大战略机遇期。传统汽车供应链体系中，一级供应商（Tier1）横亘在主机厂与零部件厂商之间，具有很强的议价权与话语权。而 Tier1 进入门槛较高、认证周期长、行业壁垒大，被跨国企业垄断，我国企业作为后入局者从技术引进积累到自主制造需要较长周期，且面临较大的切入压力。新供应体系下，我国汽车电子厂商迎来弯道超车的绝佳时机。一方面，我国汽车电子厂商可以跳过传统 Tier1 的垄断，直接面向整车厂的需求来提升自身设计制造能力，并逐渐向系统集成方向攀升，提升产业地位与话语权；另一方面，科技巨头等新的参与者日益崛起，凭借自身在 ICT 技术方面的突出优势，在汽车“新四化”转型升级中抢占有利竞争地位。

七、锂离子电池发展展望

（一）市场需求持续旺盛，锂离子电池产业有望保持快速发展势头

2021 年，我国将加快构建以国内大循环为主体、国内国际双循环相互促进的新发展格局，继续深挖国内消费市场，积极开拓国际市场。受此影响，我国锂离子电池应用市场需求将持续旺盛，带动锂离子电池市场延续快速增长局面。新能源汽车方面，尽管补贴力度下调，但国产品牌、合资品牌及国外品牌纷纷发力新能源汽车市场，2021 年我国新能源汽车产量将突破 180 万辆，同比增长 20%以上。消费电子产品方面，在 5G 市场带动下，手机产量持续下滑态势将得以稳住，而全球疫情持续蔓延还将带动微型计算机市场需求高涨，同时智能音箱、智能可穿戴设备等市场稳步拓展，消费电子产品对锂离子电池的需求继续保持稳中有升态势。电动自行车方面，随着锂离子电池成本进一步下降，加上各大企业发力，2021 年锂离子电池在我国电动自行车市场的渗透率将提升至 45%左右，此外电动平衡车、电动滑板车等市场需求稳步提升。新兴市场方面，经过 2020 年的积淀，大型电动游船市场将在 2021 年迎来爆发式增长，而 TWS、电动玩具、5G 基站等市场继续保持高速增长。整体来看，2021 年我国锂离子电池需求稳步提升，预计带动锂离子电池产量达到 220 亿只，同比增长超过 15%，延续快速增长势头。

（二）竞争更趋白热化，动力电池市场一家独大局面暂难撼动

2021 年，以宁德时代、比亚迪、中航锂电、国轩高科等为代表的

行业骨干企业将持续扩产，加快CTP、刀片电池、JTM等新技术、新产品推广，其竞争优势更加明显，而SDI、LG新能源、松下等跨国企业加速开拓国内市场，动力电池市场竞争更趋白热化，市场集中度进一步提高，预计2021年我国动力电池市场CR5和CR10占比之和将分别达到84%和94%，分别比2020年提高1.8个、2.2个百分点。但宁德时代一家独大的局面仍将维持，一方面，宁德时代已经进入国内众多新能源车企供应链，也成为特斯拉供应商，客户覆盖范围之广是其他动力电池企业难以企及的；另一方面，宁德时代在磷酸铁锂电池和三元电池两方面同时发力，均保持了很强的市场竞争力，对动力电池市场需求变化能够及时调整，预计2021年其国内动力电池装机量的占比仍将在45%以上。

（三）产业链持续完善，锂离子电池国际竞争力将进一步提升

2021年，在全球疫情持续蔓延而我国疫情防控取得显著成效的形势下，我国锂离子电池行业产业链条完备优势将进一步凸显，全行业迎来加速增长期，全球竞争优势不断巩固，初步构建形成以国内大循环为主体、国内国际双循环相互促进的新发展格局。主要产品产量继续提升，稳居世界首位，近一两年骨干企业通过多种渠道筹措资金加快扩产步伐，多数项目将在2021年投产或实现满产，正极材料、负极材料、隔膜、电解液四大关键材料产量增速在20%以上，锂离子电池产量全球占比稳步提升。海外市场开拓取得突破，各大产品出口比重不断增加，锂离子电池进出口顺差持续扩大，预计2021年将超过160亿美元。

（四）需求导向越发凸显，锂离子电池产业结构将持续调整

2021年，各大企业将立足各自优势，充分挖掘细分市场潜力，开发更具针对性的电池产品以满足各类市场需要，锂离子电池产业结构将持续调整。应用领域方面，新能源汽车市场有望加速增长，大型电动游船市场爆发，电动自行车市场渗透率快速提升，动力型锂离子电池市场需求将明显增长，增速回暖，而消费型锂离子电池市场需求增速将稳中有降，整体来看2021年我国动力型锂离子电池市场占比将扭转连续两年下滑态势，企稳乃至略有上升。产品结构方面，随着磷酸铁锂电池能

量密度进一步提升，基本能够达到新能源汽车续航里程要求（超过 300 千米），在补贴下调的形势下其价格优势更加明显，2021 年磷酸铁锂电池在新能源汽车动力电池市场的装机量占比将达到 50%左右，与三元电池各占半壁江山。

八、智能传感器发展展望

智能传感器以及综合监测、检测系统是物联网感知层的核心环节，行业长期受益于工业互联网和智能制造等新一代信息技术与垂直行业深度融合的大趋势。根据传感器类型不同，其具体包括温度和湿度传感器、压力传感器、图像传感器、光传感器、位置传感器、重力传感器等，而各类传感器根据不同的功能搭载不同的敏感元件。随着物联网在工业领域的应用推广，传感器的应用越来越广泛。虚拟化、网络化和信息融合技术是智能传感器未来发展完善的 3 个主要方向，虚拟化是利用通用的硬件平台充分利用软件实现智能传感器的特定硬件功能，虚拟化传感器可缩短产品开发周期、降低成本、提高可靠性。网络化智能传感器是将利用各种总线的多个传感器组成系统并配备带有网络接口（LAN 或 Internet）的微处理器。通过系统和网络处理器可实现传感器之间、传感器与执行器之间、传感器与系统之间的数据交换和共享。多传感器信息融合是智能处理的多传感器信息经元素级、特征级和决策级组合，形成更为精确的被测对象特性和参数。在智能传感器产业链上游领域，我国智能传感器技术研发初步展开，不少学校及科研机构已建立起智能传感器中试服务平台，助推国内产业创新发展。在中游主要制造环节，目前我国已有 1700 多家从事传感器生产和研发的企业，其中从事微系统研制、生产的有 50 多家。同时，传感器越来越多地被应用到社会发展及人类生活的各个领域。在下游应用领域，通信电子、消费电子、工业、汽车电子、智慧农业、环境监测、安全保卫、医疗诊断、交通运输、智能家居、机器人等传感器产业链下游应用行业发展迅速，物联网、汽车电子、环境与健康电器和智能仪表等下游行业对产品智能化的要求不断提升，使得智能传感器市场以较快速度持续增长。

九、数据中心发展展望

（一）定制化、模块化、虚拟化将成为趋势

数据中心向着技术水平、行业集中度更高的方向发展，拥有技术优势的龙头企业将凸显。云服务供应商将会更倾向于定制服务器、存储器、光模块等高附加值模块，减少中间代理环节，生产者和最终使用者将会受益。阿里云对定制化需求起到带头作用，腾讯云和百度云预计也将逐步走向定制化的道路。网络架构从传统的三层架构向叶脊架构转变，将推动高速光模块的需求倍增。阿里云和腾讯云在此领域较为领先，代表着行业技术的发展趋势。新建数据中心向高功率密度、低 PUE 发展，对数据中心基础设施电源、精密空调等供应商的技术水平要求提高，屏蔽低水平价格竞争，行业龙头将受益。虚拟化技术在数据中心 IT 设施中得到广泛应用，可提高硬件的使用效率，提升云计算厂商单机柜的营利性。

（二）下游行业云计算将更为普及

目前，国内的云计算业务仍处于逐渐普及、培养企业消费习惯的阶段，并呈现出以下两个方面的优势。第一，随着传统企业逐步从应用 IT 架构向使用云服务转变，云计算资源将逐步成为全社会的共用资源。目前，网络游戏、综合门户网站和电子商务对云计算的收入贡献占比较高，增速也比较快，未来工业化、视频、物流和批发零售等领域将受益于云计算的大规模应用，快速成长。第二，开源模式的云业务开始快速成长。由于企业从传统 IT 信息化建设转向云业务部署，以及技术的复杂性，企业难以独自开发一套私有云架构，开源云架构将逐步成为主流。

（三）单模光纤将成为主要选择

远程办公人员和网上购物者对快速响应的需求将推动单模光纤的广泛采用。单模光纤虽存在已久，但随着数据中心在 2021 年逐渐采用 400G 以太网，其部署将进一步加速。数据中心的容量将持续增长，其效率也势必需要不断提升。由于前几代铜缆在速度和传输距离方面均达

到了上限，因此需要更高效的网络交换设备，并推动“光纤到服务器”的使用，这也正是光纤网络带动网络设备及光学器件带宽提升的原因。IEEE 802.3db 工作组的目标是服务器的连接达到 100Gbps、200Gbps 和 400Gbps 的速度，这将有助于开发基于 VCSEL 的低成本光学器件（多模光纤收发器）在短距离中的应用。在 2021 年，适应并满足远程办公人员和客户的需求，使设施更安全、更高效并实现性能提升，将成为数据中心的关键趋势。随着行业持续变革，推行这些计划的企业将走在数字化浪潮的前沿。

十、电子信息绿色低碳发展展望

预计电子信息产业碳中和目标的实现将分为三个阶段。阶段一：控总量。全面落实国家温室气体排放控制目标，二氧化碳排放量增速逐年下降，碳生产力大幅提高。电子信息制造过程中的二氧化碳和氧化亚氮、氢氟碳化物、全氟化碳、六氟化硫等温室气体排放得到有效控制。阶段二：压存量。电子信息制造业碳排放达到峰值。单位电子信息制造业增加值二氧化碳排放量比 2020 年下降 6.6%，碳排放强度明显降低。阶段三：提质量。碳排放达峰后稳中有降，产业结构进一步优化。战略性新兴产业快速发展，“互联网+”智慧能源、储能、区块链、综合能源服务等一大批能源新技术、新模式、新业态全面推广应用。

碳中和愿景下光储充电力系统迎来历史性机遇期。长远来看，光储充放一体化已成为全球公认的未来能源革命的战略方向，以光储充为代表的新能源生产消费体系也日渐成熟，将在实现碳中和过程中发挥先导和中坚作用。一是锂电储能产业将迎来爆发式增长。预计到 2025 年，我国锂电储能累计装机规模将达到 50GW，市场规模约为 2000 亿元；到 2035 年，我国锂电储能累计装机规模将达到 600GW，市场规模约为 2 万亿元。二是光伏持续领先发展。光伏发电将带来巨大的生态环境效益，可显著减少温室气体排放，是实现我国和全球碳中和的主要力量。截至 2019 年，我国光伏发电量累计已达 6639 亿千瓦时，可等效为 2.04 亿吨标准煤，累计减少碳排放 1.79 亿吨。预计未来一段时间，将成为光伏规模加速部署的关键时期。在光伏和储能技术持续创新、成本持续下降的推动下，光伏的年新增装机量将继续保持每五年翻一番的增长趋势。

后　　记

《2020—2021 年中国电子信息产业发展蓝皮书》由中国电子信息产业发展研究院赛迪智库电子信息研究所编撰完成。2020 年，全球新冠肺炎疫情蔓延和外部形势变化给产业发展带来了巨大的不确定性，我国电子信息产业遭遇了发展的艰难时刻，但在疫情之下，电子信息产业也呈现了更稳定、更坚定、更有韧性的特性，发挥了对我国经济企稳回升的支撑作用。本书是赛迪智库一年一度的电子信息产业全景式研究成果，展现了赛迪智库对疫情下电子信息产业的跟踪和思考。

参加本书课题研究、数据调研及文稿编撰的人员有中国电子信息产业发展研究院的张立、温晓君、李艺铭、乔标、陆峰、余雪松、王茜、赵燕、张金颖、李雅琪、王翠林、苏庭栋、王凌霞、王丽丽、张甜甜、陈炎坤、郑子亨、李旭东、徐子凡、宋籽锌、谭卓、麻尧斌、史强、张天仪、徐丰。在研究和编写过程中，本书得到了工业和信息化部电子信息司领导，中国超高清产业联盟、中国虚拟现实产业联盟等行业组织专家，以及各地方工信部门领导的大力支持和指导。本书的出版还得到了中国电子信息产业发展研究院软科学处的大力支持，在此一并表示诚挚感谢。

期待本书能为读者了解中国电子信息产业提供有益参考。本书虽经过研究人员和专家的严谨思考和不懈努力，但由于能力和水平所限，疏漏和不足之处在所难免，敬请广大读者和专家批评指正。